子育て世帯の相談支援機関

妊産婦や子育て世帯、子どもへの包括的な支援を行うため「こども家庭センター」が全国の市区町村に設置される。福祉や母子保健の相談や、課題をかかえる家庭に対するサポートプランの作成のほか、居場所づくりの支援や他機関との連絡調整の役割等を担う。

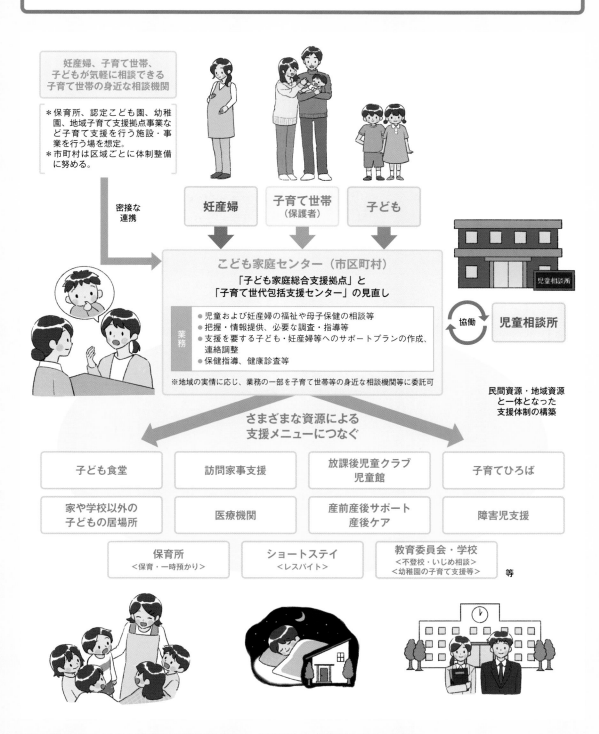

出典：厚生労働省「令和4年度全国児童福祉主管課長・児童相談所長会議資料」をもとに作成。

「子ども家庭福祉」において、保育士が働く主な場

保育士は、子どもの年齢や発達に応じた遊びや活動、生活等の体験を通した総合的なかかわりのなかで成長を支える。保育士が子どもを支援する場は多岐にわたる。将来の働く場をイメージしてみよう。

教育・保育施設

認可保育所

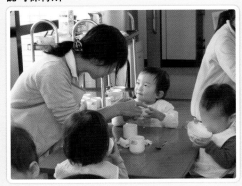

幼稚園

認定こども園

地域型保育事業（抜粋）

家庭的保育事業

小規模保育事業

居宅訪問型保育事業

養護を必要とする子どもの施設

乳児院

障害のある子どもを支援する場

児童発達支援センター

放課後等デイサービス

児童養護施設

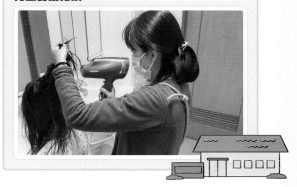

写真協力：
- 社会福祉法人ふたば会　双葉保育園
- 学校法人宝田学園　英明幼稚園、幼保連携型認定こども園　明成幼稚園
- 家庭的保育事業　コロちゃん保育室
- 小規模保育施設　子育て園ぽかぽか　つくし園
- サンフラワー・Ａ株式会社　つなぐん
- 社会福祉法人唐池学園　ドルカスベビーホーム
- 社会福祉法人聖音会　鎌倉児童ホーム
- 逗子市こども発達支援センター内　クローバー
- 放課後等デイサービス　海山時間

これまでの子育て施策の流れ

少子化への対策として、家庭生活と働き方のバランスの見直しを実現するために、各種プラン等による子育て支援等が進められてきた。その背景には、子育て家庭と多様な働き方を支えることが、持続可能な社会および経済成長につながるという考え方がある。

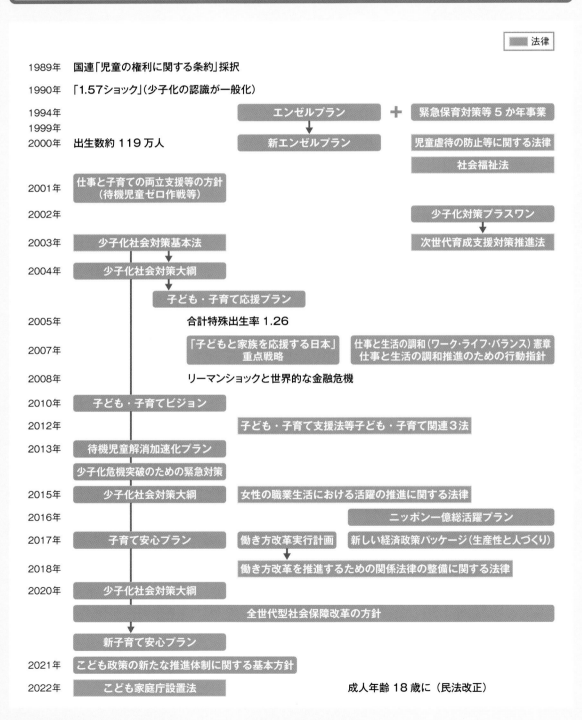

法律

1989年	国連「児童の権利に関する条約」採択		
1990年	「1.57ショック」（少子化の認識が一般化）		
1994年		エンゼルプラン	＋ 緊急保育対策等5か年事業
1999年		新エンゼルプラン	
2000年	出生数約119万人		児童虐待の防止等に関する法律
			社会福祉法
2001年	仕事と子育ての両立支援等の方針（待機児童ゼロ作戦等）		
2002年			少子化対策プラスワン
2003年	少子化社会対策基本法		次世代育成支援対策推進法
2004年	少子化社会対策大綱		
		子ども・子育て応援プラン	
2005年		合計特殊出生率1.26	
2007年		「子どもと家族を応援する日本」重点戦略	仕事と生活の調和（ワーク・ライフ・バランス）憲章 仕事と生活の調和推進のための行動指針
2008年		リーマンショックと世界的な金融危機	
2010年	子ども・子育てビジョン		
2012年		子ども・子育て支援法等子ども・子育て関連3法	
2013年	待機児童解消加速化プラン		
	少子化危機突破のための緊急対策		
2015年	少子化社会対策大綱	女性の職業生活における活躍の推進に関する法律	
2016年			ニッポン一億総活躍プラン
2017年	子育て安心プラン	働き方改革実行計画	新しい経済政策パッケージ（生産性と人づくり）
2018年		働き方改革を推進するための関係法律の整備に関する法律	
2020年	少子化社会対策大綱		
	全世代型社会保障改革の方針		
	新子育て安心プラン		
2021年	こども政策の新たな推進体制に関する基本方針		
2022年	こども家庭庁設置法	成人年齢18歳に（民法改正）	

出典：内閣府編『令和4年版 少子化社会対策白書』p.49, 2022. をもとに作成。

子ども家庭福祉

第2版

監修
公益財団法人
児童育成協会

編集
新保 幸男
小林 理

新 基本保育シリーズ
3

中央法規

新・基本保育シリーズ
第2版刊行にあたって

　保育所がお預かりしているものは「命」です。そしてその命は「日本の未来」です。私たちは、子どもの最善の利益と最大の発達を保護者とともに守り育んでいくことが使命です。そのためにはすべての子どもが、生涯にわたる人格形成の基礎を築き、自律し、自立した個人として楽しみながら健やかに成長することができること、それがどのような環境におかれている子どもにも等しく保障されることが活動に反映されなければなりません。

　また、私たちは保育事業の専門家として、日々の活動が独断と偏見に陥らないように科学的視点に立って、省察的に振り返りながら実践することが欠かせません。そのためには、私たちがめざすものが学問的・社会的に承認を受けた最新の指標に基づいていることを常に確認しながらの保育でなければなりません。

　前回の改訂（2019（平成31）年）以降、「保育・幼児教育」の根幹をなす重要事項の改正はありませんが、教授内容に関連する法制度やガイドライン等の改正、主要な統計の更新・新規公表などが行われています。主なものを以下に列挙します。

・法制度としては、児童福祉法、児童虐待防止法、子ども・子育て支援法、こども基本法など。
・国の方針やガイドラインとしては、保育所における自己評価ガイドライン、少子化社会対策大綱、日本人の食事摂取基準、授乳・離乳支援ガイド、食育推進基本計画、保育所におけるアレルギー対応ガイドラインなど。
・その他、子ども関連・社会的養育関連の統計更新、こども家庭庁の創設など。
　これらをふまえ、以下の4巻を改訂することにいたしました。
　第3巻　子ども家庭福祉（講義科目）、第4巻　社会福祉（講義科目）
　第5巻　子ども家庭支援論（講義科目）、第6巻　社会的養護Ⅰ（講義科目）

　本シリーズは、2018（平成30）年、新たに制定された保育士養成課程の教科目の教授内容に準拠し、保育者に必要な基礎知識の習得を基本に、学生の皆さんが理解しやすく、自ら考えることを重視した視点で作成しています。また、構成は養成校での講義を想定した講立てになっており、使いやすさにも配慮しました。

　本シリーズが、保育者養成の現場や保育者をめざす学生の皆さんに広く活用されることをこころより祈念しております。

公益財団法人　児童育成協会

新・基本保育シリーズ
刊行にあたって

　認可保育所を利用したくても利用できない、いわゆる「保育所待機児童」は、依然として社会問題になっています。国は、その解消のために「子育て安心プラン」のなかで、保育の受け皿の拡大について大きく謳っています。まず、2020年度末までに全国の待機児童を解消するため、東京都ほか意欲的な自治体への支援として、2018年度から2019年度末までの2年間で必要な受け皿約22万人分の予算を確保するとしています。さらに、女性就業率80％に対応できる約32万人分の受け皿整備を、2020年度末までに行うこととしています。

　子育て安心プランのなかの「保育人材確保」については、保育補助者を育成し、保育士の業務負担を軽減するための主な取り組みとして、次の内容を掲げています。
・処遇改善を踏まえたキャリアアップの仕組みの構築
・保育補助者から保育士になるための雇上げ支援の拡充
・保育士の子どもの預かり支援の推進
・保育士の業務負担軽減のための支援
　また、保育士には、社会的養護、児童虐待を受けた子どもや障害のある子どもなどへの支援、保護者対応や地域の子育て支援など、ますます多様な役割が求められており、保育士の資質および専門性の向上は喫緊の課題となっています。

　このような状況のなか、2017（平成29）年3月の保育所保育指針、幼稚園教育要領、幼保連携型認定こども園教育・保育要領の改定・改訂、2018（平成30）年4月の新たな保育士養成課程の制定を受け、これまでの『基本保育シリーズ』を全面的に刷新し、『新・基本保育シリーズ』として刊行することになりました。

　本シリーズは、2018（平成30）年4月に新たに制定された保育士養成課程の教科目の教授内容等に準拠し、保育士や幼稚園教諭など保育者に必要な基礎知識の習得を基本に、学生が理解しやすく、自ら考えることにも重点をおいたテキストです。さらに、養成校での講義を想定した目次構成になっており、使いやすさにも配慮しました。

　本シリーズが、保育者養成の現場で、保育者をめざす学生に広く活用されることをこころから願っております。

公益財団法人　児童育成協会

は じ め に

　「親は子ども（児童）を大切にする」。このことを前提として認識することは「正しい」だろうか。「実の親が子どもに暴力をふるうことや、子どもを手放すなどということはないはずだ」とこころの底から信じることができる人は幸せである。そして、すべての子どもがそう信じることができる社会でありたいと思う。

　これらのことをめぐって、子ども家庭福祉という科目の学びがスタートする。
　「親は子どもを大切にする」ということが「正しい」と素直に回答できる社会はもちろん望ましい。しかし、子ども家庭福祉という科目は、「親は子どもを大切にする」という、この一見、だれからみても「正しい」と感じる事柄を疑うという側面を有している。疑いたくはない。しかし、実の親による子ども虐待を経て、子ども虐待死亡事例として取り上げられることになる子どものことを考えると「実の親が子ども虐待の加害者になりうる」ということもまた事実である。
　子ども家庭福祉という言葉は、「子どもの福祉」と同時に「子ども家庭の福祉」という意味合いを含んでいるし、「子ども家庭の福祉」という言葉には、子どもを育てる親の生活を支えるという意味も含んでいる。しかし、それでも、子ども家庭福祉という言葉において最もその福祉を意識することになるのは、子ども本人の福祉のことである。その子ども本人の福祉を確保するための条件や工夫について子どもの家庭との関係を意識しながら、子ども家庭福祉という科目の学びを進めていくことになる。
　虐待をしてしまった親の気持ちを想像するとき、少なくとも「親は子どもを大切にしたい」とこころの中では思っていると感じるときが多い。他方、もしかしたら「子どもの存在をこころの底から否定しているのではないか」と感じてしまうような親もいる。実際に「親は子どもを大切にする」ことができたか否かだけではなく、こころの中だけに限定しても「親は子どもを大切にするという気持ちでいる」ということが当たり前のことであるとは必ずしも言い切れない。

　本書の第1講のStep 3では、「児童の最善の利益」について学ぶ。「児童の最善の利益」という言葉は、子ども家庭福祉分野の実践者として働きはじめると、日々

の仕事を通じて、毎日のように考えざるをえないことになる。それゆえ、子ども家庭福祉について学ぶ皆さんにとってとても大切な言葉であり、その言葉の意味について、子ども家庭福祉の学びのなかで何度も何度も繰り返し学び続けてほしい。

　「児童の最善の利益」と「親の利益」とがいつでも一致するのであれば問題はない。しかし、児童が「おかあさん」の胎内にやどり、出生し、乳幼児期を経て、成人していくその過程で、必ずしも「児童の最善の利益」と「親の利益」とがいつでも一致するわけではない。ある時点では、「児童の最善の利益」と「親の利益」とが真正面から対立してしまうこともある。

　「児童の最善の利益」について、どのくらいの長さの「時間」を想定したうえでわれわれは考えるのであろうか。この時間という切り口から「児童の最善の利益」について考えるということも子ども家庭福祉というこの科目の学びとしてとても重要である。その瞬間のことで判断するのか、それとも半日という時間の範囲で判断するのか、それとも3年くらいのことで判断するのか、それとも成人するまでのことで判断するのか、その子どもの一生のことで判断するのか、その子どもが次の世代の親になるということを含めて判断するのか。「児童の最善の利益」について考える際の「時間」という切り口はとても重要である。

　これらのことを時々振り返りながら、子ども家庭福祉の学びを着実に進めてほしいと考えている。

　なお、2022（令和4）年の児童福祉法改正やこども基本法制定等を受けて、本文記述の見直しを行った。子育て世帯に対する包括的な支援のための体制強化および事業の拡充、社会的養育経験者・障害児入所施設の入所児童等に対する自立支援の強化、児童の意見聴取等のしくみの整備、子ども家庭福祉の実践者の専門性の向上、児童をわいせつ行為から守る環境整備などがその焦点となった課題であり、最新の動向を本書に反映するようにした。

　「全て児童は、児童の権利に関する条約の精神にのっとり、適切に養育される」（児童福祉法第1条）。2016（平成28）年6月3日に改正された条文の一部である。「児童の権利に関する条約の精神」にのっとって日本の児童福祉のあり方を再構築することを明確に掲げた条文である。その後も、「児童の最善の利益」という点を強く意識して、制度改正が継続的に行われている。

　本書を通じて、子ども家庭福祉についての学びをされた皆さんが、継続的な学びと実践とを積み重ねられ、子ども家庭福祉分野の第一線の専門職としてご活躍いただくことを願っている。

2022年12月

新保幸男・小林　理

本書の特徴

- 3Stepによる内容構成で、基礎から学べる。

- 国が定める養成課程に準拠した学習内容。

- 各講は見開きで、見やすく、わかりやすい構成。

Step1

基本的な学習内容

保育者として必ず押さえておきたい
基本的な事項や特に重要な内容を学ぶ

Step2

1. 教育・保育施設

現在の教育・保育施設は、子ども・子育て支援制度によって給付の対象施設が広げられたものである。Step 2では、給付の対象となっている施設を中心とし、給付の対象ではないが、ニーズのある保育についても学んでいく。

認可保育所

日本の保育を担ってきた保育所は、養護と教育を一体的に行うことを特性とする児童福祉施設であり（児童福祉施設の設備及び運営に関する基準第35条）、社会福祉法において第二種社会福祉事業に位置づけられている（社会福祉法第2条）。なかでも、日本の保育は認可制度を基本に発展してきた。認可保育所は、児童福祉法第39条に基づいた施設として設置されている。

> **児童福祉法**
> 第39条 保育所は、保育を必要とする乳児・幼児を日々保護者の下から通わせて保育を行うことを目的とする施設（利用定員が20人以上であるものに限り、幼保連携型認定こども園を除く。）とする。
> ② 保育所は、前項の規定にかかわらず、特に必要があるときは、保育を必要とするその他の児童を日々保護者の下から通わせて保育することができる。

2022（令和4）年4月1日時点（同年8月30日厚生労働省発表）の保育所等定員は約304万人で、前年比約2.7万人の増加、保育所等利用児童数は約273万人で、前年比約1.2万人の減少である（図表8-4）。

Step1

多様な保育ニーズに対応するためのしくみ

子ども・子育てを社会全体で支援するしくみとして、子ども・子育て関連3法に基づいた子ども・子育て支援制度が創設され、平成27年度より本格的に施行されている。これまで、保育や子育ての財政支援について施設や事業ごとにばらばらだったものを再編し、「施設型給付」と「地域型保育給付」を創設した。また、多様な保育・子育て支援を実現するために、「地域子ども・子育て支援事業」として13事業を法定化している（第6講参照）。

保育の実施体制

保育の実施体制については、市町村の事務であることが規定されている（児童福祉法第24条）。従来の「保育所」「幼稚園」「認定こども園」は、子ども・子育て支援制度において、市町村の確認を受ける特定教育・保育施設（子ども・子育て支援法第7条、以下、教育・保育施設という）として給付のしくみが一本化された。さらに多様なニーズにこたえるため、小規模保育、家庭的保育、居宅訪問型保育、事業所内保育の4事業についても一定の基準を設け、給付の対象となっている。

保育サービスの利用について

保育所、幼稚園、認定こども園、小規模保育等の教育・保育を利用する子どもについては、対象児童の年齢と保育の必要性により、1号認定、2号認定、3号認定と、3つの区分に分けられる（図表8-1）。

保育の対象について

かつての保育所は、「保育に欠ける」乳幼児を保育することを目的とする施設であった。現在は、「保育を必要とする」乳幼児の保育を行うことを目的とする施設となっている。教育・保育施設である保育所を利用するためには、幼稚園や認定こども園と同様に、市町村の認定を受ける必要がある。保育の必要性の認定基準は、保育を必要とする「事由」（保護者の労働および疾病その他の内閣府令で定める事由）、「保育必要量」（保育標準時間、保育短時間）である。認定基準2つ目の「保育必要量」は、保育標準時間と保育短時間の2つに区分されている。これは、保育時間が長時間なのか短時間なのかの区分である。それぞれの家庭の就労実態に応じて認定される。保育標準時間では、保育利用可能な時間帯が11時間あり、就労時間の下限は、1か月あたり120時間程度とすることを基本と

している（主にフルタイムでの就労を想定）。保育短時間は、保育利用可能な時間帯が8時間であり、就労時間の下限は、1か月あたり48時間以上～64時間以下の範囲で市町村が地域の就労実態等を考慮して定める時間とすることを基本としている（主にパートタイムでの就労を想定）（図表8-2、図表8-3）。

図表8-1 施設型給付等の支援を受ける子どもの認定区分

認定区分	対象児童	利用できる施設
1号認定	満3歳以上、2号認定以外	幼稚園、認定こども園
2号認定	満3歳以上、保護者の労働または疾病その他の内閣府令で定める事由により家庭において必要な保育を受けることが困難である	保育所、認定こども園
3号認定	満3歳未満、ほか同上	保育所、認定こども園、小規模保育等

資料：内閣府・文部科学省・厚生労働省「子ども・子育て支援制度ハンドブック」

図表8-2 保育の必要性の認定について

資料：内閣府

図表8-3 保育必要量について

資料：内閣府資料

第8講 多様な保育ニーズへの対応

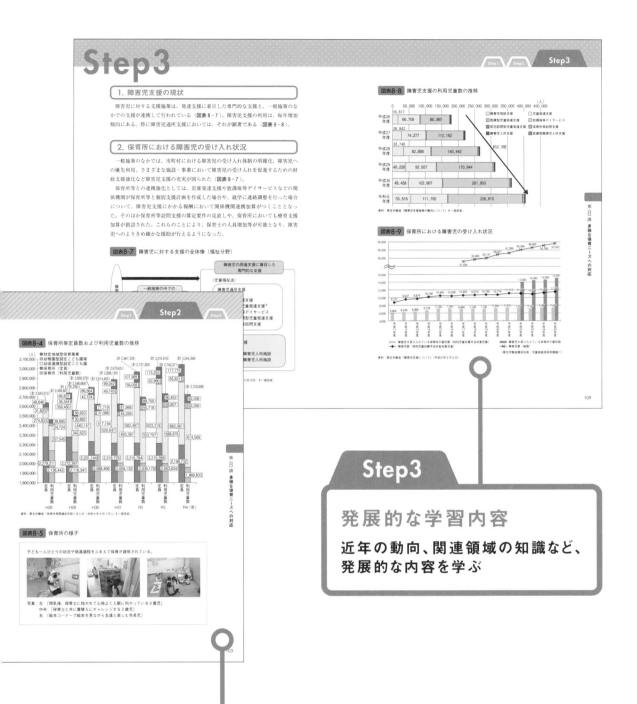

Step3

(top-right tabs: Step1 Step2 **Step3**)

1. 障害児支援の現状

障害児に対する支援施策は、発達支援に着目した専門的な支援と、一般施策のなかでの支援が連携して行われている（**図表8-7**）。障害児支援の利用は、毎年増加傾向にある。特に障害児通所支援においては、それが顕著である（**図表8-8**）。

2. 保育所における障害児の受け入れ状況

一般施策のなかでは、市町村における障害児の受け入れ体制の明確化、障害児への優先利用、さまざまな施設・事業において障害児の受け入れを促進するための財政支援強化など障害児支援の充実が図られた（**図表8-7**）。

保育所等との連携強化としては、児童発達支援や放課後等デイサービスなどの関係機関が保育所等と個別支援計画を作成した場合や、就学に連絡調整を行った場合について、障害児支援にかかる報酬において関係機関連携加算がつくこととなった。そのほか保育所等訪問支援の算定要件の見直しや、保育所においても療育支援加算が創設された。これらのことにより、保育士の人員増加等が可能となり、障害児へのよりきめ細かな援助が行えるようになった。

図表8-7 障害児に対する支援の全体像（福祉分野）

図表8-8 障害児支援の利用児童数の推移

図表8-9 保育所における障害児の受け入れ状況

資料 厚生労働省「障害児支援について」（平成27年9月9日）

109

Step1 **Step2** Step3

図表8-4 保育所等定員数および利用児童数の推移

資料 厚生労働省「保育所関連状況取りまとめ（令和4年4月1日）」を一部改変。

図表8-5 保育所の様子

子ども一人ひとりの状況や発達過程をふまえて保育が提供されている。

写真 左 「授乳後、保育士に抱かれて心地よく入眠に向かっている0歳児」
　　　中央 「保育士と共に着替えにチャレンジする2歳児」
　　　右 「絵本コーナーで絵本を見ながら友達と楽しむ年長児」

103

第8講 多様な保育ニーズへの対応

Step3

発展的な学習内容

近年の動向、関連領域の知識など、発展的な内容を学ぶ

Step2

基本を深めた学習内容

Step1をふまえ、より詳しい内容、多様化する保育者の役割、児童福祉や教育との関連などを学ぶ

vii

保育士養成課程——本書の目次
対応表

　指定保育士養成施設の修業教科目については国で定められており、養成課程を構成する教科目については、通知「指定保育士養成施設の指定及び運営の基準について」（平成15年雇児発第1209001号）において、その教授内容が示されている。

　本書は保育士養成課程における「教科目の教授内容」に準拠しつつ、授業で使いやすいよう全15講に目次を再構成している。

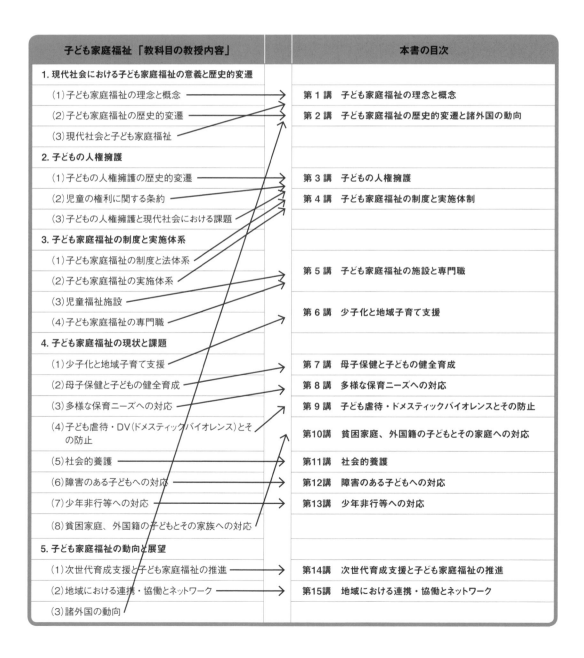

子ども家庭福祉「教科目の教授内容」	本書の目次
1. 現代社会における子ども家庭福祉の意義と歴史的変遷	
（1）子ども家庭福祉の理念と概念	第1講　子ども家庭福祉の理念と概念
（2）子ども家庭福祉の歴史的変遷	第2講　子ども家庭福祉の歴史的変遷と諸外国の動向
（3）現代社会と子ども家庭福祉	
2. 子どもの人権擁護	
（1）子どもの人権擁護の歴史的変遷	第3講　子どもの人権擁護
（2）児童の権利に関する条約	第4講　子ども家庭福祉の制度と実施体制
（3）子どもの人権擁護と現代社会における課題	
3. 子ども家庭福祉の制度と実施体系	
（1）子ども家庭福祉の制度と法体系	第5講　子ども家庭福祉の施設と専門職
（2）子ども家庭福祉の実施体系	
（3）児童福祉施設	
（4）子ども家庭福祉の専門職	第6講　少子化と地域子育て支援
4. 子ども家庭福祉の現状と課題	
（1）少子化と地域子育て支援	第7講　母子保健と子どもの健全育成
（2）母子保健と子どもの健全育成	第8講　多様な保育ニーズへの対応
（3）多様な保育ニーズへの対応	第9講　子ども虐待・ドメスティックバイオレンスとその防止
（4）子ども虐待・DV（ドメスティックバイオレンス）とその防止	第10講　貧困家庭、外国籍の子どもとその家庭への対応
（5）社会的養護	第11講　社会的養護
（6）障害のある子どもへの対応	第12講　障害のある子どもへの対応
（7）少年非行等への対応	第13講　少年非行等への対応
（8）貧困家庭、外国籍の子どもとその家族への対応	
5. 子ども家庭福祉の動向と展望	
（1）次世代育成支援と子ども家庭福祉の推進	第14講　次世代育成支援と子ども家庭福祉の推進
（2）地域における連携・協働とネットワーク	第15講　地域における連携・協働とネットワーク
（3）諸外国の動向	

CONTENTS

新・基本保育シリーズ　第2版刊行にあたって
新・基本保育シリーズ　刊行にあたって
はじめに
本書の特徴
保育士養成課程——本書の目次　対応表

第1講　子ども家庭福祉の理念と概念

Step1　1. 子ども家庭福祉の学び方 ……………………………………… 2
　　　　2. 子ども家庭福祉を理解するための方法 ……………………… 2
　　　　3. 子ども家庭福祉の基本構造 …………………………………… 4
　　　　4. 平成28年児童福祉法改正と「家庭」 ………………………… 5

Step2　1. 児童という対象の特徴 …………………………………………… 8
　　　　2.「低成長期家庭」の登場 ……………………………………… 8
　　　　3.「離別母子世帯」の増加 ……………………………………… 9
　　　　4. 子どもの貧困対策 ……………………………………………… 9

Step3　1.「児童の最善の利益」と「子ども家庭福祉」………………… 10
　　　　2.「児童の権利に関する条約」がなぜ必要なのか …………… 10
　　　　3.「子ども本人の意思」と「児童の最善の利益」との関係 … 11
　　　　4.「児童の最善の利益」について判断するための4つの認識方法 … 12
　　　　5.「児童の最善の利益」という言葉から得られるエネルギー … 12
　　　　6.「児童の最善の利益」を実現するために ………………… 13

第2講　子ども家庭福祉の歴史的変遷と諸外国の動向

Step1　1. 子ども家庭福祉の歴史的展開 ……………………………… 16
　　　　2. 社会的支援 …………………………………………………… 20

Step2　支援対象の多様化 …………………………………………………… 22

Step3　1. 社会的支援 ……………………………………………………… 24
　　　　2. 新たな貧困への対応 ………………………………………… 25

COLUMN　『児童の世紀』にみる親の役割 ……………………………… 26

第3講　子どもの人権擁護

Step1　子どもの人権擁護の歴史 ⋯⋯⋯⋯⋯⋯⋯⋯⋯⋯⋯⋯⋯⋯⋯⋯⋯⋯⋯⋯ 28

Step2　**1.** 児童の権利に関する条約 ⋯⋯⋯⋯⋯⋯⋯⋯⋯⋯⋯⋯⋯⋯⋯⋯⋯⋯ 30
　　　　2. 児童福祉法改正にみる子どもの権利擁護 ⋯⋯⋯⋯⋯⋯⋯⋯⋯ 31
　　　　3. 保育所保育指針にみる子どもの権利 ⋯⋯⋯⋯⋯⋯⋯⋯⋯⋯⋯ 32
　　　　4. 児童の権利に関する条約の具体化に向けた取り組み ⋯⋯ 33

Step3　**1.** 子どもの人権擁護と現代社会における課題 ⋯⋯⋯⋯⋯⋯ 34
　　　　2. 子どもの人権擁護のしくみ ⋯⋯⋯⋯⋯⋯⋯⋯⋯⋯⋯⋯⋯⋯⋯ 34
　　　　3. 子どもの人権擁護を達成するために ⋯⋯⋯⋯⋯⋯⋯⋯⋯⋯ 37
　　　　4. 保育の専門職として守るべきこと ⋯⋯⋯⋯⋯⋯⋯⋯⋯⋯⋯ 37

COLUMN　子どもの未来をつくる権利擁護 ⋯⋯⋯⋯⋯⋯⋯⋯⋯⋯⋯⋯⋯⋯ 38

第4講　子ども家庭福祉の制度と実施体制

Step1　**1.** 子ども家庭福祉の法制度 ⋯⋯⋯⋯⋯⋯⋯⋯⋯⋯⋯⋯⋯⋯⋯⋯ 40
　　　　2. 行財政と実施機関 ⋯⋯⋯⋯⋯⋯⋯⋯⋯⋯⋯⋯⋯⋯⋯⋯⋯⋯⋯ 45

Step2　法制定・改正の流れとポイント ⋯⋯⋯⋯⋯⋯⋯⋯⋯⋯⋯⋯⋯⋯⋯⋯ 48

Step3　**1.** 子ども家庭福祉における実施体制と専門職 ⋯⋯⋯⋯⋯⋯ 50
　　　　2. 子ども家庭福祉の実施体制を取り巻く課題 ⋯⋯⋯⋯⋯⋯ 51

COLUMN　市町村と児童相談所における相談援助活動 ⋯⋯⋯⋯⋯⋯⋯⋯ 52

第5講　子ども家庭福祉の施設と専門職

Step1　**1.** 児童福祉施設の種類 ⋯⋯⋯⋯⋯⋯⋯⋯⋯⋯⋯⋯⋯⋯⋯⋯⋯⋯ 54
　　　　2. 保育所の位置づけと役割 ⋯⋯⋯⋯⋯⋯⋯⋯⋯⋯⋯⋯⋯⋯⋯ 54
　　　　3. 児童福祉施設の設置・運営 ⋯⋯⋯⋯⋯⋯⋯⋯⋯⋯⋯⋯⋯⋯ 56

Step2　**1.** 子ども家庭福祉の専門職 ⋯⋯⋯⋯⋯⋯⋯⋯⋯⋯⋯⋯⋯⋯⋯ 58
　　　　2. 保育士の位置づけと役割 ⋯⋯⋯⋯⋯⋯⋯⋯⋯⋯⋯⋯⋯⋯⋯ 62

Step3　**1.** 措置制度から契約制度への移り変わり ⋯⋯⋯⋯⋯⋯⋯⋯ 66
　　　　2. 児童福祉施設入所のしくみ ⋯⋯⋯⋯⋯⋯⋯⋯⋯⋯⋯⋯⋯⋯ 66

COLUMN　身近な地域子育て相談機関としての役割を見すえて ⋯⋯⋯ 68

第6講　少子化と地域子育て支援

Step1　**1.** 少子高齢社会の到来 70
　　　　　2. 少子化対策の動向と子育て支援 71

Step2　**1.** 子ども・子育て支援制度の概要 74
　　　　　2. 地域子ども・子育て支援事業 76
　　　　　3. 仕事・子育て両立支援事業 79

Step3　**1.** 子育て支援の拡充に向けて 80
　　　　　2. 妊娠、出産、子育て期への切れ目のない支援 81
　　　　　3. 子育ての希望がかなう社会へ 81

COLUMN 母親としての規範意識 82

第7講　母子保健と子どもの健全育成

Step1　**1.** 母子保健の意義 84
　　　　　2. わが国における母子保健の歩み 84
　　　　　3. 母子保健施策の概要 84

Step2　**1.** 児童健全育成の意義 90
　　　　　2. 児童健全育成の概要 90

Step3　**1.** 母子保健サービスの動向 94
　　　　　2. 児童健全育成の課題 97

第8講　多様な保育ニーズへの対応

Step1　多様な保育ニーズに対応するためのしくみ 100

Step2　**1.** 教育・保育施設 102
　　　　　2. 地域型保育事業 104
　　　　　3. 制度化されていない保育サービス 105
　　　　　4. 多様な保育ニーズへの対応のこれから 107

Step3　**1.** 障害児支援の現状 108
　　　　　2. 保育所における障害児の受け入れ状況 108

COLUMN 障害児通所施設で働く保育士〜一人ひとりとじっくりのんびりていねいに … 110

第9講　子ども虐待・ドメスティックバイオレンスとその防止

Step1　1. 子ども虐待、その定義と概要 ……………………………………………… 112
　　　　　2. ドメスティックバイオレンス(DV)と子ども虐待の関連 ……………… 114

Step2　1. 子ども虐待防止 ………………………………………………………………… 118
　　　　　2. DVと子ども虐待の関連性およびDVが子どもに与える影響 ……… 121

Step3　子ども虐待・DV防止のために ………………………………………………… 122

COLUMN　DV被害者の支援 ……………………………………………………………… 124

第10講　貧困家庭、外国籍の子どもとその家庭への対応

Step1　1. 子育て世帯の貧困 …………………………………………………………… 126
　　　　　2. ひとり親家庭の実状 ………………………………………………………… 128
　　　　　3. 外国籍の子どもとその家庭 ……………………………………………… 129
　　　　　4. 貧困のなかで子ども期を過ごすということ ………………………… 131

Step2　1. 子どもの貧困対策 …………………………………………………………… 134
　　　　　2. ひとり親家庭への支援 ……………………………………………………… 135

Step3　包括的な社会を生み出す要としての保育所 …………………………… 138

COLUMN　ひとり親家庭支援のあり方 ……………………………………………… 140

第11講　社会的養護

Step1　1. 社会的養護とは ……………………………………………………………… 142
　　　　　2. 社会的養護の施設等 ………………………………………………………… 142

Step2　1. 児童福祉法改正と社会的養育ビジョン ……………………………… 148
　　　　　2. 里親等委託率 ………………………………………………………………… 148
　　　　　3. 家庭養育優先の原則に基づく取り組み等の推進に向けて ……… 149

Step3　1. 新生児期から社会的養護を必要とする赤ちゃんのために ……… 150
　　　　　2. 児童の意見聴取等のしくみの整備 …………………………………… 151

第12講　障害のある子どもへの対応

Step1　1. 障害児の福祉 ································ 154
　　　　　2. 障害児支援の源流 ······················ 154
　　　　　3. 戦後の障害児支援の経過 ·············· 155
　　　　　4. 近年の障害児支援 ······················ 155

Step2　1. 障害児支援の背景 ······················ 162
　　　　　2. 障害児支援のポイント ·················· 164

Step3　1. 障害児支援のチームアプローチモデル ····· 166
　　　　　2. これからの障害児支援とは ·············· 167

COLUMN 放課後等デイサービスについて ··········· 168

第13講　少年非行等への対応

Step1　1. 少年非行の状況 ························· 170
　　　　　2. 非行対応の流れと児童福祉法・少年法の棲み分け ··· 170

Step2　1. 非行相談と施設入所との関係 ············ 172
　　　　　2. 少年院での対応 ······················· 172
　　　　　3. 少年非行の背景──加害性と被害性の混在 ··· 173
　　　　　4. 児童自立支援施設とその支援の特徴 ······ 173
　　　　　5. 児童自立支援施設以外の福祉施設と非行少年 ··· 175

Step3　1. 感化院の誕生──児童自立支援施設のルーツ ··· 176
　　　　　2. 国立感化院令と少年法・矯正院法の公布 ··· 177
　　　　　3. 子どものための制度改革 ················ 178
　　　　　4. 戦後における少年非行等に関する法制度 ··· 179

第14講　次世代育成支援と子ども家庭福祉の推進

Step1　次世代育成支援としての子ども家庭福祉 ······ 182
Step2　子ども・子育て支援制度の課題 ·············· 186
Step3　認定こども園と「幼保連携」という考え方 ······ 190
COLUMN 仕事と子育ての両立の考え方 ·············· 192

第15講　地域における連携・協働とネットワーク

Step1　1.「連携・協働」はなぜ求められるのか ････････････････････････ 194

　　　　　2.「連携・協働」の目的 ･･ 195

　　　　　3. ネットワークとその役割 ････････････････････････････････････ 196

Step2　保育所保育指針から学ぶ連携・協働 ･･･････････････････････････ 198

Step3　1. 子どもとその現状 ･･ 202

　　　　　2. 子ども虐待への対応 ･･ 202

索引

企画委員一覧

編集・執筆者一覧

第1講

子ども家庭福祉の
理念と概念

本講では、子ども家庭福祉の理念と概念を理解するために、子ども家庭福祉の学び方からスタートして、理解するための方法、基本構造という順で子ども家庭福祉の見取り図を学ぶ。続いて、子ども家庭福祉の内側に入り、児童という対象の特徴、「低成長期家庭」、離別母子世帯の増加、子どもの貧困という現代的課題について学びを進める。そのうえで、「児童の最善の利益」についてより深く考えてみたい。

Step 1

1. 子ども家庭福祉の学び方

　本書で扱う子ども家庭福祉を目で見ることはできない。また触ることもできない。重さも、大きさも、温度も、色もない。そのような子ども家庭福祉というものを認識するためには、こころの中に子ども家庭福祉というものの像を描く以外には認識することも理解することもできない。

　そのうえで、その学びのプロセスを積み重ねながら、「なぜ、子育て家庭に対する支援が必要なのか」についてしばしば考えてみてほしい。「それらの制度が現在あり、その制度を必要としている人がいて、それらを支えるためには専門職が必要だから」という回答にとどまることなく、より深く回答できるようになるために、子育て家庭に対する支援の意義との関連で「子ども家庭福祉」を理解できるようになってほしい。

　その認識地図をこころの中に描くためには、その像のモデルをまずイメージし、学びを続け、深めることにより、モデルをより具体的なものとして獲得していくという方法をとる必要がある。

　はじめの認識地図は、明確には形成されない場合がほとんどであろう。そのあまり明快でない認識地図をもってわれわれは学びはじめ、その認識地図を少しずつ鮮明な地図に育て上げていく。このプロセスを丁寧にたどることで、子ども家庭福祉分野での実践に応えることができる専門職としての育ちを進めることが可能となる。

　そのプロセスでは、「このテキストを読み理解する」ということと「実習やボランティアなどを通じて子ども家庭福祉の実践場面により多くふれる」ということの両方を行き来しながら、明確でなかった認識地図がより鮮明なものとなっていく。

2. 子ども家庭福祉を理解するための方法

　図表1-1は、子ども家庭福祉を理解するために必要な4つの基本視点をその相互関係を意識しながら図示したものである。この**図表**1-1は子ども家庭福祉の学びを続ける過程で何度も振り返り意識してほしい。大学の授業などでは、この図を頭に浮かべながら、今、教員が話していることは、子ども家庭福祉の「理念」に関することなのか、「政策」に関することなのか、「実践」に関することなのか、それとも「運営」に関することなのかを意識しながら学びをするとよい。

　子ども家庭福祉というものの全体像を一度に全部伝えることはできないので、子

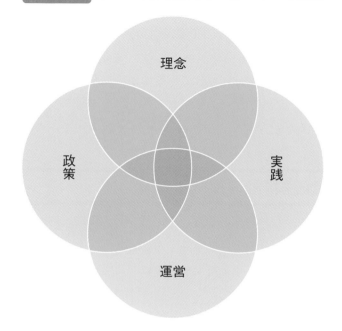

図表1-1　子ども家庭福祉を学ぶ際の4つの視点

理念

政策

実践

運営

ども家庭福祉という分野の全体像をいくつかの部分に区切って論じることになる。

　講義を進める際には、**図表1-1**に示したように、子ども家庭福祉はこうあるべきとされているという「理念」について説明するとともに、現状の子ども家庭福祉の「政策」はこのようになっているという「政策」の実態について述べる。また、その「理念」や「政策」に基づいて、児童相談所などの実践場面では児童福祉司などの専門職が個別具体的な児童に対して「実践」を行う。さらに、その「実践」は児童相談所という組織内のほかの専門職や他機関との連携を意識しながら行われる。組織内外の連携は、組織をどう動かすかという「運営」という問題にかかわってくる。

　「理念」「政策」「実践」「運営」という視点から子ども家庭福祉の全体像を意識しようと試みることは、子ども家庭福祉の学びを迅速にしかも確実に進めるうえで有効である。特に、講義中に、教員が話している内容がわかりにくいと感じたときなどは、今の話は「理念」について語っているのか、それとも「政策」について語っているのかという点に注意しながら講義を聴くと理解が進むことが多い。例えば、「児童に関するすべての措置をとるに当たっては、公的若しくは私的な社会福祉施設、裁判所、行政当局又は立法機関のいずれによって行われるものであっても、児童の最善の利益が主として考慮されるものとする」（児童の権利に関する条約第3

条第1項）とか、「全て児童は、児童の権利に関する条約の精神にのっとり、適切に養育されること、その生活を保障されること、愛され、保護されること、その心身の健やかな成長及び発達並びにその自立が図られることその他の福祉を等しく保障される権利を有する」（児童福祉法第1条）といった「理念」を学びながら、それが「政策」のどの部分に具体化されているのか、もしくは「実践」のどの部分に具体的に適用されているのかについて相互に意識しながら学び続けることで、子ども家庭福祉の学びは深まる。

3. 子ども家庭福祉の基本構造

　子ども家庭福祉は、もともと児童福祉という科目名で扱われていたが、児童福祉について学ぶうえで家庭との関係を意識することが子どものことを理解するうえでも不可欠なことであるという考え方が一般的になってきたので、子ども家庭福祉という言葉が使われるようになった。

　例えば、子ども虐待という事象は、子どもが虐待を受けたということをイメージさせるが、子どもが虐待を受けることになる加害者は家庭の中にいる保護者と呼ばれる親であることが多い。このため、子ども虐待という問題を理解するためには、子どもと保護者との関係を意識しつつ、子ども家庭福祉の実践がどのようなしくみのなかで行われているのかについての基本的な理解を進めることが有効である。

　図表1-2は、子ども家庭福祉の基本構造を表している。その基本は、子ども家庭福祉の直接的な受け手としての子どもとともに、その子どもを大切に想いつつも

図表1-2 子ども家庭福祉の基本構造

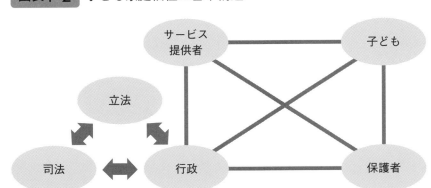

場合によっては加害者にもなる可能性をもった存在としての「保護者」を意識する必要がある。子どもは契約の当事者になれないので、子ども家庭福祉においては子どもが何らかの支援を受けるために必要な契約は「保護者」である親と行政機関との間で行われる。

　高齢者福祉と子ども家庭福祉の基本構造上の大きな違いは、高齢者は契約の当事者になれるが子どもは契約の当事者になれないという点にある。子ども家庭福祉の「政策」はこの特徴を意識しつつ、児童（子ども）の最善の利益を守るためのしくみを用意しているし、現在もそのようなしくみをできるだけ整えようという方向で政策立案の取り組みが行われている。

　「子ども」自身が契約の当事者にはなれないが、「行政」と「サービス提供者」との間での契約が結ばれることで、契約の当事者ではない「子ども」であっても適切なサービスを受けることができるようなしくみが用意されている。

　契約の当事者である「保護者」が「児童の最善の利益」とは異なる判断をした場合には、「行政」の判断だけでは「保護者」の判断を覆すことは一般的にできないが、「司法」と「行政」の判断が一致した場合には、「児童の最善の利益」のために、「保護者」の意向を覆す形で、「行政」が児童を守ることができるしくみが用意されている。また、「児童」の最善の利益を守るために、国会という「立法」部門が「政策」をつくり出す。その際には、**図表1-1**で示すように、「政策」をつくる背景には「理念」があり、その「理念」は「運営」と呼応しつつ「実践」内容をより優れたものと改善していくきっかけをわれわれに与えることが多い。

　図表1-1と**図表1-2**を意識しつつ、子ども家庭福祉の基本構造に関する学びを進めていただきたい。子ども家庭福祉の認識方法、学び方、基本構造を意識することができれば、それらを応用しつつ、現代社会における子ども家庭福祉の動向について学ぶための準備が整ったと思われる。

4. 平成28年児童福祉法改正と「家庭」

　子ども家庭福祉について学ぶうえで重要な言葉である「家庭」について、以下のような法改正が行われたので、その内容について次にふれる。

児童福祉法第3条の2

　2016（平成28）年6月3日に公布された「改正児童福祉法」は、児童が心身ともに健やかに養育されるよう、より「家庭」に近い環境での養育の推進を図ることを

目指している。そのため、児童の養育環境を決定する際の考え方が児童福祉法に明示され、次に示す児童福祉法第3条の2が新設された。

児童福祉法第3条の2は、国および地方公共団体と家庭との関係について以下のように規定している。

> **児童福祉法**
> 第3条の2　国及び地方公共団体は、児童が家庭において心身ともに健やかに養育されるよう、児童の保護者を支援しなければならない。ただし、児童及びその保護者の心身の状況、これらの者の置かれている環境その他の状況を勘案し、児童を家庭において養育することが困難であり又は適当でない場合にあっては児童が家庭における養育環境と同様の養育環境において継続的に養育されるよう、児童を家庭及び当該養育環境において養育することが適当でない場合にあっては児童ができる限り良好な家庭的環境において養育されるよう、必要な措置を講じなければならない。

必要な措置を講じるべき優先順位

児童福祉法第3条の2では、「家庭」という語を含む3つの養育環境を示している。

「家庭」「家庭と同様の養育環境」「良好な家庭的環境」の3つである。この3つの養育環境について、国および地方公共団体は、次のような優先順位で「必要な措置を講じなければならない」と規定している。その優先順位とは、第1が「家庭」であり、第2が「家庭と同様の養育環境」であり、第3が「良好な家庭的環境」である（**図表1-3**）。

（1）家庭

「家庭」とは、実父母や親族等を養育者とする環境のことである（厚生労働省通知「児童福祉法等の一部を改正する法律の公布について」（平成28年6月3日雇児発0603第1号））。**図表1-3**では「実親による養育」と記されているが、これは「実父母や親族等を養育者とする養育」を意味する。この「家庭」という養育環境で児童が養育される機会をできるだけ確保できるようにするため、「国及び地方公共団体は、児童が家庭において心身ともに健やかに養育されるよう、児童の保護者を支援しなければならない」とされている。

（2）家庭と同様の養育環境

「家庭と同様の養育環境」とは、「家庭」に該当しない養育環境のうち、「養子縁組（特別養子縁組を含む）」「里親」「小規模住居型児童養育事業（ファミリーホーム）」という養育環境を意味する。「家庭」で養育されることができない児童の養育

環境として、国および地方公共団体が優先的に必要な措置を採らなければならないとされている。

（3）良好な家庭的環境

「良好な家庭的環境」とは、「家庭」および「家庭と同様の養育環境」に該当しない養育環境で、施設のうち小規模である「地域小規模児童養護施設（グループホーム）」「小規模グループケア（分園型）」などを意味する。「家庭」および「家庭と同様の養育環境」において養育されることが適当でない児童の養育環境として、国および地方公共団体が優先的に必要な措置を採らなければならないとされている。

小規模型ではない施設

上記の3つの養育環境での養育が適当でない場合には、「都道府県が児童相談所から報告を受けた場合（児童福祉法第26条第1項第1号）」や「家庭裁判所からの送致を受けた場合（少年法第18条）」という経路を通って、児童福祉法第27条第1項第3号の規定に基づいて小規模型ではない「施設」が養育環境として選択されることになる。

図表1-3 家庭と同様の環境における養育の推進【児童福祉法改正・公布日（平成28年6月3日）施行】

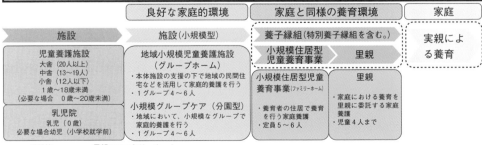

資料：厚生労働省「社会的養育の推進に向けて（令和4年3月31日）」

Step 2

1. 児童という対象の特徴

　児童は児童福祉法第4条で「満18歳に満たない者」と規定されている。子ども家庭福祉を学ぶ際には「保育内容」などと並行して学ぶことで、年齢ごとの発達の特徴をイメージしながら子ども家庭福祉についての学びを深めることができる。

　児童という語は、児童福祉法上、満18歳に満たない者をいい、次のように分けられ、「乳児」（満1歳に満たない者）、「幼児」（満1歳から、小学校就学の始期に達するまでの者）、「少年」（小学校就学の始期から、満18歳に達するまでの者）とされている。

　ただし、児童福祉法に基づく支援の対象は18歳未満に限られているわけではない。例えば、児童自立生活援助については、対象が就学等の22歳までから、さらに児童福祉法改正により、年齢による一律の利用制限の弾力化が図られることとなった。

2.「低成長期家庭」の登場

　新たな家庭の理念型として、「低成長期家庭」と呼ぶべき家庭が増えてきている。時期的には、わが国の経済的バブルが崩壊した1990（平成2）年以降に、「戦後家族」の次の理念型として登場してきたと考えられる。

　その特徴は、①今年よりも来年のほうが明るい未来がやってくるという見通しを夫婦両方がもてない、②性別役割分担を希望してもそれを実現することができない、③「イエ制度」や「戦後家族」などとは異なり、「子育て」「介護」という課題を家庭内での対応にこだわらず社会的支援に求める、④こころの結びつきを重視する一方で、生活を相互に支え合う組織としての性格は薄い、⑤民法改正といった制度上の影響で生じた家庭形態ではなく、低成長経済と少子高齢化という社会経済変動の影響を受けながらそれに対応する過程で自然発生的に生じてきた、という特徴を有する。われわれが日々直面している「ごく普通の」子ども家庭福祉サービスを必要としている多くの家庭が、この「低成長期家庭」に該当している。

　したがって、この「低成長期家庭」で暮らす子どもは、保育所や認定こども園などで出会うごく普通の子どもであり、保育士としての日常業務のなかでしばしば出会うことになる。この「低成長期家庭」についての認識がないと、ついつい「夫婦の役割分担」などを意識した会話を保護者としてしまいがちであり、結果として、「理解してもらえていない」とか「紋切り型の対応をする保育士」という印象を保護者に与えかねない。気をつけたいことである。

3.「離別母子世帯」の増加

母子世帯に関して、近年「離別母子世帯」「未婚母子世帯」が増えているという特徴がみられる。離別母子世帯の場合は、生命保険給付の対象ではないし、夫の資産が手元に残ることはまれである。子の年齢は死別と比べて低いため、母子世帯での子育てと就労の両立が難しく、長期にわたる。離別母子世帯の母子世帯全体に占める割合は79.5％（平成28年度全国ひとり親世帯等調査）となっている。

未婚母子世帯（同調査では「未婚の母」と表記されている）の場合は、子は生まれたばかりである。このため、出産時点でひとり親であり、子育てと就労の両立が難しく、離別の場合と比しても長期にわたる。その母子世帯全体に占める割合は8.7％（同調査）である。平成15年度の調査時点で5.8％であり、平成28年度調査にかけて継続してその割合が高くなっている。

一方、従来多かった死別母子世帯は、生命保険などによる給付を受けられることが多く、夫の資産（住宅や預金など）が残ることも多い。そして、上記2類型と比べて、一般的に子の年齢が高い。このため、子育てと就労の両立も比較的対応しやすい。母子世帯全体に占める割合は8.0％（同調査）である。しかし、二人の親で分担すべき役割を一人で担当せざるをえないこと、進学などの際に経済的支援が必要な場合もある。

4. 子どもの貧困対策

世代を超えた貧困の連鎖を断ち切ろうという社会的な動きが芽生えてきている。子どもの貧困対策についての先進国であるイギリスの歴史を振り返ると、①感情としての「怠惰観」、②経済変動との関係での「絶対的貧困」の発見、③「経済的支援」（生活保護）の必要性の認識、④「相対的貧困」の発見（1965年）、⑤「就労支援」の必要性の認識、⑥「奨学金」の必要性についての認識、⑦「初等教育」の重要性の認識、⑧「食」の重要性の再認識という諸段階を経過してきた。日本も同じような経緯をたどるものと思われるが、今のところ、⑥～⑦のあたりに位置しているように思われる。

現在の日本は、学校を子どもの貧困対策のプラットフォームとし、スクールソーシャルワーカー、中学生向けの原則無料の学習支援について充実しつつある。さらに経済事情により進学をあきらめることのないよう、生活保護世帯の子どもの大学等への進学についての進学準備給付金等の充実を図っている。

Step3

1.「児童の最善の利益」と「子ども家庭福祉」

　子ども家庭福祉の学びを進めるうえで、何度も出会う言葉が「児童の最善の利益」という言葉であろう。この「児童の最善の利益」は1989年11月20日に第44回国連総会において採択された「児童の権利に関する条約（Convention on the Rights of the Child）」第3条に用いられている言葉であり、1994（平成6）年4月22日に日本もこの条約を批准し、同年5月16日に国内で公布されている。

　この「児童の最善の利益」について、同条約の第3条は「児童に関するすべての措置をとるに当たっては、公的若しくは私的な社会福祉施設、裁判所、行政当局又は立法機関のいずれによって行われるものであっても、児童の最善の利益が主として考慮されるものとする」と記している。ここで用いられている「措置」とは、英文で"In all actions … undertaken"と表記されているように、かなり幅広い行為を含む概念である。行政処分性を有する行為だけではなく、何らかの影響力などが子どもに間接的に及ぶ場合も含めて、それらについて判断し、実行する際には、「児童の最善の利益」が主として考慮されなければならない。

　「措置」という語からは、児童福祉法第27条や第28条に基づく「措置」をイメージしやすいが、この条文で用いられている「措置」は、行政処分性が高くない場合や、利益を供与するサービスである場合においても「児童の最善の利益」を主として考慮することになる。さらには、その行為が具体的に行われる機関等の範囲も幅広い。「公的若しくは私的な社会福祉施設」「行政当局」という行政部門およびその影響下で実行に移されている行為が入るだけではなく、裁判所という司法機関、そして国会等の立法機関が行う行為も含まれている。

2.「児童の権利に関する条約」がなぜ必要なのか

　私たちは「児童の権利に関する条約」をしばしば読み返す。私たちがこのように「児童の権利に関する条約」やそのなかの「児童の最善の利益」について何度も何度も振り返るのはなぜであろうか。

　人権を守る歴史の過程で、われわれの先輩たちは、多くの血と涙と汗を流してきた。成功したこともあるし弾圧されたという歴史もある。それらに共通しているのは、その歴史が自らの人権を守るための過程であるということである。子どもは、自分自身の人権を獲得し守るためのパワーを、少なくとも今のところは、もち合わせていない。選挙権をもっていないし、社会的な経験も少ないし、発達年齢によっ

ては行動するために必要な身体能力も明確な意思表示を行うために必要な言語能力も不十分である。

　子どもが有するこれらの特 徴 は、子ども自らのパワーだけでは子どもの人権を守ることができないという現状に結びつくため、子どもの人権を守るということはどうしても後回しになりがちだし、守られないという状況に 陥 りやすい。しかも親という存在があることで、ほかの大人が関与しにくいという状態にもなりやすい。

　実の親に反して、子どものためと思ってわれわれが何らかのアプローチを試みるとき、そのアプローチが本当にその子どものためになっているか否かについて不安になる。不安であればその行為を行わないほうがよいように思われるかもしれないが、行為を行わないということも「その行為を行わない」という判断をしたことを意味する。「行為しない」ということは、やるべき行為をやらないという過ちを犯すことにもなる。その行為を行うべきか否か悩ましい。正解を教えてくれる人がいるのならばその人に頭を深々とさげて教えを乞いたいと思う。しかし、誰も正解を教えてくれない。第一線の実践者は、「児童の最善の利益」を意識し、その言葉に照らして最も正解に近い方法を選択することになる。組織として決定することも多いが、その組織を構成する一人ひとりの責任をもって判断する必要がある。

3. 「子ども本人の意思」と「児童の最善の利益」との関係

　子ども自らが「そうしたい」と思うことを実行することが必ずしも「児童の最善の利益」となるわけではない。一方、専門職が専門職として考えることを実行することが必ずしも「児童の最善の利益」になるわけでもない。われわれは、子ども自らの考えと専門職の考え方の間にある狭い大切な道を歩み続ける。しかも、遠い先の時点で何が起こるのかについて、われわれは必ずしも十分な情報をもちえない。

　さらにわれわれは、目の前にいる子どものことを必ずしも正確に理解できているわけではない。できるだけ正確に理解しようとしているし、時々少し理解できたかなとうれしくなることはあるが外れることもしばしばある。何と難易度が高いことなのだろう。それでも、できるだけ正確に子どもの気持ちを理解したいと思う。

4.「児童の最善の利益」について判断するための 4つの認識方法

　われわれは実践場面において、「児童の最善の利益」を個別具体的に判断する。その際、どのような認識方法をわれわれは採用しているだろうか。ここでは4つの認識方法を示す。いずれも、子どもの領域にかかわる多くの実践者が無意識にもしくは意識的に取り組むことで、より適切な認識を行うことに結びついている。

　第1の認識方法は、「直観的に感じ取ることができるものが、その事象の真の姿である」という考え方である。子どもの状況をわれわれが認識しようとするとき、あまり複雑な思考をめぐらすよりも直観的に感じたままのほうが結果として正しい認識であることも少なくない。「認識の起源は理性であり、その理性をわれわれは生まれつきもっている」ということを前提とした認識方法である。

　第2の認識方法は、認識の起源は経験であり、経験を積み重ねることにより、より適切な認識ができるという考え方である。実践現場における経験を積み重ねてきた人の発言は真実に迫ることが多い。このことは、この第2の考え方に基づいて現状を認識することの有効性を示す証拠でもある。

　第3の認識方法は、認識の起源のほとんどは経験であるが、すべての起源が経験であるわけではない。生まれつきもっている直観的に感じ取る力や、学習などを通じて得られた情報を理念型として活用することで、より適切な認識を行うことができるという考え方に基づく認識方法である。専門的な学びをした人が、その学びの過程である種の理念型を獲得し、その理念型を用いて個別具体的な場面を分析するという方法を含んでいる。

　第4の認識方法は、上記した第2と第3の認識方法を疑うというところからスタートする。通常採用している諸前提を「一旦保留（エポケー）」状態にし、物事がこころに立ち現れる様態について慎重に省察する。日々の実践場面で「当然なこと」と思われていることを、「エポケー」したうえで、物事がこころに立ち現れる様態を慎重に省察する。「エポケー」することは難易度が高いが、意識的に「エポケー」すると「児童の最善の利益」がより鮮明に浮き彫りになることがある。

5.「児童の最善の利益」という言葉から得られる エネルギー

　子どもは、人権を守る直接的な術をもたない。そこで「児童の最善の利益」を守

るためには、それ以外の人が子どもを理解する必要がある。子どもを理解するためには、子ども自身と子どもをめぐる状況について、できるだけ正確に認識する必要がある。上記した4つの認識方法を意識的に活用し、複数の認識方法を併用しながら、正解に近づいていく努力をし続ける必要がある。

「児童の最善の利益」は崇高な規定であり、この条文に接するたびに、背筋が伸びるとともに、日々の自らの行いについて厳しく反省することになる。「目の前にいるこの子にとっての最善の利益とは何だろうか」。子どもにかかわる仕事をしているわれわれにとって、日々悩まされる課題である。とともに、もしかしたら悩ましい課題に対してわれわれが挑戦しようという意欲をもち続けることができるのは、この「児童の最善の利益」という言葉からものすごいエネルギーをもらっているからなのかもしれない。

6.「児童の最善の利益」を実現するために

1日の終わりに、その日行った子どもへのかかわりについて振り返り、自らの判断や行為が適切であったか、もっとよい方法はなかったのかについて思索する、そして、長い年月にわたって考え続ける。われわれは、考え続けることで、「児童の最善の利益」という言葉のより深い意味に少しずつ近づいていける。

そのプロセスでは、子どもだけではなく、自分自身のことをより深く理解することが求められるのだと思う。子どもをより理解しようとすることは、その過程で、子どものことを真剣に考える自分自身と出会うことになる。子どもを知ろうとすることは自分を見つめ直すことにつながる。

「児童の最善の利益」の実現をめざすためには、子どもを直接目の前にした日々の実践だけではなく、子どもを守るための政策立案にも配意する必要がある。子どもにかかわるすべての人が、それぞれの立場で取り組む。その際の共通の旗印が「児童の最善の利益」であろう。

「児童の最善の利益」という言葉は、子ども家庭福祉「政策」を立案するためのいちばん基本の「理念」である。この「理念」に基づいて「政策」がつくられ、子ども家庭福祉の組織が「運営」され、日々の「実践」が行われているのである（**Step 1** の**図表 1 - 1** を参照）。

第 2 講

子ども家庭福祉の歴史的変遷と諸外国の動向

　本講では、子ども家庭福祉における歴史的変遷について、諸外国の特徴も交えながら学んでいく。1つ目はニーズの変化であり、親族や近隣の支えを前提として保護者のない児童の保護に取り組んだ時代から、保護者のいる児童と家庭への支援の時代への変化である。2つ目は担い手の変化であり、保護者と政府を中心とする限定的な支え手から、地域社会を含めた担い手のとらえ直しへの変化である。これらをふまえて子ども家庭福祉を理解していく。

Step 1

1. 子ども家庭福祉の歴史的展開

相互扶助と慈善事業

　福祉の支援が社会的に構築される前の時代は、親族や近隣の人々による相互扶助とよばれる扶け合いが基本となっていた。親族の支えは血縁や婚姻による相互扶助であり、地域社会の支えは地縁で構成される。他方で、親がいない子どもや地域に支え手が期待できない者は、生活が立ち行かなくなる者も多くいた。そうした者たちへ手を差し伸べたのが宗教等を背景とした慈善事業である。

　慈善事業の代表的な例としては、石井十次により1887（明治20）年に設立された岡山孤児院の実践例がある。石井十次は、自ら孤児を引き取るところからはじめ、やがて子どもが増える状況に併せて、「家族制度」とよばれる小規模化した集団養育、地域の里親への委託制度など、画期的な養護実践を行った。石井十次のように孤児の保護活動を行った例は多く、1872（明治5）年に横浜のフランス系宣教師らが、女児を引き取り女性が身を立てていくための裁縫等の職業技術を教育する実践を行ったサンモール修道会の仁慈堂、1879（明治12）年に東京で仏教系の実践として始まる福田会育児院など各地でみられた。また、濃尾地震で孤児を引き受けながら、1891（明治24）年に、前人未到の知的障害児教育へ取り組んでいく石井亮一の滝乃川学園のような例もある。さらに、非行児童の保護活動の例としては、子どもに環境や教育の観点からはたらきかけて自ら変化させていく感化の実践を行った1885（明治18）年の高瀬真卿の私立予備感化院などがあげられる。なお、感化の実践活動は、比較的早くから法制度化され、1900（明治33）年に感化法が制定され、慈善事業で行われていた感化院が積極的に制度に位置づけられた。

　1890（明治23）年には、赤沢鍾美が私立静修学校を新潟に開設し、わが国最初の保育事業となった。また、1900（明治33）年に東京麹町からはじまり四谷に展開した野口幽香、森島峰らによる二葉幼稚園の活動は、比較的社会階層の高い者が階層社会を飛び越え、金持ちよりもむしろ貧しい者ほど家族以外の保育者が必要であるという信念を具体化する事業であった。彼女らは、自らの育ちの環境とは異なる未知の課題へ勇気をもって飛び込んでいく事例であった。

法制度による社会福祉の整備

（1）近代国家と初期の法制度

　明治期に入ると、近代国家の基盤確立をめざし、さまざまな社会制度の構築が進

んだ。1874（明治7）年の恤救規則は、わが国の公的扶助制度のさきがけとなる施策であった。それが広く国会を動かすこととなり、1929（昭和4）年に救護法が成立し、法制度化が進められた。救護法では、65歳以上の高齢者や妊産婦、病気や障害で働けない者などとともに、扶養義務者のいない13歳以下の児童が救護対象と位置づけられた。救護法の保護は居宅による保護が原則であったが、施設保護として石井十次らの行ってきた孤児院が救護施設として認められた。明治末期、大正期、昭和初期にかけては、民主主義運動の活性化とともに、社会福祉の法制度化が進められた。子ども家庭福祉に関しては、1911（明治44）年の12歳未満児童の雇用を禁止した工場法、1922（大正11）年の18歳未満の児童の刑事事件を扱う少年法、1933（昭和8）年には14歳未満の児童の保護責任を規定した児童虐待防止法、感化院の現場の院長らが運動に参加して感化法を改めた少年教護法など、その後のわが国の子ども家庭福祉のさきがけとなる法制度が整備された。

　この時期は、初期の法制度化が進められた時期であり、子どもの保護の必要性を国が判断するというわが国の制度の基盤が整備された。しかし、制度の基本は親族や近隣社会による相互扶助を前提とし、要保護児童の対応は、依然として民間の慈善事業の役割が多くを担った。

（2）子ども家庭福祉制度の基盤確立

　第一次大戦後から、太平洋戦争へと向かう1930年代から1940年代には、国家総動員による戦時体制へと進む時期であったが、富国強兵と表裏の関係で、その後のわが国の社会福祉制度の基盤が整備される時期であった。1937（昭和12）年には地域の健康推進拠点として保健所を整備する保健所法、また、戦災母子対策として母子保護法が制定されている。1938（昭和13）年には政府の保健福祉政策を所管する省庁である厚生省が創設された。

　第二次大戦後、敗戦後の日本がまずはじめに取り組まなければならなかった子ども家庭福祉対策は、戦災孤児、引揚孤児の保護の課題であった。戦地で父親を亡くしたり、空襲や引揚で保護者を失った孤児は、全国で12万3000人（厚生省「全国孤児一斉調査」1948年）いたとされている。当時の児童保護対策は、保護者のない児童に、まずは屋根のある場所で食事と寝床を提供することを最優先とした保護とならざるをえず、個別の相談支援活動を行う余裕はなかったものと想定される。そうしたなか、1947（昭和22）年に児童福祉法が制定された。

　この法では、児童の定義で18歳未満のすべての者が対象とされ、すべての国民、国および地方公共団体は、保護者とともに児童の健全な育成の担い手として責任を負うこととされた。さらに、1948（昭和23）年には、児童福祉法の施行にともない

児童福祉施設最低基準（2011（平成23）年に児童福祉施設の設備及び運営に関する基準に改称）が整備され、児童福祉施設を中心として、要保護児童対策が進められることとなった。この時期には、1949（昭和24）年に身体障害者福祉法、1950（昭和25）年に生活保護法、1960（昭和35）年に精神薄弱者福祉法（1998（平成10）年に知的障害者福祉法に改称）、1963（昭和38）年に老人福祉法、1964（昭和39）年に母子福祉法（1981（昭和56）年に母子及び寡婦福祉法、2014（平成26）年に母子及び父子並びに寡婦福祉法に改称）が制定され、児童福祉法とともに、わが国の社会福祉制度の基盤となる、いわゆる「福祉六法」体制が整備された。この体制では、1951（昭和26）年に制定された社会福祉事業法（2000（平成12）年に社会福祉法に改称）で社会福祉事業や社会福祉法人制度等を規定し、それを基軸に、憲法第25条の規定をはじめとする社会福祉の権利の具体化を行政の判断によるしくみとして確立した。

欧米の子ども家庭福祉の特徴

（1）イギリスの子ども家庭福祉

イギリスでは、10世紀以前からキリスト教を主体とする慈善事業が救貧院等の施設で行われていたが、1601年の救貧法をきっかけに、政府による法制度の整備が進められた。1834年の救貧法改革では、居宅保護が禁止され、劣等処遇の原則のもと、施設保護により孤児の保護が行われたが、この改革により、保護を受ける者の心理的負い目（スティグマ）が社会福祉全般に付随する問題となっていった。1833年の工場法により9歳未満の児童労働が禁止され、1870年には初等教育法の制定により、子どもは、汗まみれ油まみれの労働の場から形式的に切り離され、遊びと学びの時間の確保がめざされることとなった。この間1866年には、民間活動としてバーナード（Barnardo, T. J.）によるバーナードホームの孤児保護実践も行われている。1908年には、はじめて体系的な児童法が成立している。近代的な社会福祉制度整備をおし進めたのは、1942年のベヴァリッジ委員会による報告書（『社会保険および関連サービス』）であった。

イギリスでは、救貧法制度と異なり、社会保険、公的扶助、諸サービスにより、労働者とその家族の最低生活保障制度の整備が進められることとなった。その後、1948年の自治体の養育責任を確認した児童法、1970年の地方自治体社会サービス法、1989年の児童の権利に配慮した児童法などの流れにより、地方自治体に子どもの支援の責任の明確化と地域サービスの統合が進められた。イギリスでの要保護児童の対応は、第二次大戦後（1949年）の里親の委託率35％から、2000年には60％と

なり、里親中心で家族の代替的養育による養護が行われている。

（2）アメリカの子ども家庭福祉

　アメリカでは、18世紀には公立の救貧院や民間の孤児院の実践が行われていた。1877年には、イギリスから輸入された慈善組織協会（Charity Organization Society）がニューヨーク州バッファローで設立された。また、民間活動でめざましい活動を行った代表格として、アダムズ（Addams, J.）らが1889年にシカゴで行ったセツルメント実践のハルハウスがある。アダムズらは、イギリスのロンドンにあるトインビーホールに留学し、セツルメント活動の手法をアメリカへもち込んだ。地域の社会調査を行うとともに、移民の貧しい母親のための保育サービスを提供するなど、社会福祉学が未確立の時代に社会学、哲学等から学び、絵画の展覧会等のイベントから活動の財源となる収益を得るなど創意工夫ある支援事業を行った。

　20世紀に入ると、政府の取り組みも積極的になってきた。1909年には、セオドア・ルーズベルト（Roosevelt, T.）大統領が全米の子ども家庭福祉の専門家を招集して、ホワイトハウスで会議を開催した（第1回児童福祉白亜館会議）。第1回のテーマは要保護児童対策が取り上げられ、家庭的養護の重要性が声明に掲げられた。会議は、その後、1970年まで10年ごとに開催されている。1935年には、世界恐慌への国家的対応の1つとして、フランクリン・ルーズベルト（Roosevelt, F. D.）大統領のもとで社会保障法が成立した。社会保障法は、社会保険を年金や失業対策などに限定し、AFDC（Aid to Families with Dependent Children）などの限られた公的扶助とともに、保障規模の小さな社会保障制度を特徴とした。子ども家庭福祉の具体的なサービスは各州が制度化し、連邦政府は一定の基準を設けて要件を満たす州に補助を行うしくみが確立された。1960年代以降、離婚の増加によるシングルマザーの低所得層がAFDCの財政を圧迫した。その後、1996年に一時的な扶助制度であるTANF（Temporary Assisitance for Needy Families）への制度改革が行われ、社会保障はさらに州の権限と裁量が拡大され、自治体ごとの支援水準のばらつきが広がった。要保護児童の対応は、アメリカ合衆国全体で社会保障法制定前（1930年）では里親委託率が47％であったのが、2000年には76.5％となり、家庭的な養護中心で支援を行ってきている。

（3）開発途上国の課題

　子どものおかれている状況は、開発途上国において、依然として厳しい状況が続いている。5歳未満児の死亡率は、ユニセフの地域グループ別でみると、サハラ以南のアフリカで比較的高く、特に西部・中部アフリカでは、出生1000人あたり95人となっており、世界平均38人、東アジアと太平洋諸国平均14人と比べて非常に高

い。若者（15〜24歳）の識字率では、西部・中部アフリカは、男67％、女78％であり、世界平均の男91％、女93％、東アジアと太平洋諸国の男99％、女99％と比べて低くなっている。児童労働率では、サハラ以南のアフリカで26％（東部・南部アフリカ26％、西部・中部アフリカ26％）であり、中東と北アフリカ４％、ラテンアメリカとカリブ海諸国７％と比べると高くなっている。こうした国々では、子どもの基礎的な社会インフラや育ちの環境の基礎的課題が依然として解消されていない。

児童の権利の具体化

1900年に出版された『児童の世紀』のなかで、ケイ（Key, E.）は、20世紀以前の世界が男性中心の社会で戦争ばかり起こってきた世界であるため、新しい世紀は、子どものための世界をつくらなければならないと主張した（COLUMN 参照）。しかし、1940年代には、コルチャック（Korczak, J.）が、ナチス・ドイツの占領下のポーランドで孤児院の子どもたちと虐殺の犠牲になった出来事もあった。

国際社会の動きでは、1924年の国際連盟でジュネーブ（ジェネヴァ）宣言、1959年の国際連合で「児童の権利に関する宣言」が採択され、国際社会における児童の権利概念の具体化が進められた。1989年には国際連合で「児童の権利に関する条約」が採択された。日本は、1994（平成６）年にこれに批准した。1997（平成９）年の児童福祉法改正とそれにともなう同施行規則等の改正により、児童相談所が児童や保護者の意向を把握し記録することなど、児童の最善の利益のため、サービス提供体制の再構築がめざされた。また、一部自治体が児童へ向けて、条約の権利の趣旨をわかりやすく周知するための冊子、いわゆる「子どもの権利ノート」を作成し配付した。この条約への批准は、その後のわが国の子ども家庭福祉法制度および施策に大きな影響を与え、児童保護の現場において支援方法や支援環境の全般的な見直しへとつながった。2016（平成28）年には、児童福祉法の改正により、すべての児童は、児童の権利に関する条約の精神にのっとり適切に養育されることなどや、児童の「最善の利益」が優先して考慮されることなどが記載された。

2. 社会的支援

社会福祉基礎構造の改革

わが国の子ども家庭福祉制度は、児童福祉法に基づき、保護者による養育を前提とし、保護者のない児童を優先的に保護し、児童福祉施設に入所させて養育環境を

保障する方法で進められてきた。しかしながら、1960年代から1970年代に進んだ、わが国の社会構造の変化である産業構造の変化、都市の過密化と農村の過疎化、家族や地域の変化は、都市化、核家族化として生活環境を激変させた。

　福祉六法体制が前提としていた社会福祉制度基盤は大きくゆらぎ、これまで親族や近隣のインフォーマル・ケアにより充足されてきた医療保健福祉のケアニーズを充足する担い手を社会で創設していく必要性が、1980年代を通して求められるようになった。その後、1990年代に社会福祉の基盤の根本的な見直しが進められた。1997（平成9）年には児童福祉法が改正され、保育所には保護者が利用したい施設を選んで申し込みをする方法が導入された。1990年代の社会福祉基礎構造改革の動きは、2000（平成12）年の社会福祉事業法から社会福祉法への改正により新たな基盤構築へと向かうこととなった。

利用者を中心とするサービスへ

　上記の社会福祉法改正にともない児童福祉法も改正され、母子生活支援施設における母子保護の実施、助産施設における助産の実施がサービスを自分で選んで申し込む方法へ移行した。2004（平成16）年には発達障害者支援法の制定により障害児・者支援の対象が拡大され、2005（平成17）年には障害者自立支援法が制定され、これまで障害児・者、障害種別ごとに法制度が分けられて提供されていた障害福祉サービスが、一元的にサービス提供を行う制度に整備された。2010（平成22）年には児童福祉法が改正され、児童福祉法を基本として身近な地域での支援を充実させることを目的として、障害種別等で分かれている施設の一元化が行われ、通所サービスの実施主体が都道府県から市町村へ移行された。障害者自立支援法は、2012（平成24）年に障害者の日常生活及び社会生活を総合的に支援するための法律（障害者総合支援法）へと改正され、支援対象に難病を加えるとともに、標準的な支援の度合いを「障害程度区分」から「障害支援区分」とするなど制度改革が行われた。

　また、2012（平成24）年にはいわゆる「子ども・子育て関連3法」[*1]が成立し、子ども・子育て支援制度が創設され、2015（平成27）年4月から実施されている。

---

*1　「子ども・子育て支援法」「就学前の子どもに関する教育、保育等の総合的な提供の推進に関する法律の一部を改正する法律」「子ども・子育て支援法及び就学前の子どもに関する教育、保育等の総合的な提供の推進に関する法律の一部を改正する法律の施行に伴う関係法律の整備等に関する法律」をいう。以下本書において、子ども・子育て関連3法という。

Step2

支援対象の多様化

保護者のいない児童の保護

　Step 1 では、日本と欧米の子ども家庭福祉の支援について、民間の実践活動と制度の整備を中心に概観してきた。ここでは、現代日本の子ども家庭福祉のニーズと支援対象の変化を整理して歴史的背景の理解を深めることとしたい。

　先述したように、現在の子ども家庭福祉制度の基盤は、1930年代から1960年代までに福祉六法体制として確立した。この制度基盤のもとでは、子ども家庭福祉の支援対象の設定は、児童の要保護の必要性の判断が重要な要件となった。そしてその際の判断は、保護者がいるか、いないかにより対応を分けていくことになった。児童福祉法は「すべての児童」を対象として設定していたが、1940年代の喫緊の課題は、まぎれもなく戦災孤児・引揚孤児の保護であった。戦前から力を発揮してきていた孤児院に代表される民間実践の歴史から、児童養護施設が積極的に戦災孤児の保護に活用された。保護者がいる児童は、民法の親権制度を根拠とした親族扶養にゆだねられるべきと理解された。また、保護者がいてなお援助が必要な児童は、生活保護法による世帯単位による保護の対応等がとられた。このことは、要保護児童対策を保護者のいない児童に焦点化して、人的・物的・金銭的資源を最も効率的に振り向けることを可能としていた。

　保護者のいない児童への焦点化した対応は、従来から伝統的に引き継がれてきた親族等による血縁や近隣の地縁のインフォーマル・サポートを前提としていたことは重要である。なぜならば、結果的にこの前提が、子ども家庭福祉のニーズの変化への対応を難しくしたと考えられるからである。

保護者のいる児童の支援

　1960年代から1970年代にわが国が経験した社会構造の変化（都市化、過疎化、核家族化）は、福祉六法体制の前提である親族や地域社会のインフォーマル・サポートを弱体化していった。ほとんどの戦災孤児・引揚孤児らが18歳を超え、施設を退所していく1970年代には、児童福祉施設は、援助の質の変化が求められていた。子ども家庭福祉の主たるニーズは、保護者のいない児童から保護者のいる児童へと支援対象の変化が起こっていたと考えられるからである。

　それは1つには、非行行動の社会的動向にみられる変化にあらわれている。太平洋戦争直後の昭和20年代の非行の特徴は、生活環境の貧しさ等から生じる生きぬ

22

くための非行であったとされているが、昭和30年代頃から、社会における非行児童の「加害者性」への着目が進んでいったとされている。さらに昭和40年代には、警察等による非行・犯罪児童の「繁栄型犯罪の激増」「遊び型」などのキーワードが取り上げられ、「中流非行論」が展開され、非行や少年犯罪の裾野の広がりが危惧されていた。この時期の非行行動の変化は、背景に1970年代までの親族、地域社会のつながりや支えの弱体化があり、そうした環境の変化が保護者の子育てに影響を与えた。脆弱なインフォーマル・ネットワークのなかで行われる保護者の子育て行動の困難が、児童の非行行動に影響を与えていたと考えられる。

　また、厚生労働省では、「子ども虐待による死亡事例等の検証結果等について」を報告している。これは、厚生労働省が、都道府県、指定都市および児童相談所設置市に対する調査により把握した児童虐待による死亡事例を分析したものである（第18次報告は、2020（令和2）年4月1日から2021（令和3）年3月31日までの12か月間に発生または表面化した事例）。死亡66事例（77人）を「心中以外の虐待死」（47事例、49人）と「心中による虐待死（未遂を含む）」（19事例、28人）により検証している。

　検証結果によれば、死亡事例には、児童相談所や要保護児童対策地域協議会等の地域の資源が関与していたのに死亡を防げなかった事例が含まれている。心中以外の虐待死では、児童相談所のみの関与ありが0例、市区町村（虐待対応担当部署）のみの関与ありが5例（10.6％）、両方の関与ありが11例（23.4％）であった。心中による虐待死では、児童相談所のみが4例（21.1％）、市区町村のみが1例（5.3％）、両方が2例（10.5％）であった。要保護児童対策地域協議会の検討事例は、心中以外の虐待死で14例（29.8％）、心中による虐待死で4例（22.2％）であった。

　ここからは、地域の支援や予防機関である資源があることだけでなく、それが利用する家庭にどのように活用されていくか、予防機能が実効的にはたらくかが重要であることを示している。社会資源が、支援対象にいかにつながるかということが重要な課題である。さらに、こうした機関は、単体で地域に存在していても、孤立化する家庭の課題に取り組むことは難しい。機関と機関、地域にある社会福祉サービスや社会福祉の担い手と連携することが重要な課題である。

　以上のように、わが国の子ども家庭福祉のニーズは、親族や地域社会といったインフォーマル・サポートの脆弱化とともに、求められることが変わってきたことが考えられる。今日の主たる支援対象は保護者のいる児童であり、その育ちの環境にいかに介入するかが問われている。

Step3

担い手の多様化

（1）自助から公助

　Step 2 では、わが国における子ども家庭福祉のニーズの変化について考えた。Step 3 では、歴史的に支援の担い手がどのように変化してきたのか考えてみたい。社会福祉の法制度が整備される以前の時代は、親族や近隣社会(きんりんしゃかい)によるインフォーマル・サポートが生活課題の重要な支え手であった。やがて、こうした相互扶助(そうごふじょ)の支え合いが得られない人々へ、宗教等の思想的背景から自発的な支援活動がはじまっていき慈善事業(じぜんじぎょう)の歴史が重なっていく。

　慈善事業の自発的な特徴(とくちょう)は、彼らの支援対象への固有のまなざしにある。例えば、1899（明治32）年に東京巣鴨で「非行少年」たちを引き受け、彼らの育てなおしを通して社会復帰に取り組んだ留岡幸助(とめおかこうすけ)は、社会との関係で子どもの行為を理解していく必要性について次のように論文で訴えている。

　「少年者の犯罪を為(な)すに至る、素(もと)より彼等(かれら)に良家庭なく、良教育なきを以(もっ)てなり、彼等を導く慈母あり良教師あらん乎(じほ)、彼等は何を苦んでか悪少年とならんや、少年の犯罪を為す其因(そのいん)多くは茲(ここ)に埋没せずんばあらず、然(しか)るを犯罪したる少年を捕らえて此(これ)を悪漢化(あくかんか)し、難き罪因の群(かた)たる監獄(ぐんごく)に繋(つな)ぐは、我国(わがくに)刑法の一大失点なりとす……」[*2]

　ここには、非行に手を染めた子どもをその行動をもって「悪漢」として扱っても何ら解決にはつながらず、育ちの背景から子どもをとらえなおし、向き合っていく姿勢を理解することができる。彼らの書いた文章や言葉は、複雑化した今日の社会福祉実践に向き合うとき、あらためて、支援の原点の新鮮な気持ちを呼び起こしてくれるようである。

（2）子ども家庭福祉の担い手

　1947（昭和22）年に制定された児童福祉法では、子ども家庭福祉の担い手を第2条で次のように規定している。

> **児童福祉法**
> 〔児童育成の責任〕
> **第2条**　全て国民は、児童が良好な環境において生まれ、かつ、社会のあらゆる分野におい

---

*2　留岡幸助「感化院設立の急務」『監獄雑誌』, 1897.（ルビは筆者による）

> て、児童の年齢及び発達の程度に応じて、その意見が尊重され、その最善の利益が優先して考慮され、心身ともに健やかに育成されるよう努めなければならない。
> ②　児童の保護者は、児童を心身ともに健やかに育成することについて第一義的責任を負う。
> ③　国及び地方公共団体は、児童の保護者とともに、児童を心身ともに健やかに育成する責任を負う。

　ここに「全ての国民」「児童の保護者」「国及び地方公共団体」の３つの担い手とその役割が規定されている。

　一方、本講 Step 2 でふれたように、わが国の社会構造の変化は、児童の育ちの環境である親族や地域社会のあり方に大きく影響を与え、支えの脆弱化も指摘されてきている。

地域の役割の見直し

　上記の３つの担い手をどのように地域のなかに位置づけるか、見直しが進められてきている。2003（平成15）年には次世代育成支援対策推進法が制定され、地域におけるつながりの再構築や保護者の雇い主である事業主の役割の明確化・具体化が行われた。2012（平成24）年には、子ども・子育て関連３法が制定され、認定こども園、幼稚園、保育所を通じた共通の給付（施設型給付）および小規模保育等への給付（地域型保育給付）の創設をはじめとする、市町村を基礎とした、子ども・子育て支援制度が整備されている。

2. 新たな貧困への対応

貧困対策と育ちの環境の見直し

　経済発展を享受してきた先進資本主義国に新たな貧困の問題が発見され、取り組みが本格化したのは1960年代のアメリカで、幼児を養育する低所得者世帯への保健医療福祉教育サービスを全米で提供するヘッドスタート（head start）プログラムが創設された。さらに、イギリスでは、1970年代の家族補足給付（Family Income Supplement）の導入からはじまり、2010年には、子どもの貧困対策法（Child Poverty Act）が成立した。日本では、2014（平成26）年に子どもの貧困対策の推進に関する法律が制定され、子供の貧困対策に関する大綱により重点施策への取り組みが行われている。今日の日本は、あらためて子どもの育ちと親の育ちの環境の見直しや確保の課題への取り組みが求められている。

参考文献

● 加藤幸雄『非行臨床と司法福祉』ミネルヴァ書房, 2003.

● 一番ヶ瀬康子『アメリカ社会福祉発達史』光生館, 1963.

● 網野武博『児童福祉学』中央法規出版, 2002.

● 野本三吉『社会福祉事業の歴史』明石書店, 1998.

● 坂寄俊雄・右田紀久恵編『児童と社会保障』法律文化社, 1980.

● エレン・ケイ『児童の世紀』冨山房, 1979.

● 吉澤英子ほか編『児童福祉論』樹村房, 1990.

● 日本写真家協会『日本の子ども60年』新潮社, 2005.

● J・ブラッドショー, 所道彦訳「子どもの貧困対策と現金給付」『季刊・社会保障研究』第48巻第1号, 2012.

● 日本ユニセフ協会『世界子供白書2021』

COLUMN 『児童の世紀』にみる親の役割

　国連総会で採択された「児童の権利に関する条約」の歴史について、エレン・ケイの著書『児童の世紀』は重要と考えられる。スウェーデンの思想家ケイは、「新しい世紀に特徴を与えるのは次の新しい世代であろう、新しい世代が現在生きている世代を超えて向上するための条件について、真剣に考えずにはおられなかった」と述べる。ここには、今の世代が育ちの条件を整えることで、次の世代の子どもたちは自ら新しい世界を切り開いていくはず、との思想がある。

　さらに、家庭の役割について、「親は常に子どもを人間として取扱い、子どもが人間として完成するように、無理なくその成長を助ける。子どもと親は互いに別種の人間として見ることはない。親はその誠実さと自然さで、子どもの尊敬をかちとる。親は、喜びも苦しみも、過ちも失敗も子どもに見せてやることが大事である」と述べている。ここからは、子どもが自ら親を理解し、学んでいく力を本来的にもつという信念が伝わってくる。

（小林　理）

第**3**講

子どもの人権擁護

子どもの人権擁護（じんけんようご）は、子ども家庭福祉において欠かすことのできない理念である。社会のいかなる場面においても、すべての子どもの人権・権利はかならず保障されなければならない。本講では、子どもの人権擁護のしくみがどのように構築されてきたのかを理解し、児童の権利に関する条約について学ぶ。さらに、子どもの人権擁護のために、保育士等が今後取り組んでいくべき課題について考える。

Step 1

子どもの人権・権利とは

　人権とは、誰もが生まれながらにもっている固有の権利をいう。他者から奪われることもなく、また譲渡することもできない、基本的人権のことである。日本国憲法においても「国民に保障する基本的人権は、侵すことのできない永久の権利」であると明記されている（第11条「国民の基本的人権の永久不可侵性」）。そして、子どもの人権とは、「義務」に対する概念ではなく、子ども自身が「自分らしくありたい」「自分らしく生きたい」という基本的欲求を保障される、または自ら行使できる権利である。

　それでは、子どもの人権や権利は、どのように保障されてきたのであろうか。

　かつて、身分制や封建制社会（前近代社会）のもとでは、人権や権利の主体は男性のみに限られており、女性や子どもは対象とされていなかった。特に「子どもは親の所有物・従属物である」という考え方が一般的であり、子どもの意志や欲求に関係なく、その存在が扱われていた。当時の児童救済や、その後の近代社会における児童保護は、貧困対策ではあったが、「子ども自身の存在を一人の人間として尊重し、その人権を守る」という視点からのものではなかった。そして、国や地域内の紛争、自然災害等が生じた際には、最初に子どもたちが犠牲となっていった。

　そのような現実から、スウェーデンの女性教育家であるケイ（Key, E.）は、1900年に『児童の世紀』を著し、「20世紀こそは、子どもたちが安心して育つことができる平和な社会の実現を」と提唱し、世界の人々から多くの賛同を得た。

　しかし、それらの願いに反して、20世紀には世界中を巻き込む大きな戦争が繰り返されていく。その1つである第一次世界大戦を経て、多くの子どもたちの命が失われたことへの反省から、ようやく、子どもの権利の立法化へと世界が動き始めることになる。

子どもの権利の立法化

　その端緒となったのが、1924年に国際連盟によって採択された「児童の権利に関するジュネーブ宣言」である。第一次世界大戦によって発生した多大な被害と犠牲という反省をふまえ、国際的機関により初めて宣言され、成立した。前文と5つの条文から構成されており、各国の国民に対し、「子どもの生命や生存を守っていくための最善の努力を尽くす」よう、その義務を謳い、子どもの適切な保護と子ども

の権利について宣言したものである。

しかしその後、第二次世界大戦が勃発、再び世界各国が戦場となる。第一次世界大戦よりもさらに多くの戦禍を生み出したこの戦争を経て、1948年、国際連合総会において、「世界人権宣言」が採択される。ここでは、すべての人間が生まれながらに基本的人権をもっていることを認め、自由権（身体の自由、拷問・奴隷の禁止、思想や表現の自由、参政権など）と社会権（教育を受ける権利、労働者が団結する権利、人間らしい生活を営む権利など）が謳われている。そのうえで、子どもは「特別の保護及び援助を受ける権利を有する」（第25条）と謳われた。

わが国においても、終戦直後（1948（昭和23）年）に児童福祉法が施行、次いで児童憲章が定められた（1951（昭和26）年）。児童憲章は、前文と12の条文で構成され、前文で「児童は、人として尊ばれる。児童は、社会の一員として重んぜられる。児童は、よい環境のなかで育てられる」と掲げている。個々の子どもを「人格をもった一人の人間として」尊重すること、「地域社会を構成するメンバーとして」対等に向き合うこと、その子が「成長、発達していくために適切な環境」を常に整えることは、社会に生きる私たち一人ひとりに課せられた義務であり、子ども家庭福祉を根底から支える理念でもある。

1959年には、世界人権宣言における子どもの権利を発展させる形として「児童の権利に関する宣言」が採択される。児童の権利宣言では、ジュネーブ宣言や世界人権宣言の精神を引き継ぎ、児童の「生命・生存・発達」を保障することを謳い、10か条の原則を打ち出した。児童固有の権利とその保障を明示し、「保護される存在」「守られる存在」としての児童観が大きな特徴となっている。

児童の権利宣言から20周年を迎えた1979年は、「国際児童年」として世界中の人々が子どもの権利について考え、世界各国で生じているさまざまな子どもの問題の解決のために取り組んでいこうとする機会となった。

これらの動きを経て、子どもの人権擁護を各国が具体的に進めていくための効力をもつものとして、1989年、「児童の権利に関する条約」が国連総会において採択された（1990年発効、日本は1994年に批准）。1978年にポーランド政府から草案が提出され、1979年に国連人権委員会のなかに条約の作業部会が設置されて以降10年、多くの国々の努力が実った結果であった。このように20世紀は、子どもの権利が相次いで立法化されていく時代であったといえる。

Step2

児童の権利に関する条約と「児童の最善の利益」

　1989年に国連総会において採択された「児童の権利に関する条約」は、前文と本文54条とで構成されている。児童を「18歳未満のすべての者」と定義し（第1条）、その基本原理として、第3条に「児童の最善の利益」が掲げられている。

> **児童の権利に関する条約　第3条**
> 1　児童に関するすべての措置をとるに当たっては、公的若しくは私的な社会福祉施設、裁判所、行政当局又は立法機関のいずれによって行われるものであっても、児童の最善の利益が主として考慮されるものとする。

　また、この条約には、子どもの「生きる権利」「守られる権利」「育つ権利」「参加する権利」という4つの柱があり、子どもの「生存」「保護」「発達」「参加」という包括的な権利を実現するための内容となっている。

条約の特徴

　条約の特徴として、子どもは守られ保護されるだけの存在ではなく、自由に自己の意見を表す権利をもっていること（第12条「意見表明権」）が明記されている。つまり、子どもは守られ保護されるだけの存在ではなく、自ら考え、発信し、行動することができる存在であることを認め、尊重することが掲げられている。子どもの権利とは受動的権利だけではなく、能動的権利も含まれるということ、子ども自身が「権利の主体」でもあるという、児童観の大きな転換がみられる。

> **児童の権利に関する条約　第12条**
> 1　締約国は、自己の意見を形成する能力のある児童がその児童に影響を及ぼすすべての事項について自由に自己の意見を表明する権利を確保する。この場合において、児童の意見は、その児童の年齢及び成熟度に従って相応に考慮されるものとする。

　とはいえ、子どもたちは、その誰もが自分自身の権利を十分に活用・行使し、守ることができるわけではない。自分自身の言葉で他者に要求を伝えられない場合もあれば、子どもは権利が守られるべき存在なのだということを理解できない場合もあるだろう。そのように、権利をもっていても自分自身の力でそれを守ることができない存在であるからこそ、周囲の大人たちがその権利が守られているかどうか、正しく行使できるかどうか常に見守り、ときには子どもたちの意見を代弁し、支え

ていかなければならないのである。

　権利の主体者としての子どもを守り、一人の人間として尊重するために、日常生活におけるさまざまな場面で、子どもが権利を行使できるように支えること、自己決定をうながしそれを尊重すること、意思決定の場に子ども自身が参画できることなどが不可欠であるといえる。

　条約の発効後、締約国は子どもの権利を実現するための責任と義務を負うこととなり、その実施状況について国際連合の「児童の権利に関する委員会」への報告が同条約第44条において義務づけられた（批准後2年以内、以降は5年ごと）。1997（平成9）年の児童福祉法の大幅改正や、1999（平成11）年の児童買春、児童ポルノに係る行為等の規制及び処罰並びに児童の保護等に関する法律、2000（平成12）年の児童虐待の防止等に関する法律の制定は、条約の実施義務に基づいて法律の見直し・整備を行ったことによるものである。

　児童の権利に関する条約は、2019年11月20日、採択30周年を迎えた。2つの選択議定書（「児童の売買、児童買春及び児童ポルノに関する児童の権利に関する条約の選択議定書」（2002年1月発効）、「武力紛争における児童の関与に関する児童の権利に関する条約の選択議定書」（2002年2月発効））に加え、2014年4月には3番目となる「通報制度に関する選択議定書」が発効されている。

> **個人通報制度**
> 　個人または個人の集団が人権侵害を受け、国内手続きを尽くしてもなお救済されなかった場合、個人、個人の集団またはその代理者が関連する地域的または国際的人権条約機関に対して救済申立を行うことができる制度[*1]。

2. 児童福祉法改正にみる子どもの権利擁護

　2016（平成28）年6月に改正された児童福祉法では、第1条に、児童は「児童の権利に関する条約の精神」にのっとり権利が保障されることが、第2条に、児童の「意見の尊重」「最善の利益」がそれぞれ明記された。条文の主語や内容を大きく改正し、子どもが権利の主体であることを強調している。また、子どもの養育は保護者の責任のもとに行われること、それを支える国と地方公共団体の役割をあらためて示す内容となっている。

---

*1　森田明彦・セーブ・ザ・チルドレン・ジャパン『子どもの権利条約新議定書（個人通報制度）——子どもには世界に助けを求める権利がある！』萌文社, p.10, 2013.

> **児童福祉法**
> 〔児童の福祉を保障するための原理〕
> **第1条**　全て児童は、児童の権利に関する条約の精神にのつとり、適切に養育されること、その生活を保障されること、愛され、保護されること、その心身の健やかな成長及び発達並びにその自立が図られることその他の福祉を等しく保障される権利を有する。
> 〔児童育成の責任〕
> **第2条**　全て国民は、児童が良好な環境において生まれ、かつ、社会のあらゆる分野において、児童の年齢及び発達の程度に応じて、その意見が尊重され、その最善の利益が優先して考慮され、心身ともに健やかに育成されるよう努めなければならない。
> ②　児童の保護者は、児童を心身ともに健やかに育成することについて第一義的責任を負う。
> ③　国及び地方公共団体は、児童の保護者とともに、児童を心身ともに健やかに育成する責任を負う。

　この改正をふまえ、2019（令和元）年12月には、厚生労働省において「子どもの権利擁護に関するワーキングチーム」が設置された。子どもの権利を守るためのシステムづくり、子どもの意見表明への支援について検討が重ねられ、2021（令和3）年にとりまとめられ、意見を聴取した子どもへのフィードバックが行われた。続く2022（令和4）年6月の改正では、入所措置、一時保護等における子どもの意見聴取等のしくみが整えられ、子どもの権利擁護の環境整備が図られている（2024（令和6）年4月施行）。

3. 保育所保育指針にみる子どもの権利

　保育所保育指針においても、「保育所の役割」として子どもの最善の利益を考慮することがあげられている。

> **保育所保育指針　第1章　総則**
> 1　保育所保育に関する基本原則
> (1)　保育所の役割
> ア　保育所は、児童福祉法（昭和22年法律第164号）第39条の規定に基づき、保育を必要とする子どもの保育を行い、その健全な心身の発達を図ることを目的とする児童福祉施設であり、入所する子どもの最善の利益を考慮し、その福祉を積極的に増進することに最もふさわしい生活の場でなければならない。

　子どもの人権の尊重についても同様に、「保育所は、子どもの人権に十分配慮するとともに、子ども一人一人の人格を尊重して保育を行わなければならない」（保育所保育指針第1章「総則」1(5)「保育所の社会的責任」ア）と明記されている。

その他、子どもの発達や経験の個人差等にも留意すること、国籍や文化の違いを認め合い、互いに尊重する心を育てることなど、子どもの人権を理解し、人格を尊重するという保育サービスの理念が掲げられている。保護者を含む大人の利益が優先されるのではなく、子どもの人権を尊重することの重要性が示されている。

4. 児童の権利に関する条約の具体化に向けた取り組み

子どもの権利ノート

子どもの権利ノートとは、児童福祉施設措置児童、里親委託児童を対象に配布されるノートである。1995（平成7）年に、大阪府が最初に作成した。子ども自身が自分たちの権利について気づき、考え、十分に行使することができるよう、その権利の内容について年齢区分ごとにわかりやすく説明している。

具体的には、「ひとりの人として大切にされる権利」「あなた自身や家族のことについて知る権利」「あなたの意見や希望を言う権利」「自由に考えたり信じたりする権利」「体罰やいじめ、いやな思いをしない権利」等があげられる。

児童福祉施設に入所する子どもたちの多くは、「措置（行政処分）」によって、自分たちの生活の場を決定される。つまり、「権利主体としての『児童』という着想が最初から希薄であり、施設入所の児童は権利を行使することが困難な状況に置かれている」[*2]といえよう。子どもの最善の利益を保障するためには、子どもたちの意識を変えること、子どもたち自身が「権利の主体者」であることを真に認識できるようにする支援が不可欠となる。専門職である施設職員には、「子どもの権利ノート」の内容を十分に熟知し、援助に結びつけていくことが求められる。

こども基本法の成立

2022（令和4）年6月、「こども基本法」が国会で可決成立し公布された（2023（令和5）年4月施行）。子どもたちをめぐるさまざまな問題を解決し、日本国憲法および児童の権利に関する条約に則った施策を具現化するために定められたものである。一人ひとりの子どもの将来を見すえ、その権利を包括的に保障することをめざしている。なお、こども家庭庁には、こども政策推進会議がおかれ、こども施策に関する大綱の案作成等の事務が行われるとされている。

---

*2　小野澤昇・田中利則・大塚良一編著『子どもの生活を支える　社会的養護』ミネルヴァ書房，p.85, 2013.

第3講　子どもの人権擁護

Step3

1. 子どもの人権擁護と現代社会における課題

　子どもの人権擁護に関する社会的体制は、徐々にではあるが整いつつあるといえる。しかし現実の社会においては、すべての子どもたちの人権が保障されているとはいえない事態も多く生じている。

　人権侵害の代表的なものに児童虐待があげられるが、全国の児童相談所における児童虐待の相談件数は年々増加の一途をたどり、令和2年度は20万5044件となっている。また、ドメスティックバイオレンス（DV）では、直接子どもが暴力等の被害を受けていなくても、家庭内で暴力の場面を見せられることが心理的虐待につながる。学齢期は、いじめの問題が取り上げられることも多い。家庭そのものが社会から排除され、地域社会において孤立してしまうことも少なくない。保護者が経済的に安定した仕事に就くことができず、貧困問題や社会的格差の問題もみられる。子どもが「自分らしく生きる」「人間らしく生きる」という最低限で当たり前の営みが保障されていないという現実がある。

　その他、家庭だけでなく、本来権利が保障されるはずの児童福祉施設においても、子どもたちに対する不適切なかかわりやいじめ・虐待等の問題が明らかになっている。児童福祉法では被措置児童等虐待の防止等（第33条の10〜第33条の17）を定めているが、現実として生じる施設内虐待では、子どもたちの心身の成長・発達に大きな影響を及ぼしている。

2. 子どもの人権擁護のしくみ

児童福祉法、児童虐待の防止等に関する法律

　子どもの人権擁護のしくみの1つとして、まず、児童福祉法や児童虐待の防止等に関する法律（児童虐待防止法）によるものがあげられる。

　児童福祉法では、要保護児童の保護措置等について定め、要保護児童を発見した者についての通告義務（第25条）や、地域に「要保護児童対策地域協議会」を設置して、要保護児童とその家族に対して適切な保護や支援を図るため、関係機関が情報交換や支援内容に関する協議を行うこと（第25条の2）を明記している。

　児童虐待防止法においては、児童虐待の定義（第2条）を明確にし、児童虐待の禁止（第3条）、児童虐待の早期発見（第5条）、通告の義務（第6条）、虐待を行った保護者に対する支援（第11条）等、子どもだけではなく、保護者も含めた家

庭への支援と虐待の再発防止への取り組みについて規定している。なお、児童福祉施設の職員は、児童虐待の早期発見に努めなければならないが、児童虐待にかかる通告の際は、自身に課せられている秘密保持の守秘義務違反にあたらないとされ、子どもの生命を守るためためらうことなく通告を行うことが促進されている。

第三者評価と苦情解決

　児童福祉施設を利用、もしくは入所している子どもたちにとっては、その施設が適切に運営されているか、サービスを提供するうえで子どもたちの権利が保障されているかということが重要である。

　そのため、社会的養護関係施設については、児童福祉施設の設備及び運営に関する基準（施設運営基準）において、施設ごとに「業務の質の評価等」が定められている。各施設は「自らその行う業務の質の評価を行うとともに、定期的に外部の者による評価を受けて、それらの結果を公表し、常にその改善を図らなければならない」とされ、自己評価とともに第三者評価を受審し、それらの結果を公表することが義務づけられている。なお、この第三者評価は、３年に１回以上の受審および結果の公表を行うこととされている（厚生労働省通知「福祉サービス第三者評価事業に関する指針」および「社会的養護関係施設における第三者評価及び自己評価の実施について」）。評価は、施設の優劣を決めるためのものではなく、各施設が自分たちの援助内容や運営について客観的に把握して見直し、子どもたちにとって、より質の高いサービスが担保されることをめざしている。

　さらに、施設を利用する子どもや保護者からの苦情や意見を受け付け、対応する苦情解決のしくみも設けられている（設備運営基準第14条の３）。第三者評価と同様に、一定の手続きに従い、子どもや保護者、施設側（苦情受付担当者および苦情解決責任者）、第三者的立場の外部委員が話し合いながら課題の解決をめざすものである。ここでいう「苦情」とは、子どもたちの権利を守るための意見や助言であると受け止め、真摯に対応しなければならない。

全国児童養護施設協議会倫理綱領

　児童養護施設や乳児院などの児童福祉施設に入所する子どもたちや、里親家庭に委託される子どもたちは、その多くが児童虐待や DV などの人権侵害の被害者であり、コミュニケーションが苦手であったり、対人関係をうまく構築できない場合が少なくない。子どもたちの言動に対して、専門職員や里親が適切に受け止めて対応できずに、「施設内虐待（もしくは里親による虐待）」という結果にもつながりかね

ないのである。児童福祉施設等に措置された子どもたちが施設内や委託先の家庭においてさらに虐待の被害に遭うということは、二重の人権侵害を被ることにほかならない。児童福祉法第33条の11でも、「施設職員等は、被措置児童等虐待その他被措置児童等の心身に有害な影響を及ぼす行為をしてはならない」と定めている。

　厚生労働省は2009（平成21）年に「被措置児童等虐待対応ガイドライン」を作成し、施設で生活する子どもたちの人権擁護のための取り組みを促進してきた。2022（令和4）年6月には、子どもの権利擁護の推進、家庭養護の推進等をふまえ、より適切な被措置児童等虐待対応が図られるよう、同ガイドラインの一部改正が行われている。基本的な視点として、施設職員や里親が子どもの意見を受け止め尊重することを根底におき、「虐待を予防するための取組」「被措置児童等が意思を表明できる仕組み」「施設における組織運営体制の整備」「発生予防から虐待を受けた児童の保護、安定した生活の確保までの継続した支援」の項目について引き続き明記したうえで一部改定を行い、「里親による子どもの権利保障と養育実践」の項目を新設した。

　なお、2010（平成22）年には、全国児童養護施設協議会が「全国児童養護施設協議会倫理綱領」を制定しており、子どもの権利擁護に対する職員一人ひとりの意識化が図られている（**図表3-1**）。

図表3-1 全国児童養護施設協議会倫理綱領

原則	児童養護施設に携わるすべての役員・職員（以下、「私たち」という。）は、日本国憲法、世界人権宣言、国連・子どもの権利に関する条約、児童憲章、児童福祉法、児童虐待の防止に関する法律、児童福祉施設最低基準にかかげられた理念と定めを遵守します。 　すべての子どもを、人権、性別、年齢、身体的精神的状況、宗教的文化的背景、保護者の社会的地位、経済的状況の違いにかかわらず、かけがえのない存在として尊重します。
使命	私たちは、入所してきた子どもたちが、安全に安心した生活を営むことができるよう、子どもの生命と人権を守り、育む権利があります。 　私たちは、子どもの意志を尊重しつつ、子どもの成長と発達を育み、自己実現と自立のために継続的な援助を保障する養育をおこない、子どもの最善の利益の実現をめざします。
倫理綱領	1. 私たちは、子どもの利益を最優先した養育をおこないます 2. 私たちは、子どもの理解と受容、信頼関係を大切にします 3. 私たちは、子どもの自己決定と主体性の尊重につとめます 4. 私たちは、子どもと家族との関係を大切にした支援をおこないます 5. 私たちは、子どものプライバシーの尊重と秘密を保持します 6. 私たちは、子どもへの差別・虐待を許さず、権利侵害の防止につとめます 7. 私たちは、最良の養育実践を行うために専門性の向上をはかります 8. 私たちは、関係機関や地域と連携し、子どもを育みます 9. 私たちは、地域福祉への積極的な参加と協働につとめます 10. 私たちは、常に施設環境および運営の改善向上につとめます

資料：社会福祉法人全国社会福祉協議会・全国児童養護施設協議会（2010年5月制定）

3. 子どもの人権擁護を達成するために

　子どもの人権擁護を達成するためには、前述した児童福祉法の改正にも示されたように、子どもたちの権利が守られるよう、その意見や苦情を個別に聴き取り把握するしくみが構築され、施策やサービスの改善・向上に反映されていくことが求められる。「あの子は使うことができるけれど、この子は使うことができない」人権擁護のしくみでは意味がない。行政側が管理・運用しやすいしくみではなく、制度をすべての子どもにとって身近なものにすること、制度に子どもたちの意見を反映し制度・政策策定過程における子どもの参画をうながすこと、そして関係機関が情報共有して円滑な運用を行うことが、子どもたちの真の人権擁護につながる。

　また、身近な地域社会における取り組みとしては、地方自治体による条例づくりがある。総合条例としては「神奈川県川崎市・子どもの権利に関する条例」（2000（平成12）年12月制定）、個別条例としては「兵庫県川西市・子どもの人権オンブズパーソン条例」（1998（平成10）年12月制定）、「三重県・子どもを虐待から守る条例」（2004（平成16）年3月制定）などがあげられる。これらは一人ひとりの子どもの福祉や人権を守るために実施されており、保育者は、このような地域の動きも把握しつつ、人権擁護に取り組んでいかなければならない。

4. 保育の専門職として守るべきこと

　保育の専門職として子どもの人権擁護に向き合う際には、まず目の前にいる子どもたちを「能動的な存在」としてとらえる必要がある。保育者自身が「子どもの力」を信じること、そしてその力を十分活かすことができるよう一人ひとりにかかわらなければならない。つまり、専門職として子どもに対し、一方的に「サービスを提供してあげる」「守ってあげる」のではなく、その子が本来もっている力を引き出し、支援するという「ストレングス視点とエンパワメント実践」を常に意識しなければならないのである。

　保育者は子どもの側に寄り添い、その成長と発達を日々見守る立場であるからこそ、子どものささいな変化にも気づくことができ、その意思を読み取ることもできる。子育て支援を通して、子どもや家族のニーズを明らかにし、各家庭における子どもの人権を守ることも可能であろう。いまだ集団保育・養育や施設養護が中心であるわが国の子ども家庭福祉のサービス場面においては、一人ひとりの子どもの意見が反映されないことや、深刻な人権侵害が起こる可能性もある。援助者として子

ども自身の声を聴き、代弁し、サービスに反映していくことは、保育の専門職に求められる大きな役割なのではないだろうか。

　子どもたちの権利を具現化するために何が必要なのか、「誰のためのサービスなのか」、自分たちは「誰のためにサービスを行っているのか」を常に問いながら、子どもの最善の利益に立ち戻って自らの実践を見直すことが求められている。

参考文献

● 「特集「児童の権利に関する条約」批准にむけて」『子ども家庭福祉情報』第 5 号，1992.

● 国際ソーシャルワーカー連盟編著，日本社会福祉士会国際委員会訳『ソーシャルワークと子どもの権利「国連子どもの権利条約」研修マニュアル』筒井書房，2004.

● 『子どもたちが幸せに生きる社会を〜生かそう子どもの権利条約』子どもの権利・教育・文化全国センター，2013.

● 森田明彦・セーブ・ザ・チルドレン・ジャパン『子どもの権利条約新議定書（個人通報制度）子どもには世界に助けを求める権利がある！』萌文社，2013.

● 厚生労働省『保育所保育指針解説』フレーベル館，2018.

COLUMN　子どもの未来をつくる権利擁護

　児童の権利に関する条約が採択されてから30年が経過した。この間、世界各国、そしてわが国においても各地でさまざまな取り組みが行われ、2016（平成28）年には児童福祉法にその理念が盛り込まれた。

　では、私たち一人ひとりが、自分自身を振り返ってみるとどうであろうか。はたして国民一人ひとりが、子どもを守り、子どもの最善の利益を尊重するという姿勢で、子どもに向き合ってきただろうか。

　子ども一人ひとりに個性があるように、一人ひとりにとっての「最善の利益」もまた、個別的なものであるといえる。また、子どもは日々成長していく。それに伴い、最善の利益も変化する。子どもにとっての「最善」とは何なのか、私たちは常に考え続けなければならない。子どもにとっての「最善」とは、その場その時限りのものでは決してなく、その子の未来につながる最善の利益であり、それは、子どもの未来をつくる権利擁護といえるのではないだろうか。

（飯塚美穂子）

第4講

子ども家庭福祉の制度と
実施体制

子ども家庭福祉サービスは一体だれが責任を負い、どこで、ど

のように、だれによって提供されているのだろうか。子ども家庭

福祉サービスが子どもや家庭に対して適切に提供されるために、

専門職として、その基本的な理念や実施主体、施設、機関等を定

めるさまざまな法律や制度の知識を押さえておきたい。本講では

それらを理解するために、児童福祉法をはじめとする各法律に基

づき構築されている、子ども家庭福祉の実施体制全般を学ぶ。

Step1

1. 子ども家庭福祉の法制度

子ども家庭福祉に関する法律

子ども家庭福祉の基盤をなす法律として、以下の児童福祉六法がある。

児童福祉法

1947（昭和22）年に日本国憲法の理念に基づき、すべての子どもと家庭の福祉の実現のために制定された基本的法律であり、理念、児童や妊産婦の定義、児童相談所、業務の実施機関、児童福祉審議会、要保護児童対策地域協議会、児童福祉司や児童委員、児童福祉施設や里親、要保護児童の保護等の規定がある。保育士資格や業務もこの法に基づいている。

この法律では、児童とは満18歳に満たないすべての者、妊産婦とは妊娠中または出産後1年以内の女子、保護者とは親権を行う者、後見人その他の者で児童を現に監護する者と定義される。本法に基づく児童福祉法施行令、児童福祉法施行規則によりサービスの実施等がなされ、児童福祉施設の設備及び運営に関する基準や里親が行う養育に関する最低基準等の各種省令により、運用の詳細を示している。

2016（平成28）年の改正は、家庭養育優先原則や妊娠期からの切れ目のない支援

図表4-1 主な子ども家庭福祉および次世代育成関係法令

① 児童福祉法（昭和22年法律第164号）
② 少年法（昭和23年7月15日法律第168号）
③ 社会福祉法（昭和26年3月29日法律第45号）
④ 児童扶養手当法（昭和36年法律第238号）
⑤ 母子及び父子並びに寡婦福祉法（昭和39年法律第129号）
⑥ 特別児童扶養手当等の支給に関する法律（昭和39年法律第134号）
⑦ 母子保健法（昭和40年法律第141号）
⑧ 障害者基本法（昭和45年5月21日法律第84号）
⑨ 児童手当法（昭和46年法律第73号）
⑩ 児童買春、児童ポルノに係る行為等の規制及び処罰並びに児童の保護等に関する法律（平成11年法律第52号）
⑪ 児童虐待の防止等に関する法律（平成12年法律第82号）
⑫ 次世代育成支援対策推進法（平成15年法律第120号）
⑬ 少子化社会対策基本法（平成15年法律第133号）
⑭ 発達障害者支援法（平成16年法律第167号）
⑮ 障害者の日常生活及び社会生活を総合的に支援するための法律（障害者総合支援法）（平成17年法律第123号）
⑯ 子ども・子育て支援法（平成24年法律第65号）
⑰ 子どもの貧困対策の推進に関する法律（平成25年法律第64号）
⑱ 民間あっせん機関による養子縁組のあっせんに係る児童の保護等に関する法律（平成28年法律第110号）
⑲ 成育過程にある者及びその保護者並びに妊産婦に対し必要な成育医療等を切れ目なく提供するための施策の総合的な推進に関する法律（平成30年法律第104号）
⑳ こども基本法（令和4年法律第77号）
㉑ こども家庭庁設置法（令和4年法律第75号）

出典：公益財団法人児童育成協会『目で見る児童福祉2022』p.11, 2022. を一部改変。

等、重要な内容を含んでいる。基本的原理を示す第1条は、「全て児童は、児童の権利に関する条約の精神にのっとり、適切に養育されること、その生活を保障されること、愛され、保護されること、その心身の健やかな成長及び発達並びにその自立が図られることその他の福祉を等しく保障される権利を有する」と規定した。第2条第1項では、すべて国民は、児童の年齢および発達の程度に応じてその意見が尊重され、その最善の利益が優先して考慮されるように努めなければならないこととされた。第2条第2項では、保護者の第一義的責任を明記し、第3条の2では、国および地方公共団体が保護者を支援する義務や、家庭において養育することが困難でありまたは適当でない児童について家庭と同様の環境における養育の推進を規定した。第3条の3では、国、都道府県、市町村の責務が明確化された。

　2022（令和4）年には、こども家庭センターの設置、児童発達支援の類型の一元化、新たな子育て支援事業の創設、一時保護所および児童相談所による児童への処遇や支援、困難をかかえる妊産婦等への支援の質の向上、社会的養育経験者・障害児入所施設の入所児童等に対する自立支援の強化、児童の意見聴取等のしくみの整備、一時保護開始時の判断に関する司法審査の導入、子ども家庭福祉の実務者の専門性の向上、児童をわいせつ行為から守る環境整備といった改正が行われた（一部を除き令和6年度施行）。従来の市区町村子ども家庭総合支援拠点と子育て世代包括支援センターを見直し、すべての妊産婦・子育て世帯・子どもの包括的な相談支援等を行うこども家庭センターの設置が努力義務化され、同センターは支援を要する子どもや妊産婦等への支援計画（サポートプラン）を作成することとなった（令和6年度施行）。

児童扶養手当法

　1961（昭和36）年に制定され、離別母子家庭等の経済的安定を図るための児童扶養手当について規定している。離別母子家庭等とは、父母が婚姻を解消した家庭、父が重度の障害の状態にある家庭、未婚の母の家庭等を指す。この法律における児童は、18歳に達する日以後の最初の3月31日までの間にある者または20歳未満で政令で定める程度の障害の状態にある者とされる。2010（平成22）年8月から父子家庭にも所得に応じて手当が支給されている。

特別児童扶養手当等の支給に関する法律

　1964（昭和39）年に制定され、精神または身体に障害を有する者の福祉の増進を図るための手当の支給を規定している。20歳未満の障害児・重度障害児を対象とした特別児童扶養手当および障害児福祉手当、20歳以上の重度障害者を対象とした特別障害者手当の3種類がある。特別児童扶養手当と障害児福祉手当は重度障害児に

重ねて支給される。20歳以上の者は、障害の程度および経済状況により特別障害者手当や障害基礎年金が支給される。施設に入所しているときなどは支給されない。

母子及び父子並びに寡婦福祉法

1964（昭和39）年に、当初は母子福祉法として制定された。1981（昭和56）年に寡婦家庭を対象として母子及び寡婦福祉法となり、2002（平成14）年の改正で父子家庭を対象とし、2014（平成26）年に父子を名称に加え、現行法名となった。この法律では、児童を20歳未満としている。母子・父子自立支援員制度、母子福祉資金・父子福祉資金・寡婦福祉資金の貸付け、母子家庭等日常生活支援事業等その他の措置、母子・父子福祉施設などが規定されている。

母子保健法

従来児童福祉法に収載されていた関係条文を移行してさらに充実させたものとして、1965（昭和40）年に制定された。母性および乳幼児の健康の保持および増進を図ることを目的とし、母子保健の向上に関する措置として、保健指導、新生児訪問指導、健康診査（1歳6か月児および3歳児）、妊娠の届出、母子健康手帳、低体重児の届出、養育医療等を規定している。

児童手当法

1971（昭和46）年に制定され、家庭の経済的安定および児童の健全育成、資質の向上を図ることを目的とする児童手当の支給について規定している。制度創設当初に比べ、手当の支給対象は拡大された。現在は、0〜3歳未満は月額1万5000円、3歳〜小学校修了までの第1・2子は月額1万円、第3子以降は月額1万5000円、中学生は一律月額1万円が支給される。これまで所得制限額を超える者へは、特例給付として月額5000円が支給されてきたが、2021（令和3）年の改正により、2022（令和4）年10月支給分から、児童を養育する者の所得が一定額を超える場合、手当の支給は廃止されることとなった。

子ども家庭福祉の主な関連法律

子ども家庭福祉の全体の法体系は、その基盤をなす前述の児童福祉六法のみならず、社会の基本的なルールを定めた法律や、社会福祉、保健医療および公衆衛生、教育、労働、司法等多くの法律によって成立している。ここでは、子ども家庭福祉に直接関連する法律として、虐待への対応や子育て等にかかわる新たな理念を掲げた主な法律をみていく。

児童虐待の防止等に関する法律

2000（平成12）年に制定された法律であり、虐待の禁止、虐待の防止に関する国

および地方公共団体の責務、虐待を受けた子どもの保護のための措置等を定めている。2004（平成16）年の改正により虐待は著しい人権侵害であることが明記された。2007（平成19）年の改正で、通告を受けた市町村や都道府県、児童相談所の安全確認の義務や出頭要求および再出頭要求と拒否の際の臨検、一時保護や同意入所措置中の面会・通信の制限も規定された。2016（平成28）年の改正では、臨検・捜索の際に保護者が再出頭要求に応じないことを要件としないこととされ手続が簡素化されたほか、施設入所等措置の解除時の親子の再統合促進等に関する改正がなされた。2017（平成29）年の改正では、従来の接近禁止命令は、親権者等の意に反して施設入所等の措置がとられている場合にのみ行うことができるとされていたが、一時保護や保護者同意による施設入所等の措置の場合にも行うことができる、と対象が拡大された。2019（令和元）年の改正では、児童の親権を行う者は児童のしつけに際して、体罰を加えてはならないとされた。また、都道府県は、保護者への指導を効果的に行うため、児童の一時保護等を行った児童福祉司等以外の者に当該児童にかかる保護者への指導を行わせることその他の必要な措置をとらなければならないことなどの改正がなされた。

次世代育成支援対策推進法

　次世代育成支援対策に関する基本理念、国、地方公共団体、事業主および国民の責務を明らかにすることを通して、次代を担う児童が健やかに生まれ、育成される社会の形成に資することを目的として2003（平成15）年に制定された。当初は2015（平成27）年3月末までの時限立法であったが、2014（平成26）年の改正で、2025（令和7）年3月末まで期限が延長された。都道府県および市町村には、5年を1期とする次世代育成支援のための地域における行動計画の策定ができるとされ、101人以上の従業員を抱える事業主は一般事業主行動計画を策定する義務がある。

少子化社会対策基本法

　この法律は、少子化に対処するための施策を総合的に推進し、もって国民が豊かで安心して暮らすことのできる社会の実現に寄与することを目的として2003（平成15）年に制定された。法律には、基本理念、国・地方公共団体・事業主・国民の責務を定めており、雇用環境の整備や保育サービス等の充実、地域社会における子育て支援体制の整備、母子保健医療体制の充実、ゆとりのある教育の推進、生活環境の整備、経済的負担の軽減等が規定されている。この法律に基づき、少子化社会対策大綱が策定されている。近年の子育て支援は、こうした法律等によって総合的に、計画的に取り組まれている。

子ども・子育て支援法

　2012（平成24）年に制定された（2015（平成27）年4月施行）子ども・子育て支援制度の給付内容等を示す法律である。その基本理念は、「子ども・子育て支援は、父母その他の保護者が子育てについての第一義的責任を有するという基本的認識の下に、家庭、学校、地域、職域その他の社会のあらゆる分野における全ての構成員が、各々の役割を果たすとともに、相互に協力して行われなければならない」（第2条）としている。子育てが社会連帯の理念のもとに、社会全体で行われるものであることが示されている。

子どもの貧困対策の推進に関する法律

　2013（平成25）年に制定された法律である。子どもの現在および将来がその生まれ育った環境によって左右されることのないよう、すべての子どもが心身ともに健やかに育成され、その教育の機会均等が保障され、子ども一人ひとりが夢や希望をもつことができるようにするため、子どもの貧困の解消に向けて、児童の権利に関する条約の精神にのっとり、子どもの貧困対策に関し、基本理念を定め、国等の責務を明らかにし、子どもの貧困対策の基本となる事項を定めることにより、子どもの貧困対策を総合的に推進することを目的としている。

配偶者からの暴力の防止及び被害者の保護等に関する法律

　この法律は、配偶者からの暴力にかかる通報、相談、保護、自立支援等の体制を整備することにより、配偶者からの暴力の防止および被害者の保護を図ることを目的として2001（平成13）年に制定された。DV（ドメスティックバイオレンス）防止法ともいわれる。

少年法

　この法律は、少年の健全な育成を期し、非行のある少年に対して性格の矯正および環境の調整に関する保護処分を行うとともに、少年の刑事事件について特別の措置を講ずることを目的としている。20歳に満たない者を少年と規定しており、少年の保護事件、少年の刑事事件等について規定している。審判に付すべき少年として、14歳以上で刑罰法令にふれる行為をした少年（犯罪少年）、14歳に満たないで刑罰法令にふれる行為をした少年（触法少年）、その性格または環境に照らして、将来罪を犯し、または刑罰法令にふれる行為をするおそれのある少年（虞犯少年）を規定している。民法改正により、成人年齢の引き下げに伴う改正が行われ、18歳以上の少年を「特定少年」と定めて引き続き少年法を適用することとなった。

2. 行財政と実施機関

子ども家庭福祉の行政と機関

　子ども家庭福祉は、国、都道府県、市町村という3つのレベルで行われている。福祉行政を担う国の行政機関は厚生労働省である。省内に子ども家庭福祉の担当部局として子ども家庭局（令和5年度のこども家庭庁設置により廃止予定）がおかれ、子ども家庭に関する福祉行政全般についての企画調整、監査指導、事業に要する予算措置等、中枢的な機能を担う。

　都道府県は、市町村を包括する地方公共団体として広域にわたる事務、市町村間の統一的な処理を必要とする事務等を管轄し、子ども家庭福祉では専門的な相談援助、児童福祉施設の入所決定、設置・認可、条例での基準の制定、児童相談所や福祉事務所、保健所等の設置運営、市町村が実施する子ども家庭に関する相談についての業務の市町村相互間の連絡調整、市町村に関する情報提供、研修その他必要な援助、広域的な見地からの実情の把握等を行う。政令指定都市も都道府県とほぼ同様の業務を行うほか、中核市も子ども家庭福祉の一定の事務を行っている。

　市町村は、基礎的な地方公共団体として住民に密着した行政を実施している。子ども家庭福祉では子どもおよび妊産婦の福祉に関し必要な実情の把握や情報提供、家庭その他からの相談に応じ、必要な調査および指導を行い、必要に応じて児童相談所に援助依頼を行うことができる。保育の実施、乳幼児健康診査、各種の子育て支援事業を実施しているほか、現在は子ども家庭相談の第一義的窓口と位置づけられており、児童相談所や都道府県福祉事務所と並んで要保護児童の通告を受けるなど、基礎自治体としての役割が強化されている。

　国には社会保障審議会の中に児童部会が設置（令和5年度よりこども政策審議会に移管予定）され

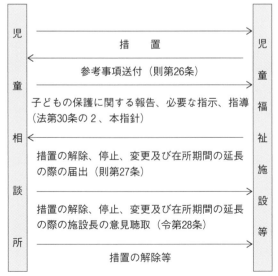

図表4-2 児童相談所と児童福祉施設等との関係

資料：厚生労働省「児童相談所運営指針」

審議される。都道府県および指定都市には、児童福祉審議会という合議のための機関をおく義務があるが、地方社会福祉審議会に児童福祉に関する事項を審議させる場合にはこの限りではない。特別区を含む市町村は、市町村児童福祉審議会をおくことができる。

　実施機関としてはまず児童相談所があり、各都道府県と指定都市に設置義務がある。児童福祉法に基づき、相談、判定、指導、措置、一時保護の5つに大別される業務を担い、専門的な相談援助を行う第一線の専門相談機関である。具体的な運営にあたっては児童相談所運営指針が示されており、機能は**図表4-2**のとおりである。

　福祉事務所は、社会福祉法に基づく福祉に関する事務所であり、都道府県、市および特別区に設置義務があり、福祉六法（生活保護法、母子及び父子並びに寡婦福祉法、老人福祉法、身体障害者福祉法、知的障害者福祉法、児童福祉法）を担当する総合的な社会福祉行政機関である（町村は任意設置）。なお、家庭児童相談室を設置することができる。

　保健所は、都道府県と指定都市、中核市、政令で定める市および特別区に設置され、地域における公衆衛生の中核的な行政機関として広域的・専門的な事業を担う。

　児童委員は、子ども家庭福祉の民間奉仕者として、厚生労働大臣の委嘱（いしょく）により任命され、民生委員を兼務する。担当区域の子ども家庭および妊産婦について、その生活および環境の状態を把握し、必要な援助や指導を行うとともに、社会福祉主事、児童福祉司の職務に協力することとされている。1994（平成6）年から区域を担当しない主任児童委員がおかれ、児童委員と一体的な活動をしている。

子ども家庭福祉の財政と費用負担

　財政とは、国や地方公共団体が福祉サービスを提供するために企業や国民から税金や国債等により資金を調達して、それを管理し支出するしくみをいう。この財源には公費およびこれに準ずる公的資金と民間資金があり、公費は法律に定められている公の責任とされる児童家庭福祉事業、国や地方公共団体が子どもと子育て家庭の福祉増進のために行う事業等にあてられる。

　国費の支出は、地方交付税交付金と国庫補助金等に大別される。地方交付税交付金は、国税から地方公共団体に配分される資金であり、児童相談所の運営に要する費用等がそれにあたる。使用は地方の裁量にゆだねられる。国庫補助金等は、目的のある各種事業の達成のために効果的に使用されなければならない財源であり、国や地方の責任のもち方により負担の考え方や負担割合が異なる。児童福祉法に定められた児童家庭福祉の実施にかかる費用は、その性格や内容によって支弁義務者を

定め、国、都道府県、市町村の財政負担の割合を規定している（**図表4-3**）。

　近年は、地方分権改革や規制緩和による国庫補助金の削減、税源移譲、地方交付税改革を一体的に実施する三位一体改革の考え方に基づき、2005（平成17）年度以降は、子育て支援事業等に次世代育成支援対策交付金制度が導入され、従来の補助金が統合補助金化されるなど、国の負担割合が減少し地方の負担が増えている。

　なかでも児童保護措置費負担金は、要保護児童が児童養護施設や里親に措置あるいは委託された際の保護や養育に関する最低基準を守る費用であり、子ども家庭福祉における重要な財源の１つである。措置を決定した都道府県または市町村が支弁義務者として、施設や里親に毎月支弁する。保護者に対しては、所得税や住民税の課税状況によって判断する応能負担により、費用を徴収することができる。

　障害児入所給付費、障害児通所給付費にかかる費用徴収は、保護者の応能負担を基本とし、入所の場合の費用負担は、国２分の１、都道府県２分の１であり、通所の場合の費用負担は、国２分の１、都道府県４分の１、市町村４分の１となる。

図表4-3 児童福祉施設の措置費（運営費）負担割合

施設種別	措置権者（注1）	入所先施設の区分	措置費支弁者（注1）	費用負担			
				国	都道府県 指定都市 中核市	市	町村
児童福祉施設（注3）	知事・指定都市市長・児童相談所設置市市長	都道府県立施設 市町村立施設 私設施設	都道府県・指定都市・児童相談所設置市	1/2	1/2	—	—
母子生活支援施設 助産施設	市長（注2）	都道府県立施設	都道府県	1/2	1/2	—	—
		市町村立施設 私設施設	市	1/2	1/4	1/4	—
	知事・指定都市市長・中核市市長・児童相談所設置市市長	都道府県立施設 市町村立施設 私設施設	都道府県・指定都市・中核市・児童相談所設置市	1/2	1/2	—	—
保育所 幼保連携型認定こども園 小規模保育事業（所）（注4）	市町村長	私設施設	市町村	1/2	1/4 （注5）	1/4	

注1：母子生活支援施設、助産施設及び保育所は、児童福祉法が一部改正されたことに伴い、従来の措置（行政処分）がそれぞれ母子保護の実施、助産の実施及び保育の実施（公法上の利用契約関係）に改められた。
注2：福祉事務所を設置している町村の長を含む。福祉事務所を設置している町村の長の場合、措置費支弁者及び費用負担は町村となり、負担割合は市の場合と同じ。
注3：小規模住居型児童養育事業所、児童自立生活援助事業所を含み、保育所、母子生活支援施設、助産施設を除いた児童福祉施設。
注4：子ども子育て関連三法により、平成27年4月1日より、幼保連携型認定こども園及び小規模保育事業も対象とされた。また、私立保育所を除く施設・事業に対しては利用者への施設型給付及び地域型保育給付（個人給付）を法定代理受領する形に改められた。
注5：指定都市・中核市は除く。
資料：厚生労働省編『厚生労働白書 令和4年版資料編』p.201, 2022. を一部改変。

Step2

法制定・改正の流れとポイント

　子ども家庭福祉の法制定・改正は、社会全体の変容にともない生じた、1.57ショックや少子化、次世代育成支援、子ども虐待、ドメスティック・バイオレンス等といった、今日的な子ども家庭福祉の諸問題に対応するためのものであった。以下、平成以降の法制度の制定・改正をみてみよう（**図表4-4**）。

　近年の法制定・改正のポイントの1つ目は、介入と支援の強化である。特に児童の権利に関する条約を批准した1994（平成6）年以降、すべての子どもの権利擁護が意識されるようになり、子育て支援、社会的養護等をはじめ、子ども家庭福祉サービスの実施にかかわる基本的な考え方となっている。子どもと家庭を取り巻く課題は、複雑で多様化する傾向がみられ、もはやすべての子どもと家庭が支援を必要とするといっても過言ではない。こうした背景から、例えば子育て支援事業が法定化されて多様なメニューが用意されたり、顕在化する子ども虐待に対応するため、2000（平成12）年に児童虐待の防止等に関する法律を制定して家庭や保護者に介入したりと、子育てに対する支援と介入を強化する法制定や改正がみられる。

　しかし、何らかの理由で支援を受けられなかったり、支援を受けても保護者がその責務を果たせない場合もある。そこで2つ目は、司法関与の強化である。虐待の判断基準をみても、子どもにとって有害であるかどうかが重視されるようになった。保護者の言動が親権の濫用にあたる場合、従来は民法に親権喪失宣告請求ができると規定されていたが、無期限に親権を剝奪することになり保護者と子どもとの関係修復等が難しいとの理由からほとんど活用されてこなかった。そこで、民法を改正して親権の一時停止制度が導入され、子どもの権利擁護のために保護者の不適切なかかわりに介入しやすくされた。

　3つ目は、市町村の役割強化である。地方分権改革や社会福祉基礎構造改革以降、身近な市町村において実施体制を整備してサービスを展開する方向性に変わってきた。子育て支援サービスや保育サービスはもともと市町村の役割であったが、2004（平成16）年の児童福祉法改正を契機に、児童相談所中心であった子ども家庭相談につき、市町村を第一義的窓口として位置づけ、要保護児童対策地域協議会の設置を努力義務化して対応を強化した。2016（平成28）年には児童福祉法の理念の改正とともに、切れ目のない支援のためソーシャルワーク機能をもつ市区町村子ども家庭総合支援拠点を法定化した。2022（令和4）年の児童福祉法改正では、在宅支援の強化のため従来の支援拠点と子育て世代包括支援センターが一体的に機能するよう見直され、こども家庭センターやサポートプランの作成を位置づけるなど、

図表4-4　児童福祉法および主な関連法律の制定・改正

平成 2 年	児童福祉法改正…在宅福祉サービスを法定化、社会福祉関係八法改正
平成 9 年	児福法改正…施設名称変更と統廃合、保育所利用の仕組みを措置から保育の実施方式へ変更
平成11年	児童買春・児童ポルノ禁止法の制定
平成12年	児福法改正…児童居宅支援の利用を支援費による方式へ転換
	児童虐待の防止等に関する法律制定
平成13年	児福法改正…保育士資格の法定化、児童委員の職務追加
	配偶者からの暴力の防止及び被害者の保護等に関する法律の制定
平成14年	里親が行う養育に関する最低基準及び里親の認定等に関する省令の制定
平成15年	児福法改正…子育て支援事業の法定化と市町村の責務の明確化
	少子化社会対策基本法制定と少子化社会対策大綱の制定
	次世代育成支援対策推進法制定、障害者支援費制度の実施
平成16年	児福法改正…市町村を児童家庭相談の第一義的窓口として位置づけ、要保護児童対策地域協議会の法定化、里親に監護、教育、懲戒にかかる一定の権限を付与
	虐防法改正…市町村を通告窓口として規定、ネグレクト、心理的虐待の該当事項を追加
	DV 防止法改正
平成17年	児福法改正…障害者自立支援法制定（平成18年10月施行）による障害児福祉に関する改正、障害児福祉関係のサービス利用のあり方に障害児施設給付制度と措置制度が並存
平成18年	就学前の子どもに関する教育、保育等の総合的な提供の推進に関する法律制定
	児童手当法改正
平成19年	少年法、少年院法の改正、DV 防止法改正
	虐防法改正…安全確認の義務化、出頭要求、再出頭要求と拒否の際の臨検・捜索に関する事項、一時保護、同意施設入所措置中の保護者に対する面会等の制限等と罰則
	児福法改正…要保護児童対策地域協議会の設置努力義務化、未成年後見人請求の間の親権代行、正当な理由なく立入調査を拒否した場合の罰則強化
平成20年	児福法、次世代育成支援対策推進法改正
平成21年	子ども・若者育成支援推進法制定
平成22年	平成22年度における子ども手当の支給に関する法律制定
	育児休業、介護休業等育児又は家族介護を行う労働者の福祉に関する法律改正
平成23年	民法等の一部を改正する法律制定…親権の一時停止制度、未成年後見制度の見直し、子どもの最善の利益確保のための施設長の権限強化等
平成24年	子ども・子育て支援法制定等（子ども・子育て関連３法）（平成27年度施行）
	児福法改正…幼保連携型認定こども園を児童福祉施設として位置づけ
平成25年	子どもの貧困対策の推進に関する法律制定
平成26年	児福法改正…小児慢性特定疾病支援関係、母子及び父子並びに寡婦福祉法…名称変更
	新少年院法制定、少年鑑別所法制定
平成28年	児福法改正…理念の改正、最善の利益の明記、市区町村子ども家庭総合支援拠点の法定化等
	虐防法改正…臨検・捜索の手続簡素化、親子の再統合促進等
平成29年	児福法改正…児童虐待に関する指導への司法関与等、虐防法改正…接近禁止命令の拡大
令和元年	児福法改正および虐防法改正…虐待防止対策の強化、子どもの貧困対策の推進に関する法律改正…目的規定の改正や基本理念の見直し等
令和 3 年	少年法改正…特定少年の保護事件の特例等
令和 4 年	児福法改正…市町村による包括的な支援体制強化等
	こども基本法制定

注：2回目以降に表記する際の法律名を省略。児童福祉法は児福法、児童虐待の防止等に関する法律は虐防法、配偶者からの暴力の防止及び被害者の保護等に関する法律は DV 防止法、就学前の子どもに関する教育、保育等の総合的な提供の推進に関する法律は認定こども園法。

包括的・継続的支援に向けた施策が盛り込まれた（2024（令和 6 ）年 4 月施行）。

第 4 講　子ども家庭福祉の制度と実施体制

Step3

1. 子ども家庭福祉における実施体制と専門職

子ども家庭福祉の実施体制をみると、**図表4-5**のようになる。

図表4-5　児童福祉行政のしくみ

我が国の児童福祉行政は、国（所管：厚生労働省）、都道府県・指定都市を通じて行われます。具体的な業務の実行は、都道府県・指定都市等（注1）が設置する児童相談所を中心に、市区町村、保健所、福祉事務所などと役割を分担して行われています。児童相談所は広域を担うため、日常的な地域における子どもの福祉向上に関しては、市区町村の関連施策・施設や児童委員などが中心に担っています。

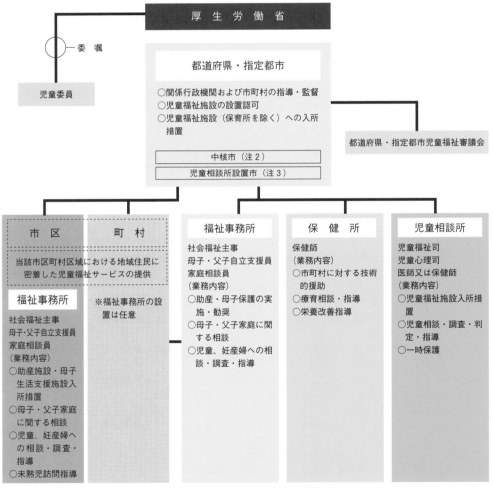

注1：都道府県・指定都市の他に、全国4か所の中核市と5か所の特別区が児童相談所を設置している。
注2：中核市…平成8年4月より、中核市が設けられ、特定児童福祉施設の設置認可等、一部の児童福祉行政について都道府県・指定都市の事務を行うこととされた。
注3：児童相談所設置市…平成18年4月より、児童相談所設置市（指定都市以外の市であって政令による指定を受けて児童相談所を設置する市）が設けられ、児童福祉施設への入所措置等、一部の児童福祉行政について、都道府県の事務を行うこととされた。なお、「児童福祉法等の一部を改正する法律」（平成28年法律第63号）において、平成29年4月より特別区についても政令の指定を受けて、児童相談所を設置することができることとされた。
出典：公益財団法人児童育成協会『目で見る児童福祉2022』p.10, 2022. を一部改変。

　2022（令和4）年に成立したこども家庭庁設置法に基づき、令和5年度には、内閣府の外局としてこども家庭庁が創設される。これまで内閣府、厚生労働省、文部科学省に分かれて別々に担われていた政策の司令塔機能を果たす。内部組織は、司令塔部門、成育部門、支援部門の3部門となる。

　子ども家庭福祉の実施体制のあり方については、専門職としての役割や支援の方法、所属する機関に求められる役割に大きく影響する。専門職は、社会の状況と子どもと家庭を取り巻く実情、子ども家庭福祉の関連法改正にともなう理念や支援方法の変化に対し、敏感でなければならない（専門職については**第5講 Step 2 参照**）。

　保育士として、現状、理念、制度、方法の動向に目を向けることによって、子ども家庭福祉制度全体のなかで、保育士という専門職の立ち位置や所属機関・施設の位置づけが立体的に理解できるようになる。子ども家庭福祉の諸課題に対し、多機関連携がなぜ必要か、どのような役割分担が必要か、何をめざして子どもや家庭を支援すべきなのかを明確にするということである。そのために、実施体制にどのような課題があり、どのようにあるべきかを考え、学ぶ姿勢が求められる。

2. 子ども家庭福祉の実施体制を取り巻く課題

　子ども家庭福祉には、子ども家庭相談、子ども虐待（ぎゃくたい）、社会的養護、障害児、子育て支援、保育、健全育成、ひとり親家庭、母子保健、非行等を対象としたサービスが含まれる。これを現状の実施体制で考えてみると、子ども家庭相談は市町村が第一義的窓口、都道府県は専門的支援を要するものを担当しつつ両者が役割分担して行われている。ところが、子ども虐待や社会的養護をはじめとする要保護児童福祉は、費用負担、措置決定（そちけってい）を含め都道府県が中心となり担っている。逆に、子育て支援や保育、健全育成は市町村が中心となっている。つまり、子ども家庭福祉の実施体制は、都道府県を中心とするもの、市町村を中心とするもの、両者が共同でするものというパターンが想定できるが、子どもと家庭の状況によって、実施体制が分断されているということになる。子どもの育ちに対する責任の所在が、抱える課題、直面する状況によって変わるということである。児童福祉法の規定や児童相談所運営指針、市町村子ども家庭支援指針等をもとに、都道府県と市町村の具体的な役割分担が考えられる必要がある。

　一方、地方分権や規制緩和（きせいかんわ）等の流れのなかで、市町村の役割強化が進んでいる。こうした課題が山積していることを理解し、どのような実施体制が求められるのかを考えることも子ども家庭福祉に課せられた課題である。

参考文献

● 柏女霊峰『子ども家庭福祉論 第7版』誠信書房，2022.

COLUMN　市町村と児童相談所における相談援助活動

　2016（平成28）年の児童福祉法改正では、市区町村子ども家庭総合支援拠点の整備の努力義務化によって市町村の体制強化を図った。同時期に、子ども虐待相談対応を中心とする児童相談所の体制強化も行われた。子ども虐待相談対応件数のうち約98％が在宅生活であるが、要支援児童や要保護児童に対する在宅家庭支援の資源の量的・質的な確保が課題となっていた。

　2022（令和4）年の児童福祉法改正では、市区町村子ども家庭総合支援拠点と子育て世代包括支援センターを見直し、一体的な相談支援を行うこども家庭センターの設置を努力義務化した。新たな在宅支援サービスを創設し、従来の事業を拡大して家庭支援を充実させた。センターのソーシャルワーク機能を活用し、ニーズの発見から終結に至るまで、要保護児童対策地域協議会を活用して包括的なサポートプランを作成し、マネジメント機能を通じて、継続的な支援体制の構築をめざす。

（佐藤まゆみ）

図表　市町村・児童相談所における相談援助活動系統図

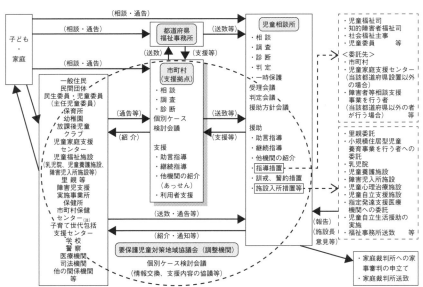

注：市町村保健センターについては、市町村の子ども家庭相談の窓口として、一般住民等からの通告等を受け、支援業務を実施する場合も想定される。

資料：厚生労働省「児童相談所運営指針」

第 5 講

子ども家庭福祉の施設と
専門職

子どもとその保護者を取り巻く環境の変化にともない、単一の機関、専門職では困難なニーズへの対応が難しいため、子どもの権利や最善の利益を守るために多機関・多職種の連携による支援が求められている。そこで本講では、保育所をはじめとする児童福祉施設の種類やその目的および役割、子ども家庭福祉の機関・施設に配置されている専門職やその役割、保育士の位置づけや専門職倫理について学び、理解を深める。

Step 1

1. 児童福祉施設の種類

児童福祉施設

　児童福祉法第 7 条には、助産施設、乳児院、母子生活支援施設、保育所、幼保連携型認定こども園、児童厚生施設、児童養護施設、障害児入所施設、児童発達支援センター、児童心理治療施設、児童自立支援施設および児童家庭支援センターの12種類の児童福祉施設が規定されており、児童厚生施設には児童館と児童遊園があり、障害児入所施設、児童発達支援センターは類型がある。2022（令和 4 ）年 6 月の児童福祉法改正により、令和 6 年度から児童発達支援センターは類型が一元化されることになり、また、里親支援センターが新たな児童福祉施設となる。

　児童福祉施設は、施設の目的によって子どもとその保護者等に対し適切な生活環境等を提供し、保護、養育、訓練、退所後の相談を含めたアフターケア等をすることで子どもの福祉を図り、自立を支援する。施設の利用は、行政機関による措置や施設給付費の支給決定を要する施設、子どもや保護者の意思で利用可能な施設に分けられる。施設には入所型と通所型があるほか、病院・診療所の設備と職員を要する医療型施設とそれを要しない福祉型施設がある（施設の区分や機能等については**図表 5 - 1 を参照**）。以下、保育所について法的位置づけや役割などをみてみよう。

2. 保育所の位置づけと役割

　保育所とは、「保育を必要とする乳児・幼児を、日々保護者の下から通わせて保育を行うことを目的とする」（児童福祉法第39条）児童福祉施設である。また、「保育所は、当該保育所が主として利用される地域の住民に対してその行う保育に関し情報の提供を行い、並びにその行う保育に支障がない限りにおいて、乳児、幼児等の保育に関する相談に応じ、及び助言を行うよう努めなければならない」（児童福祉法第48条の 4 。2022（令和 4 ）年 6 月の改正により、令和 6 年度から地域住民に対する保育に関する情報提供は義務化）とされ、保育サービスおよび子育て支援の中核である。保育所における保育の内容は、児童福祉施設の設備及び運営に関する基準第35条に「保育所における保育は、養護及び教育を一体的に行うことをその特性とし、その内容については、厚生労働大臣が定める指針に従う」とされており、「保育所保育指針」（厚生労働大臣告示）を基準として実施されている。

　保育所の利用にあたっては、2015（平成27）年に施行された子ども・子育て支援

図表5-1 児童福祉施設の区分と機能、主要な専門職員

分　野	施設区分	機　能	主要な専門職員
A. 母子保健の施策	助産施設	保健上必要があるにもかかわらず、経済的理由により、入院助産を受けることができない妊産婦を入所させて、助産を受けさせる施設	助産師
B. 保育の施策	保育所	日々保護者の委託を受けて、保育を必要とするその乳児又は幼児を保育する施設	保育士、医師（嘱託）
	幼保連携型認定こども園	満3歳以上の幼児に対する教育及び保育を必要とする乳児・幼児に対する保育を一体的に行い、これらの乳児又は幼児の健やかな成長が図られるよう適当な環境を与えて、その心身の発達を助長する施設	保育教諭、養護教諭、栄養教諭、薬剤師（嘱託）、医師（嘱託）
C. 子どもが健やかに育つための施策	児童館	屋内に集会室、遊戯室、図書室等必要な設備を設け、児童に健全な遊びを与えて、その健康を増進し、又は情操をゆたかにすることを目的とする施設	児童の遊びを指導する者
	児童遊園	屋外に広場、ブランコ等必要な設備を設け、児童に健全な遊びを与えて、その健康を増進し、又は情操をゆたかにすることを目的とする施設	児童の遊びを指導する者
D. 養護を必要とする子どもたちへの施策	乳児院	乳児を入院させて、これを養育し、あわせて退院した者について相談その他の援助を行う施設	医師、看護師、個別対応職員、栄養士、保育士、児童指導員、家庭支援専門相談員、心理療法担当職員
	児童養護施設	乳児を除いて、保護者のない児童、虐待されている児童その他環境上養護を要する児童を入所させて養護し、あわせて退所した者に対する相談その他の自立のための援助を行う施設	児童指導員、保育士、個別対応職員、職業指導員、栄養士、医師（嘱託）、心理療法担当職員、家庭支援専門相談員
	児童心理治療施設	家庭環境、学校における交友関係その他の環境上の理由により社会生活への適応が困難となった児童を短期間入所させ、又は保護者の下から通わせて、社会生活に適応するために必要な心理に関する治療及び生活指導を主として行い、あわせて退所した者について相談その他の援助を行うことを目的とする施設	医師、心理療法担当職員、看護師、児童指導員、保育士、家庭支援専門相談員
	児童自立支援施設	不良行為をなし、又はなすおそれのある児童及び家庭環境その他の環境上の理由により生活指導等を要する児童を入所させ、又は保護者の下から通わせて、個々の児童の状況に応じて必要な指導を行い、その自立を支援し、あわせて退所した者について相談その他の援助を行う施設	児童自立支援施設長、児童自立支援専門員、児童生活支援員、職業指導員、精神科医師（嘱託）、家庭支援専門相談員、心理療法担当職員
	児童家庭支援センター	地域の児童の福祉に関する各般の問題につき、児童、母子家庭その他の家庭、地域住民その他からの相談に応じ、必要な助言、指導を行い、あわせて児童相談所、児童福祉施設等との連絡調整、援助を総合的に行う施設	相談・支援を担当する職員 心理療法担当職員
E. ひとり親家庭への施策	母子生活支援施設	配偶者のない女子等及びその監護すべき児童を入所させて保護するとともに、自立の促進のため生活を支援し、あわせて退所した者について相談その他の援助を行う施設	母子支援員、心理療法担当職員、少年指導員、保育士、医師（嘱託）
F. 障害児への施策	福祉型障害児入所施設	障害のある児童を入所させて、保護、日常生活の指導及び独立自活に必要な知識技能の付与を行う施設	嘱託医（障害別の診療科）、医師（自閉症の場合）、児童指導員、保育士、看護師（障害による）、栄養士、調理員、職業指導員（職業指導を行う場合）、心理指導担当職員（心理指導を行う場合）、児童発達支援管理責任者
	医療型障害児入所施設	障害のある児童を入所させて、保護、日常生活の指導、独立自活に必要な知識技能の付与及び治療を行う施設	医療法に規定する病院として必要とされる職員、児童指導員、保育士、理学療法士または作業療法士（主たる障害による場合）、心理指導担当職員（重症心身障害児の場合）、児童発達支援管理責任者
	福祉型児童発達支援センター	障害のある児童を日々保護者の下から通わせて、日常生活における基本的動作の指導、独立自活に必要な知識技能の付与又は集団生活への適応のための訓練を行う施設	嘱託医、児童指導員及び保育士、栄養士、調理員、言語聴覚士（主たる対象が難聴の場合）、児童発達支援管理責任者
	医療型児童発達支援センター	障害のある児童を日々保護者の下から通わせて、日常生活における基本的動作の指導、独立自活に必要な知識技能の付与又は集団生活への適応のための訓練及び治療を行う施設	医療法に規定する診療所として必要とされる職員、児童指導員、保育士、看護師、理学療法士または作業療法士、児童発達支援管理責任者

出典：公益財団法人児童育成協会『目で見る児童福祉2022』p.12，2022．を一部改変。

第5講 子ども家庭福祉の施設と専門職

制度により、例外のない保育の保障という観点から、実施主体である市町村が保護者の申請を受け、客観的な基準に基づき、保育の必要性を認定したうえで給付の受給資格を認定し、支給するしくみとなった（**第 6 講 Step 2・第 8 講**参照）。

3. 児童福祉施設の設置・運営

児童福祉施設の設置

児童福祉法第35条は児童福祉施設の設置について政令で定めると規定しており、国は児童自立支援施設と障害児入所施設、都道府県は児童自立支援施設の設置義務を負うとされている。市町村は、内閣府令で定める事項を都道府県知事に届け出ることで施設の設置ができる。国、都道府県、市町村以外の者は内閣府令で定める事項について申請し都道府県知事の認可を得て設置することができる。

児童福祉施設の設備及び運営に関する基準

児童福祉施設は、児童福祉施設の設備及び運営に関する基準によって運営される。従来国が示してきた児童福祉施設最低基準が2011（平成23）年に改正され、この名称となった。この基準には、職員の一般的要件、児童処遇の原則、懲戒権濫用禁止、苦情への対応等が規定されている。特に職員配置基準、設備基準、各施設の運営理念等が改正されたことにともない、最低基準は都道府県等の条例に委任されたため、都道府県等が条例で定める基準を最低基準と呼ぶ。これに基づいて都道府県知事等による監査が実施され、基準に満たない場合は施設設置者に対する改善勧告や命令、事業停止命令、許可・認可の取り消し、閉鎖命令等の措置がとられる。

加えて、障害児の施設や保育所、幼保連携型認定こども園ならびに子ども・子育て支援制度に参入する幼稚園は、最低基準のほかに次の基準が定められている。すなわち、児童福祉法に基づく指定障害児入所施設等の人員、設備及び運営に関する基準、子ども・子育て支援法に基づく、特定教育・保育施設及び特定地域型保育事業の運営に関する基準である。こうした基準にそって、入所している子どもの成長や権利擁護を図りつつ、適切な支援が展開されなければならない。

施設長の権限と義務

施設長は、正当な理由がない限り、子どもの措置委託を拒むことができない。親権者のいない入所児童や後見人のいない児童は、施設長が親権を行使する（未成年

後見制度は、2012（平成24）年の民法改正により法人後見や複数後見も可能となった）。入所児童に親権者がいても、子どもに必要な監護、教育、懲戒について必要な措置をとることが認められているが、懲戒権の濫用は禁止されている。また、施設長は入所児童を就学させなければならない。子どもとその家庭環境調整を行い、退所した者に対するアフターケア、地域の子育て家庭に対する支援も求められる。

　入所型の施設に措置されている子どもに対する被措置児童等 虐 待の通告、子ども本人からの相談受付、都道府県等の対応に関するしくみとガイドラインが平成21年度より設けられた。被措置児童等虐待とは、小規模住居型児童養育事業（ファミリーホーム）や里親、乳児院や児童養護施設等の社会的養護の施設、児童相談所の一時保護所や委託一時保護等の生活の場において、施設職員や里親などから虐待を受けることをいう。制度としては、主に入所型の施設・里親を対象としているが、「特定教育・保育施設及び特定地域型保育事業の運営に関する基準」により、特定教育・保育施設においても、被措置児童虐待防止のための措置をとらなければならないこととされた。

図表5-2　施設入所児童の権利擁護と施設、行政機関の対応

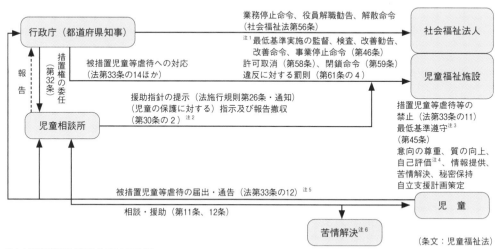

注1：児童相談所長に委任することはできない。
注2：都道府県知事の権限であるが、法第32条により措置権が委任されていれば、当該権限も地方自治法第153条により児童相談所長に委任されていると考えるのが妥当。
注3：最低基準は設備及び運営に関するもの。目的（第2条）、職員の要件（施設長を含む）（第7条）、平等に取り扱う原則（第9条）、虐待等の禁止（第9条の2）、懲戒権の濫用禁止（第9条の3）、秘密保持等（第14条の2）、苦情への対応（第14条の3）等が関係
注4：社会的養護関係5施設種別は、3年に1度以上、第三者評価の受審と結果公表が義務化。
注5：被措置児童等虐待対応の仕組みは平成21年4月から施行。
注6：施設入所児童からの苦情申立て：運営適正化委員会等による解決（社会福祉法）
出典：柏女霊峰『子ども家庭福祉論 第7版』誠信書房，p.9, 2022. を一部改変。

Step2

1. 子ども家庭福祉の専門職

　サービスの供給主体は行政、社会福祉法人、NPO法人等であるが、子どもやその親に対して相談、助言、心理的ケアなど具体的なサービスを担うのは、子ども家庭福祉の専門職である。子どもと家庭のかかえる複雑化・多様化するニーズに対応するため、行政、専門職、専門機関や地域のボランティア等を含めたネットワーク型の援助が浸透した。以下、子ども家庭福祉の代表的な専門職をみていく。

相談援助機関の専門職

① 児童福祉司

　児童福祉司は、児童相談所において子どもの保護や福祉に関する相談に応じ、専門的技術に基づいて必要な指導を行う。児童福祉司にはそれぞれの担当区域があり、その区域内の市町村長に協力を求めることができる。児童福祉法第13条に規定されている任用資格である。その要件として、都道府県知事の指定する養成校を卒業し、または講習会の課程を修了した者、大学において、心理学、教育学もしくは社会学を専修する学科等を修めて卒業し、施設において1年以上児童等の福祉に関する相談に応じ、助言、指導等を行う業務に従事した者、医師、社会福祉士等のうち1つを満たせばよい。なお、2022（令和4）年6月の改正により令和6年度から、児童虐待を受けた児童の保護等の専門的な対応について十分な知識・技術を有する者が要件に追加される。同条第2項により児童福祉司の数は、政令（児童福祉法施行令第3条）で定める基準を標準として都道府県が定めることとされ、また、同条第9項により、児童福祉司は、内閣総理大臣が定める基準に適合する研修を受けなければならない。

② 児童心理司

　児童心理司は、児童相談所において子どもや保護者などからの相談に応じ、診断面接、心理検査、観察等により心理診断、心理判定を担当するほか、心理療法やカウンセリングなどにより助言指導を行う。児童福祉法第12条の3第6項に「心理に関する専門的な知識及び技術を必要とする指導をつかさどる所員」として規定される任用資格であり、その任用要件は、「医師であって精神保健に関して学識経験を有する者もしくはこれに準ずる資格を有する者」「大学において、心理学を専修する学科またはこれに相当する課程を修めて卒業した者」もしくはこれに準ずる資格を有する者または公認心理師である。近年では、虐待相談の増加にともない心理的なケアを必要とする子どもが増えているため、臨床心理士資

格をもつ人材などによる高い専門性が求められる傾向にある。

③　家庭相談員

　　家庭相談員は、厚生事務次官通知「家庭児童相談室の設置運営について」によれば、都道府県または市町村が設置する福祉事務所に設置される家庭児童相談室に配置される。その主たる業務は、家庭児童福祉に関する専門的技術を要する相談指導を行うことである。家庭相談室には、社会福祉主事も配置されており、家庭相談員とともに業務にあたる。

　　家庭相談員は、人格円満で社会的信望があり、健康で、家庭児童福祉の増進に熱意をもつ者であって、「大学において、児童福祉、社会福祉、児童学、心理学、教育学若しくは社会学を専修する学科又はこれらに相当する課程を修めて卒業した者」「医師」「社会福祉士」等を満たせばよい。都道府県または市町村の非常勤職員として勤務していることが多い。

④　母子・父子自立支援員

　　母子・父子自立支援員は、母子及び父子並びに寡婦福祉法第8条に基づき都道府県知事、市長、福祉事務所を管理する町村長に委嘱され、福祉事務所等に配置されている。配偶者のない者で現に児童を扶養している者および寡婦からの相談に応じ、その自立に必要な情報提供および指導、職業能力の向上、求職活動の支援を主たる業務としている。

児童福祉施設の専門職

　　児童養護施設や乳児院等の児童福祉施設には、子どもの生活に密着したきめ細かな支援をするための専門職が配置される。児童福祉施設における職員は、児童福祉施設の設備及び運営に関する基準（設備運営基準）によって、資格要件や配置基準等が規定されている。

①　児童指導員

　　児童指導員は、設備運営基準第43条に規定される任用資格であり、児童養護施設や児童心理治療施設、障害児入所施設、児童発達支援センターに配置しなければならない。任用要件は、「都道府県知事の指定する児童福祉施設の職員を養成する学校その他の養成施設を卒業した者」「社会福祉士の資格を有する者」「精神保健福祉士の資格を有する者」「学校教育法の規定による大学（短期大学を除く）において、社会福祉学、心理学、教育学若しくは社会学を専修する学科又はこれらに相当する課程を修めて卒業した者」等のうち1つに該当すればよい。

　　児童指導員は、生活指導、学習指導、職業指導および家庭環境の調整、自立支

援計画の策定など施設サービスにおいて中心的な役割を担う。生活指導は、子どもの自主性を尊重し、基本的生活習慣の確立や豊かな人間性および社会性を養い、子どもの自立を支援することを目的として行われており、福祉に関する専門的知識・技術のほか、生活全般の幅広い知識・技術が求められる。

② 児童自立支援専門員

児童自立支援施設には、設備運営基準第80条に基づき児童自立支援専門員および児童生活支援員を配置しなければならない。

児童自立支援専門員は、児童生活支援員と協力して個別の児童自立支援計画を策定し、子どもの生活指導、職業指導、学科指導、家庭環境調整を担っている。その任用資格は、「医師であって、精神保健に関して学識経験を有する者」「社会福祉士の資格を有する者」「都道府県知事の指定する児童自立支援専門員を養成する学校その他の養成施設を卒業した者（学校教育法の規定による専門職大学の前期課程を修了した者を含む）」等のうち1つを満たせばよい。児童生活支援員の任用資格は、「保育士の資格を有する者」「社会福祉士の資格を有する者」「3年以上児童自立支援事業に従事した者」という要件のうち1つを満たせばよい。

③ 児童の遊びを指導する者

児童厚生施設である児童館と児童遊園には、設備運営基準第38条に基づき児童の遊びを指導する者を置かなければならない。1998（平成10）年以前は児童厚生員と呼ばれていた。児童厚生施設における遊びの指導は、子どもの自主性、社会性および創造性を高め、地域における健全育成活動の助長を図るよう行われるものとされている。任用要件は、「都道府県知事の指定する児童福祉施設の職員を養成する学校その他の養成施設を卒業した者」「保育士の資格を有する者」等のうち1つを満たせばよい。

④ 母子支援員

母子生活支援施設には、設備運営基準第27条に基づき母子の生活支援を行う者として母子支援員を置かなければならない。母子支援員の任用資格は、「都道府県知事の指定する児童福祉施設の職員を養成する学校その他の養成施設を卒業した者（学校教育法の規定による専門職大学の前期課程を修了した者を含む）」「保育士の資格を有する者」「社会福祉士の資格を有する者」等のうち1つを満たせばよい。

⑤ 家庭支援専門相談員

家庭支援専門相談員はファミリーソーシャルワーカーとも呼ばれ、子ども家庭福祉の関係機関、直接ケア職員等と連携し、家庭環境調整の強化を図り、早期の

家庭復帰をめざすことを目的とする。家庭支援専門相談員は、設備運営基準第21条により社会福祉士もしくは精神保健福祉士の資格を有する者をはじめとする要件を満たす者でなければならない。

　平成11年度より非常勤職員として定員20人以上の乳児院に配置され、平成14年度にはすべての乳児院、平成16年度は児童養護施設、情緒障害児短期治療施設（現・児童心理治療施設）、児童自立支援施設に拡充された。現在は、基準により、乳児院（設備運営基準第21条）、児童養護施設（同第42条）、児童心理治療施設（同第73条）、児童自立支援施設（同第80条）に配置しなければならない。

⑥　心理療法担当職員

　心理療法担当職員は、乳児院、児童養護施設または母子生活支援施設に配置する場合、「学校教育法の規定による大学（短期大学を除く）において、心理学を専修する学科若しくはこれに相当する課程を修めて卒業した者であって、個人及び集団心理療法の技術を有するもの又はこれと同等以上の能力を有すると認められる者」とされている。また、児童自立支援施設、児童心理治療施設に配置する場合、「学校教育法の規定による大学（短期大学を除く）において、心理学を専修する学科若しくはこれに相当する課程を修めて卒業した者又は同法の規定による大学の学部において、心理学に関する科目の単位を優秀な成績で修得したことにより、大学院への入学を認められた者であって、個人及び集団心理療法の技術を有し、かつ、心理療法に関する1年以上の経験を有するもの」とされている。

　設備運営基準によって、児童心理治療施設（第73条）では必置とされ、乳児院（第21条）、母子生活支援施設（第27条）、児童養護施設（第42条）、児童自立支援施設（第80条）において、対象者10人以上に心理療法を行う場合に心理療法担当職員の配置が義務づけられた。なお、福祉型障害児入所施設（第49条）で心理指導を行う必要があると認められる児童5人以上に心理指導を行う場合と、主として重症心身障害児を入所させる医療型障害児入所施設（第58条）には、心理指導を担当する職員を配置しなければならない。

⑦　個別対応職員

　個別対応職員は、乳児院、児童養護施設、児童心理治療施設、児童自立支援施設および母子生活支援施設に配置される。虐待を受けた子ども等の施設入所の増加に対応するため、被虐待児童等の個別の対応が必要な子どもへの1対1の対応、保護者への援助等を行う職員を配置し、虐待を受けた子ども等への対応の充実を図ることを目的とする。

⑧　里親支援専門相談員

　里親支援専門相談員は、里親支援ソーシャルワーカーとも呼ばれる。里親支援を行う児童養護施設および乳児院に配置される。児童養護施設および乳児院に地域の里親およびファミリーホームを支援する拠点としての機能をもたせ、児童相談所の里親担当職員、里親委託等推進員、里親会等と連携して、所属施設の入所児童の里親委託の推進、退所児童のアフターケアとしての里親支援、所属施設からの退所児童以外を含めた地域支援としての里親支援を行い、里親委託の推進および里親支援の充実を図ることを目的とする。

　里親支援専門相談員は、社会福祉士もしくは精神保健福祉士の資格を有する者等の要件のうち1つを満たす者でなければならない。なお、里親支援専門相談員は、里親委託の推進と里親支援を行う専任職員のため、施設の直接処遇職員の勤務ローテーションには入らず、必要に応じて施設の所在する都道府県等の所管区域を越えて里親支援を行うことができるとされている。

　加えて、児童福祉の代表的な専門職に保育士がある。以下に詳しくみていきたい。

2. 保育士の位置づけと役割

保育士の位置づけ

　保育士は、児童福祉法第18条の4に規定される国家資格である。2001（平成13）年の児童福祉法改正により国家資格として規定され、2003（平成15）年11月に制度が施行された。

　保育士となるためには、都道府県知事が指定する保育士を養成する学校その他の施設を卒業した者または都道府県知事が実施する保育士試験に合格した者（保育士となる資格をもつ者）が、都道府県が備える保育士登録簿への登録をしなければならない（児童福祉法第18条の6、第18条の18）。都道府県から保育士登録証が交付されることにより、保育士の名称を使用できる。保育士は名称独占資格であるため、保育士として登録した者以外が保育士や保育士とまぎらわしい名称を使用してはならないとされている（同法第18条の23）。

　2022（令和4）年6月の児童福祉法改正により、児童にわいせつ行為を行った保育士の資格管理の厳格化として、欠格期間、登録取り消しの事由、わいせつ行為を行った者の再登録の制限等が定められ（これらは令和5年度施行）、わいせつ行為により登録取り消された者の情報把握のためのデータベースの整備が行われた（改

正法公布後２年以内で政令で定める日の施行）。

保育士の業務

　保育士とは、保育士登録簿に登録を受け保育士の名称を用いて「専門的知識及び技術をもって、児童の保育及び児童の保護者に対する保育に関する指導を行うことを業とする者」である（児童福祉法第18条の４）。このように、保育士の業務には、「児童の保育」と「児童の保護者に対する保育に関する指導」の２つがある。

　図表５−１のように、保育所や乳児院、児童養護施設、各障害児施設をはじめ、多くの児童福祉施設で子どもの生活全般を支えているが、活躍の場は児童福祉施設に限られておらず、広く子どもの保育や保護者支援業務にかかわる専門性を発揮することが期待されている。また、保育士の保育の対象は、就学前の子どもだけでなく、18歳未満のすべての子どもであることに対する自覚が求められる。

　子どもの保護者に対する保育に関する指導とは、「保護者が支援を求めている子育ての問題や課題に対して、保護者の気持ちを受け止めつつ行われる、子育てに関する相談、助言、行動見本の提示その他の援助業務の総体」（保育所保育指針解説）を指す。保育士が、各家庭において安定した親子関係が築かれ、保護者の養育力の向上につながることをめざし、保育の専門的知識・技術を背景としながら行うものである。

　子どもの健やかな成長・発達のためには、子どもの養育を保護者だけの責任とするのではなく、専門職と保護者の協力が必要となる。保護者に対する支援は、保育とともに子どもの最善の利益にかなうように行われることが必要であり、時には子どもの気持ちやおかれた立場を代弁することも、保育士の保護者に対する支援として重要な側面といえる。毎日のていねいなかかわりのなかで、信頼関係を基礎とした支援関係が構築できるよう、相談援助の基礎的理解なども求められる。

保育士の義務

　保育士に求められる義務として、まず、信用失墜行為の禁止（児童福祉法第18条の21）があり、保育士としての社会的信用を損なう行為をしてはならない。違反者には保育士登録の取り消しや名称使用の制限等が科される。次に、秘密保持義務（同法第18条の22）があり、違反者には資格登録の取り消し等の罰則が科せられる。さらに、保育所に勤務する保育士は、乳児、幼児等の保育に関する相談に応じ、助言を行うために必要な知識および技能の修得、維持および向上に努めなければならない（同法第48条の４第２項）。しかし、自己研鑽は保育所以外の児童福祉施設や

その他の職場で従事する場合においても、同様に求められる。

　自己研鑽を積み、保育や保護者支援の質、保育士の専門性の向上に努めることは、保育士は子育ての専門職であるという社会の認識を強め、専門職の保育士だから提供できる質の高い支援に対する信用や、役割の委任を進めていくことにつながる。それに応える専門職としての倫理観（りんり）を備えておかなければならない。

専門職としての価値と倫理

　保育士に限らず、人に対する援助を提供する専門職は、人が生きることそのものに深くかかわらねばならず、その実情に対して専門職自身の価値観や人間観、倫理観が問われる場面が多い。複数の価値の間で葛藤（かっとう）が起こる倫理的ジレンマに陥（おちい）れば、専門職自身がゆらぐこともある。しかし、そのことは、適切な援助の選択や判断に大きな影響を与えかねない。また、専門職による子どもへの不適切なかかわりなどを防ぐ意味でも、高度な倫理観が不可欠である。

　そのため、専門職として何を実現することに価値を見出すのかを明らかにし、行動の指針やその際のルールを定めた専門職の倫理が極めて重要となる。保育士もまた、専門職としての宣言であり、大切にすべき価値を示した実践のよりどころとなる倫理綱領（こうりょう）を深く理解し、日々の実践に落とし込んでいくことが求められる。

全国保育士会倫理綱領

　2003（平成15）年３月、保育士が国家資格として法定化されたことを契機（けいき）に、全国保育士会と全国保育協議会は、全国保育士会倫理綱領を採択した。この倫理綱領は、前文と子どもの最善の利益の尊重、子どもの発達保障、保護者との協力、プライバシーの保護、チームワークと自己評価、利用者の代弁、地域の子育て支援、専門職としての責務という８つの柱からなっており、保育士としての役割や宣言を明示し、保育士の行動規範ともなっている（**図表５−３**）。この倫理綱領は、保育所保育にかかわる保育士のみならず、ほかの児童福祉施設で支援にあたる保育士にも理解され、実践されることが望ましい。

　保育士の業務である「児童の保育」と「児童の保護者に対する保育に関する指導」は、子どもの最善の利益や発達保障、保護者との協力をはじめとする倫理に照らして、取り組む必要がある。保育士は、子ども家庭福祉分野において、高い倫理性と専門的知識を備え、子どもの保育と保護者支援のための専門的技術をもったケアワークのプロとして、その専門性を高めていくことが求められる。

図表5-3 全国保育士会倫理綱領

　　すべての子どもは、豊かな愛情のなかで心身ともに健やかに育てられ、自ら伸びていく無限の可能性を持っています。

　　私たちは、子どもが現在（いま）を幸せに生活し、未来（あす）を生きる力を育てる保育の仕事に誇りと責任をもって、自らの人間性と専門性の向上に努め、一人ひとりの子どもを心から尊重し、次のことを行います。

　　私たちは、子どもの育ちを支えます。

　　私たちは、保護者の子育てを支えます。

　　私たちは、子どもと子育てにやさしい社会をつくります。

（子どもの最善の利益の尊重）

1. 私たちは、一人ひとりの子どもの最善の利益を第一に考え、保育を通してその福祉を積極的に増進するよう努めます。

（子どもの発達保障）

2. 私たちは、養護と教育が一体となった保育を通して、一人ひとりの子どもが心身ともに健康、安全で情緒の安定した生活ができる環境を用意し、生きる喜びと力を育むことを基本として、その健やかな育ちを支えます。

（保護者との協力）

3. 私たちは、子どもと保護者のおかれた状況や意向を受けとめ、保護者とより良い協力関係を築きながら、子どもの育ちや子育てを支えます。

（プライバシーの保護）

4. 私たちは、一人ひとりのプライバシーを保護するため、保育を通して知り得た個人の情報や秘密を守ります。

（チームワークと自己評価）

5. 私たちは、職場におけるチームワークや、関係する他の専門機関との連携を大切にします。

　　また、自らの行う保育について、常に子どもの視点に立って自己評価を行い、保育の質の向上を図ります。

（利用者の代弁）

6. 私たちは、日々の保育や子育て支援の活動を通して子どものニーズを受けとめ、子どもの立場に立ってそれを代弁します。

　　また、子育てをしているすべての保護者のニーズを受けとめ、それを代弁していくことも重要な役割と考え、行動します。

（地域の子育て支援）

7. 私たちは、地域の人々や関係機関とともに子育てを支援し、そのネットワークにより、地域で子どもを育てる環境づくりに努めます。

（専門職としての責務）

8. 私たちは、研修や自己研鑽を通して、常に自らの人間性と専門性の向上に努め、専門職としての責務を果たします。　　　　　　　　（全国保育士会委員総会により2003年採択）

資料：社会福祉法人全国社会福祉協議会・全国保育協議会・全国保育士会

第5講　子ども家庭福祉の施設と専門職

65

Step3

1. 措置制度から契約制度への移り変わり

　福祉サービスの利用のあり方が、その分野を問わず改革されることとなった契機^{けいき}として、社会福祉全体のパラダイム転換をもたらした社会福祉基礎構造改革がある。これを受け、2000（平成12）年に社会福祉事業法が改正・改称され、社会福祉法が制定された。

　「パターナリズム*1からパートナーシップへ」というスローガンのもと、施設から在宅、地域へ、措置^{そち}から契約へ、保護から自立へなどの大きな理念の変容と援助方法の転換が図られた。福祉専門職や専門機関が判断して利用者のニーズを満たすための支援をするのではなく、さまざまな福祉に関する情報を利用者に示し、利用者本人の選択に基づく自己決定を支援することを重視するようになった。

　これに合わせて、成年後見制度をはじめとする権利擁護^{けんりようご}のためのサブシステム、虐待^{ぎゃくたい}など契約になじまない状況におかれる利用者のための対応策を整備した。このように、先述の改革にともなう理念の転換により、従来、措置制度を中心とするしくみであった子ども家庭福祉分野において、サービス利用のあり方が変化することとなった。

2. 児童福祉施設入所のしくみ

　児童福祉施設の入所のしくみには、以下の3つがある。

措置制度

　措置制度では、児童相談所に対し子どもの施設入所に関する相談があったとき、児童相談所がその調査や判定に基づいて児童養護施設等への入所決定を行う。この決定は行政処分であり、本来的には児童相談所を設置する都道府県知事や政令市の市長、児童相談所設置市の市長により行われるものであるが、実際には、調査や判定を行い、子どもと保護者の状況をよく把握^{はあく}している児童相談所の長に権限の委任がなされている。

選択利用制度（保育の利用、母子保護の実施、助産の実施）

　市町村は、保育の必要性の認定を受けた保護者から保育所に対する入所の申し込みがあった場合、それらの乳幼児を保育所において保育しなければならない。保護者は、市町村や保育所から提供される保育所の施設・設備や運営の状況、保育内容

等に関する情報をもとに、利用を希望する保育所を選択し申し込む。市町村は、その申し込みに基づき、乳幼児の状況を確認し、適当であると判断される場合に保護者が希望する保育所での保育の実施を決定する。ただし、定員を一定以上超える場合は、市町村の客観的な選考基準と方法により調整が行われる。子ども虐待やリスク要因を抱える保護者に対して、市町村は保育所入所を勧奨する義務が課せられており、職権保護（措置）による入所もできる。なお、2012（平成24）年に制定された子ども・子育て支援法、認定こども園法の一部改正法、児童福祉法など関係法律の整備法が施行されたことにともない、教育・保育施設については、施設型給付に基づいて利用者と事業者が公的契約を結ぶ方式がとられることとなった。ただし、私立保育所の利用方式は、施設型給付によらず、市町村が施設に対し、保育に要する費用を委託費として支弁する形での保育の実施方式が当面続くこととなった。

　母子生活支援施設、助産施設は、実施主体である都道府県、市および福祉事務所を設置する町村に対し、利用を希望する者が申し込む。申し込みを受けた実施主体は、利用要件の確認を行い、利用者を希望する施設に入所させ、費用を徴収する。

施設給付制度

　障害児の施設利用においては、2006（平成18）年の障害者自立支援法（現・障害者の日常生活及び社会生活を総合的に支援するための法律）と改正児童福祉法の施行にともない、障害児施設給付制度が導入され、その後、2010（平成22）年には障害児施設給付費から、障害児入所給付費、障害児通所給付費のしくみへと変更された。

　障害児入所施設の利用を希望する保護者は、都道府県に対し、障害児入所給付費の支給を申請しなければならない。申請を受けた都道府県は、障害児の心身の状態や障害児の介護を行う者の状況等を勘案し、障害児入所給付費の支給の要否を決定する。都道府県は、障害児入所給付費の支給決定を受けた保護者に対し、入所受給者証を交付し、保護者はそれを持って指定障害児入所施設等へ行き、契約を結ぶことで入所による支援を受けることができる。ただし、虐待を受けていたり、子どもの権利擁護の観点から措置による入所が必要であると児童相談所が判断する場合には、措置制度による施設入所も行われる。

---

*1　パターナリズムは、一般的には、干渉されるその人のためになるという理由でなされる干渉と説明される。

参考文献

● 柏女霊峰『子ども家庭福祉論 第7版』誠信書房，2022.
●『児童福祉六法 令和4年版』中央法規出版，2022.
● 澤登俊雄編著『現代社会とパターナリズム』ゆみる出版，1997.

COLUMN 身近な地域子育て相談機関としての役割を見すえて

保育士は、児童福祉施設をはじめ、保育・子育て支援サービスにおいて活躍する専門職である。細やかな子どもの保育と、保護者指導の技術を磨くことはもちろんのこと、子どもの成長する環境を整えるために活用できる社会資源も考慮しなければならない。

子どもの最善の利益を考慮した支援を組み立てるにあたって、子どもの思いやニーズを代弁し、それに応えるため、保育士だけでかかえ込まず、多職種・多機関と連携する判断が求められる。特に、障害や虐待、社会的養護から家庭へ戻った場合等、その可能性も含めた子どもへの支援を考えるとき、濃厚な支援が必要な子どもや保護者の多くが在宅で、保育サービスや子育て支援サービスの利用者であることを意識したかかわりが求められる。

2022（令和4）年の児童福祉法改正において、市町村は地域の住民からの子育てに関する相談に応じ、必要な助言を行うことができる地域子育て相談機関（保育所、認定こども園、地域子育て支援拠点事業を行う場所等であって、的確な相談および助言を行うに足りる体制を有すると市町村が認めるものをいう）の整備に努めなければならないものとし、地域子育て相談機関は、必要に応じ、こども家庭センターと連絡調整を行うとともに、地域の住民に対し、子育て支援に関する情報提供を行うよう努めなければならないものとした（2024（令和6）年4月施行）。

子どもと家庭への包括的・継続的な支援のために、保育所のこのような役割を念頭において、市町村における相談支援拠点であるこども家庭センターのソーシャルワーク機能を活用しつつ、要保護児童対策地域協議会との密接な連携により、援助方策やサポートプランを検討することが重要になる。

（佐藤まゆみ）

第 6 講

少子化と地域子育て支援

　近年、すべての子育て家庭を対象とする子育て支援の必要性が高まっており、とりわけ妊娠期（にんしんき）から子育て期にわたる切れ目のない支援が重視されている。本講では、少子高齢化の要因や子育て支援が必要とされる背景を学びながら、子育て支援施策（しさく）が進められてきた経緯を確認し、平成27年度から施行されている子ども・子育て支援制度の概要や子育て家庭のニーズに対応する子育て支援サービスの実際について具体的に学び、子育て支援のこれからの課題について考える。

Step 1

少子高齢化の要因

　わが国における少子化の傾向は、1989（平成元）年の合計特殊出生率が1.57とそれまでの最低値を示したことに端を発し、それ以降下がり続け、2005（平成17）年には史上最低の1.26を記録した。その後微増したが再び減少に転じ、2021（令和３）年は1.30となった。この数値は、人口置換水準（現在の人口を維持するために必要な指標）となる2.06[*1]を下回っており、国立社会保障・人口問題研究所の推計（出生中位推計）によれば、2053年には人口１億人を割り、2065年には8808万人となる。また、2065年には年少人口（０〜14歳）の割合は10.2％、65歳以上の老年人口の割合が38.4％になり、少子高齢化はさらに進むことが見込まれている。

　このように急速に少子高齢化が進むことにより、生産年齢人口が減少し国の経済力を維持できなくなることや、社会保障の面では現役世代の負担が増大するなどの影響、子ども同士で切磋琢磨しながら育つ環境が維持できないことなどが懸念され、少子化を押しとどめるための政策が図られてきた。

　少子化の要因は、結婚観や価値観の多様化を背景とする晩婚化と未婚率の上昇、および夫婦の出生率の低下が主たるものとされる。夫婦の出生率の低下は、子育てや教育にかかる経済的負担、精神的、肉体的負担が大きいことによると意識調査などで指摘されている。さまざまな少子化対策が講じられるなか、現在の社会は「子どもを生み育てることに希望を持てない」ということが明らかになった。

　しかし、内閣府が行った調査[*2]では、未婚者の７割は結婚への希望をもち、20歳から49歳の有配偶者の希望する子ども数は平均2.2人であるところ、現実はそうはならない背景には、新しい価値観に基づき、自分たちの生き方を求める現在の子育て家庭に対して、旧来の制度体系、選択肢しか用意されていないことがあげられる。保育所への入所を希望しても、待機児童がいて入所できない問題、就労を継続したくても継続しにくい会社風土、子どもの病気で休暇を取ることへの無理解、いったん退職後に希望の職に復職することが困難な労働市場など、出産、子育てというライフイベントを経て、希望する生き方を選択できないことが子どもを産み育てることを躊躇する要因となっていると考えられている。

---

*1　2020（令和２）年における値
*2　内閣府：平成25年度「家庭と地域における子育てに関する意識調査」

地域の子育て力の低下

　近年では働きながら子どもを育てる保護者よりも、専業で子育てをする保護者の
ほうに育児不安やストレスの強いことが調査で明らかになっている。働く保護者は
限られた時間のなかでの子育てとなるが、日中は保育所を利用し、不安や悩みがあ
れば相談にのってもらえる保育者が身近に存在する。保育者を子育てのパートナー
として、保護者も親として成長することができる。

　一方、核家族世帯で暮らす専業主婦のなかには身近な相談相手をもたずに、孤立
して子育てをする人も少なくない。とりわけ、子どもが幼稚園等に入園するまでの
間に子育てをする仲間や身近な相談相手のいない保護者もおり、保護者が親として
育つために必要な支援が受けられない場合もある。

　保護者となるまでの育ちの過程で、子育てをするモデルが身近にいたり、子ども
の世話をしたり、子どもとふれあう経験がない人も多い。はじめてふれる子ども
が、自分で養育する子どもである場合もある。さまざまな媒体を介して得られる情
報のなかから自分や自分の子どもにあった情報を選択することは容易ではない。

　こうした親になるための経験を十分に積んでいない保護者に対して、かつては有
形無形に子育てを支援する地縁血縁による支え合いがあったが、都市化、核家族化
などにより地域コミュニティが崩壊した今、地域における子育て力そのものが低下
している。そのため、かつてはあった地域社会の支え合いを子育て支援という形で
新たに創出することが必要となったことを理解しておく必要がある。

2. 少子化対策の動向と子育て支援

地域子育て支援の萌芽

　少子化対策の当初には、1994（平成6）年の「今後の子育て支援のための施策の
基本的方向について」（エンゼルプラン）ならびに緊急保育対策等5か年事業、お
よび1999（平成11）年の「少子化対策推進基本方針」に基づく「重点的に推進すべ
き少子化対策の具体的実施計画について」（新エンゼルプラン）などにより、とり
わけ仕事と育児の両立を支援するための保育政策が子育て支援の柱として展開され
た。しかし、子ども虐待の増加や、働く保護者よりも専業で子育てをする保護者
に育児不安や孤立感が強く子育ての負担感が大きいことが明らかとなったことか
ら、地域における子育て支援に徐々に目がむけられるようになった。

一時預かり事業は1990（平成２）年に一時保育事業としてスタートした。当初は保護者の多様な働き方への対応、保護者の病気、入院、介護など緊急ニーズへの対応のみを対象としたが、1996（平成８）年に保護者の育児疲れの解消等の私的理由での利用も可能となった。

　また、1995（平成７）年、地域子育て支援センター事業が保護者からの相談に応じ情報提供・助言を行う事業として創設され、保育所で実施された。1997（平成９）年の児童福祉法改正により、保育所は地域住民に対して乳幼児の保育に関して、情報提供、相談・助言を行う役割を担うことになった。

次世代育成支援への取り組み

　さまざまな少子化対策が行われたが、少子化を止めることはできず、2002（平成14）年の「少子化対策プラスワン─少子化対策の一層の充実に関する提案」（厚生労働省）では、従来の仕事と育児の両立支援に加え、①男性を含めた働き方の見直し、②地域における子育て支援、③社会保障における次世代育成支援、④子どもの社会性の向上や自立の促進についての取り組みが推進された。その趣旨を受け、2003（平成15）年の少子化対策推進関係閣僚会議により「次世代育成支援に関する当面の取組方針」が閣議決定され、その推進のため、2003（平成15）年、少子化社会対策基本法、次世代育成支援対策推進法、児童福祉法の一部改正法が相次いで制定された。次世代育成支援は「家庭や地域の子育て力の低下に対応して、次世代を担う子どもを育成する家庭を社会全体で支援すること」（少子化対策推進閣僚会議、平成14年）を目的としており、現在の子育て支援施策の根幹をなすものである。

子育て支援事業の法制化

　2003（平成15）年の児童福祉法の改正により、子育てを社会的に支援するために子育て支援事業が法制化された（児童福祉法第２章第２節第６款）。放課後児童健全育成事業、子育て短期支援事業、ならびに、「児童及びその保護者又はその他の者の居宅において保護者の児童の養育を支援する事業」「保育所その他の施設において保護者の児童の養育を支援する事業」「地域の児童の養育に関する各般の問題につき、保護者からの相談に応じ、必要な情報の提供及び助言を行う事業」の３事業を省令により定め、市町村は子育て支援事業に関する情報提供のほか、あっせん・調整などを行うこととされた。続いて2008（平成20）年の改正では「乳児家庭全戸訪問事業」「一時預かり事業」「地域子育て支援拠点事業」「養育支援訪問事業」が、2012（平成24）年の改正では「病児保育事業」「子育て援助活動事業」が、

2022（令和 4 ）年の改正では「子育て世帯訪問支援事業」「児童育成支援拠点事業」「親子関係形成支援事業」が法制化されている。

また、2003（平成15）年の保育士の国家資格化にともない、保育士の業務は「児童の保育」と「児童の保護者に対する保育に関する指導」と規定され、保育士が子育て支援の役割も担うことが明確化されている。

少子化対策から新しい子ども・子育て支援のしくみへ

2004（平成16）年、少子化社会対策基本法に基づき、少子化に対応するための施策を指針として、「少子化社会対策大綱」が閣議決定された。基本的な目標に基づく 5 年ごとの数値目標を設け、「子ども・子育て応援プラン」（2005〜2009年）、「子ども・子育てビジョン」（2010〜2014年）、「少子化社会対策大綱〜結婚、妊娠、子供・子育てに温かい社会の実現をめざして〜」（2015〜2019年）に続き、現在は「少子化社会対策大綱〜新しい令和の時代にふさわしい少子化対策へ〜」（2020〜2024年）が推進されている。

2007（平成19）年、少子化社会対策会議に設置された「子どもと家族を応援する日本」重点戦略検討会議では、その検討の結果、結婚や出産・子育てに関して、国民の希望と現実には乖離があり、特に女性にとって就労と結婚・子育ては二者択一となっており、この状況を解消するためには「働き方の見直しによる仕事と生活の調和（ワーク・ライフ・バランス）の実現」とその社会基盤となる「包括的な次世代育成支援の枠組みの構築」を同時並行的に進めるという重点戦略を取りまとめ、次世代育成支援の社会的コストは「未来への投資」であることに言及した。

この趣旨は、仕事と生活の調和（ワーク・ライフ・バランス）憲章、仕事と生活の調和推進のための行動指針策定へとつながり、また、希望するすべての人が安心して子どもを預けて働くことができる社会をめざして、2008（平成20）年に、保育施策を質・量ともに充実・強化する「新待機児童ゼロ作戦」が実施され、それ以降継続的に待機児童対策が展開された。

さらには、2009（平成21）年、「次世代育成支援のための新たな制度体系の設計に向けて」では、新たな教育・保育のしくみが検討され、「子ども・子育て新システム検討会議」へと継承された。これらの一連の少子化対策が「子ども・子育て支援制度」として結実し、2015（平成27）年 4 月から施行された。この制度は少子化対策としてではなく、子どもを産み育てる希望がかなえられ、子どもたちの健やかな育ちを社会全体で支えるしくみとして期待が寄せられている。

Step2

1. 子ども・子育て支援制度の概要

　2012（平成24）年に成立した子ども・子育て関連３法に基づき、保護者が子育てについての第一義的責任を有するという基本的認識のもとに、幼児期の教育・保育、地域の子ども・子育て支援を総合的に推進していくために、子ども・子育て支援制度が2015（平成27）年４月より施行されている。

　子ども・子育て支援制度は「社会保障と税の一体改革」の一環として行われるものであり、これまで基礎年金、老人医療、介護の「高齢者３経費」に限定されてきた消費税の使途について、「全世代型の社会保障への転換」を図り、「子ども・子育て支援」が対象に含まれた。財源には、消費税の増収分が恒久財源として充てられることになり、子ども・子育て支援に充当する財源を増やし、保育、子育て支援サービスを中心に給付を行うしくみとして、社会全体で子ども・子育てを支援する体制が構築された（**第14講**参照）。

　実施主体は基礎自治体である市町村であり、一元的システムが図られる。これまで省ごと、事業ごとに行われていた財政支援を一本化し、「子ども・子育て支援給付」として、現金給付の児童手当と子どものための教育・保育給付が給付される。教育・保育給付には「施設型給付」（認定こども園、幼稚園、保育所を通じた共通の給付）、「地域型保育給付」（家庭的保育や小規模保育などの地域における小規模な保育を対象）が含まれる。また、「新しい経済政策パッケージ」（2017（平成29）年12月）、「経済財政運営と改革の基本方針2018」（2018（平成30）年６月）が閣議決定され、消費税率が10％となった2019（令和元）年10月１日より、子ども・子育て支援法の改正が施行となり３歳から５歳まで（０歳から２歳までの住民税非課税世帯も対象）の幼児教育・保育の無償化が実施されたことにともない、「子ども・子育て支援給付」のなかに「子育てのための施設等利用給付」が設けられた。なお、さらなる充実が必要となる地域の子育て支援について、「地域子ども・子育て支援事業」が位置づけられている（**図表６-１**）。「教育・保育の利用のしくみ」については、**第８講**を参照されたい。

　推進体制として内閣府に子ども・子育て会議が設置され、有識者、地方公共団体、事業主代表・労働者代表、子育て当事者、子育て支援当事者等が参画し、基本指針、具体的な実施体制、設備運営基準、公定価格等について検討された。都道府県や市町村でも同様の子ども・子育て会議の設置が努力義務とされ、それぞれ子ども・子育て支援事業計画を策定し、それに基づき給付を行うしくみとなっている。

　子ども・子育て支援制度がめざすものは、待機児童問題の解消や人口減少地域で

図表6-1　子ども・子育て支援制度の体系

資料：内閣府「子ども・子育て支援新制度について（令和4年7月）」を一部改変。

　の教育・保育の需要に対応すること、保護者の働く状況が変化しても地域の子ども
が同じ施設に通えるようにすること、さらには、幼児期の教育の振興があげられ、
いずれの教育・保育施設に通う場合も3歳以降の学校教育の質が確保されることを
めざしている。また、認定こども園の改善を図り、幼保連携型認定こども園は、教
育基本法第6条第1項に基づく学校、児童福祉法第7条第1項に基づく児童福祉施
設および社会福祉法に基づく第二種社会福祉事業としての法的位置づけをもつ施設
とされた。

　さらに、平成28年度には、子ども・子育て支援制度に「仕事・子育て両立支援事
業」が創設された。**図表6-1**に示すように、子どものための教育・保育給付等は、
市町村が主体となって実施する事業であるが、仕事・子育て両立支援事業は事業主
拠出金を財源として、国が主体となって行う事業である。労働者の多様な働き方に
対応した柔軟な事業所内保育施設等への支援が行われる。

　なお、事業主拠出金とは、一般事業主から徴収する拠出金であり、その一部は児
童手当や地域子ども・子育て支援事業のうち放課後児童クラブ、病児保育、延長保
育の財源として活用されてきた。子ども・子育て支援法の一部改正により、この拠

出金の率の上限を引き上げ、仕事・子育て両立支援事業の財源とするとともに、2018（平成30）年４月より、その一部を子どものための教育・保育給付の費用（０～２歳児相当分に限る）にもあてている。

2. 地域子ども・子育て支援事業

地域子ども・子育て支援事業は地域の実情に応じて、市町村が中心となって進める事業である（**図表６-１**）。以下、それぞれの事業について概説する。

① 利用者支援事業

子ども・子育て支援法（第59条第１号）に基づき、子どもまたはその保護者の身近な場所で、教育・保育・保健やその他の地域の子育て支援事業等の情報提供を行い、必要に応じ相談・助言等を行うとともに、関係機関との連絡調整等を実施する事業である。子ども・子育て支援制度により用意されたさまざまなメニューを適切に利用者につなげていくために不可欠な事業である。

主な事業内容は、個別の子育て家庭のニーズを把握し、適切な施設・事業などを円滑に利用できるように支援する「利用者支援」と、子育て支援関係者との連絡・調整をし、必要な地域での社会資源の開発などを行う「地域連携」である。

利用者支援事業には、「基本型」「特定型」「母子保健型」の３つの類型がある。「基本型」は「利用者支援」と「地域連携」の両方の機能をもち、子育て家庭を包括的に支援するもので、地域子育て支援拠点など身近な場所で、利用者支援専門員が当事者目線で相談支援などを行う。「特定型」は、市町村窓口において、保育所などの利用を希望する保護者の相談に応じ、情報提供や利用に向けての支援を行うもので、「保育コンシェルジュ」という名称で呼ばれる自治体もある。「母子保健型」は子育て世代包括支援センター（母子保健法では母子保健包括支援センター）や市町村保健センターなどにおいて、保健師などが専門的な見地から相談支援を行い、母子保健を中心としたネットワークや医療機関等につなげる。

② 地域子育て支援拠点事業

地域子育て支援拠点事業は、「乳児又は幼児及びその保護者が相互の交流を行う場所を開設し、子育てについての相談、情報の提供、助言その他の援助を行う事業」（児童福祉法第６条の３第６項）である。

常設の地域の子育て支援拠点で実施される「一般型」と、多様な子育て支援に関する施設に親子が集う場を設けて実施される「連携型」がある。いずれも①子

育て親子の交流の場の提供と交流の促進、②子育てなどに関する相談・援助の実施、③地域の子育て関連情報の提供、④子育てや子育て支援に関する講習などの実施、を基本事業としている。

③　一時預かり事業

　一時預かり事業は、「家庭において保育を受けることが一時的に困難となった乳児又は幼児」または令和6年度より「子育てに係る保護者の負担を軽減するため、保育所等において一時的に預かることが望ましいと認められる乳児又は幼児」を対象に、「主として昼間において、保育所、認定こども園その他の場所において、一時的に預かり、必要な保護を行う事業」（児童福祉法第6条の3第7項）である。「一般型」「幼稚園型Ⅰ」「幼稚園型Ⅱ」「余裕活用型」「居宅訪問型」「地域密着Ⅱ型」等の類型がある。

④　乳児家庭全戸訪問事業

　原則として、すべての乳児（4か月未満）のいる家庭を訪問することにより、「子育てに関する情報の提供並びに乳児及びその保護者の心身の状況及び養育環境の把握を行うほか、養育についての相談に応じ、助言その他の援助を行う事業」（児童福祉法第6条の3第4項）である。なお、対象家庭には、里親家庭や小規模住居型児童養育事業も含まれている。

⑤　養育支援訪問事業・子どもを守る地域ネットワーク機能強化事業

　養育支援訪問事業は、市町村が養育支援が必要と認めた家庭に保健師などが訪問し、「養育に関する相談、指導、助言その他必要な支援を行う事業」（児童福祉法第6条の3第5項）である。また、要保護児童対策地域協議会（子どもを守る地域ネットワーク）の機能強化を図るため、調整機関職員やネットワーク構成員の専門性強化とネットワーク機関間の連携を図る取り組みを行う子どもを守る地域ネットワーク機能強化事業も行われている。

⑥　子育て短期支援事業

　保護者の疾病その他の理由で、家庭での養育が一時的に困難になった子どもについて、児童養護施設などに入所させ、または里親等に委託し必要な保護を行う事業であり（児童福祉法第6条の3第3項）、短期入所生活援助事業（ショートステイ事業）と夜間養護等事業（トワイライトステイ事業）がある。

⑦　子育て援助活動支援事業（ファミリー・サポート・センター事業）

　子どもの一時的な預かりや、子どもの外出時の移動支援を希望する者と育児の援助を行いたい者との相互援助活動に関する連絡や調整などを行う事業である（児童福祉法第6条の3第14項）。

各市町村に設置されるファミリー・サポート・センターにはアドバイザーと呼ばれる職員が配置され、会員募集などの会員組織業務、相互援助活動の調整、講習会の開催などを行っている。

⑧　延長保育事業

　保育認定を受けた子どもについて、通常の利用日および利用時間帯以外の日および時間において、保育所、認定こども園等で引き続き保育を受けた際に、保護者が支払うべき時間外保育の費用を助成し、必要な保育を確保する事業である。保育施設等で引き続き保育が行われる「一般型」と子どもの自宅で行われる「訪問型」がある。

⑨　病児保育事業

　疾病にかかっている乳幼児、または学童で家庭において保育を受けることが困難な児童を保育所、認定こども園、病院などの施設で保育を行う事業である（児童福祉法第6条の3第13項）。

　児童が病気の「回復期に至らない場合」に、病院・診療所、保育所等に付設された専用スペースなどで行われる「病児対応型」、児童が病気の「回復期」であり、かつ、集団保育が困難な期間に、病院・診療所、保育所等に付設された専用スペースなどで行われる「病後児対応型」、児童が保育中に微熱を出すなど「体調不良」となった場合に保育所等における緊急的な対応を図る「体調不良児対応型」、児童の自宅で一時的に保育する「非施設型（訪問型）」などの類型がある。

⑩　放課後児童健全育成事業（放課後児童クラブ）

　保護者が労働等により昼間家庭にいない小学校に就学している児童に対し、授業の終了後に小学校の余裕教室、児童館等を利用して適切な遊びおよび生活の場を与えて、その健全な育成を図る事業である（児童福祉法第6条の3第2項）。なお、**第7講 Step 2** も参照されたい。

⑪　妊婦健康診査

　妊婦の健康の保持および増進を図るため、妊婦に対する健康診査として、①健康状態の把握、②検査計測、③保健指導を実施し、妊娠期間中の適時に必要に応じた医学的検査を実施する事業である。

⑫　実費徴収に係る補足給付を行う事業

　保護者の世帯所得の状況を勘案し、特定教育・保育施設等に対して保護者が支払うべき教育・保育に必要な物品の購入に要する費用や行事への参加に要する費用を助成する事業である。

⑬　多様な事業者の参入促進・能力活用事業

　特定教育・保育施設等への民間事業者の参入の促進に関する調査研究その他多様な事業者の能力を活用した特定教育・保育施設等の設置または運営を促進するための事業である。

3. 仕事・子育て両立支援事業

　仕事と子育ての両立に資する子ども・子育て支援の提供体制をさらに充実させるために、事業主による拠出金を財源として、事業主が雇用する労働者の子どもの保育に関する業務を行う設置者への助成や援助を国が主体となって行う事業である。

①　企業主導型保育事業

　企業主導型の事業所内保育を主軸として、延長・夜間や土日の保育、短時間の保育などの多様な就労形態に対応した保育サービスの拡大を図ることを目的とする。利用対象者は実施事業者の従業員枠に加え、地域枠（従業員以外の子ども）を設けることもできるほか、複数の企業が共同で設置したり、保育事業者が複数の企業を対象に設置することもできる。設備基準は、「家庭的保育事業等の設備及び運営に関する基準」に規定される基準を原則満たすことが求められ、運営費や整備費については、認可事業と同水準の助成が行われる。

　企業主導型保育事業は認可外保育施設として都道府県への届け出が必要である。市町村の計画整備とは別枠で整備できることから、市町村の関与を受けずに、設置・利用を進めることができ、その機動性、柔軟性、多様性により、待機児童の解消を促進することが期待されている。

②　企業主導型ベビーシッター利用者支援事業

　多様な働き方をしている労働者などがベビーシッター派遣サービスを利用した場合に、その利用料金の一部または全部を助成するとともに、ベビーシッター事業者やベビーシッター事業に従事する者の資質向上のための研修等を行う事業である。

③　中小企業子ども・子育て支援環境整備事業

　次世代育成支援対策推進法において、企業が策定した労働者の仕事と子育てに関する「一般事業主行動計画」（行動計画）で定めた目標を達成する等の一定の基準を満たした企業は、申請により「くるみん認定」等を受けることができる。その認定を受けた中小企業事業主に対して助成金が支給される事業である。

Step3

　子育て支援事業が展開され始めた1990年代には、子育て支援が保護者の育児放棄を助長することを危惧する声もあった。しかし、子育てをしながら親として成長していくために不可欠な周囲の手助けや適切な助言が地域社会では得がたい状態であることがようやく理解され始め、地域子育て支援は市民権を得たといえる。

　また、核家族化の進行により、家庭において母親とともに共同養育者としての役割を担う父親が、親として成長していくプロセスへの支援や、ワーク・ライフ・バランスの推進により父親が育児に参画しやすくすることも必要と認識されている。父親の育児休業取得を促進するため、父母ともに育児休業を取得する場合は1歳2か月まで延長が可能となる「パパ・ママ育休プラス」の導入（2009（平成21）年の育児休業、介護休業等育児又は家族介護を行う労働者の福祉に関する法律（育児・介護休業法）改正）や育児休業給付金を上げる（2013（平成25）年の雇用保険法一部改正）などの取り組みが行われている。2016（平成28）年の育児・介護休業法改正では、非正規雇用労働者の育児休業取得を促進するとともに、子どもの看護休暇を半日単位で取得できるよう柔軟化、妊娠・出産・育児休業・介護休業等の利用を理由とする労働者に不利益な取り扱いへの防止措置義務が新設されている。また、2017（平成29）年の同法改正では、1歳6か月以降も保育所等に入れないなどの場合、育児休業期間が最長2歳まで延長可能となった。さらに、2021（令和3）年の同法改正では、男性の育児休業取得を促進するために、出生直後の時期（子どもの出生後8週間以内）に4週間まで育児休業を取得することができる「産後パパ育休」を創設したほか、育児休業の分割取得（2回まで）が可能となった。

　子育て支援は、子どもが育つ環境である家庭を支援することにほかならない。子育ての第一義的責任を有するのは保護者であり、子どもを育てる主役は保護者である。どのようにするかは保護者が選択し、決定する。支援者ができることは、それぞれの保護者のニーズや状況に応じた選択肢に関する情報提供を行い、支援サービスにつなぐ役割を果たすことや、保護者の選択を尊重し、もしもその選択が誤ったもので失敗したとしても、自分自身で決定したことに責任をもち、あらためて選び直すプロセスに寄り添い、そうして親として成長していく姿を見守ることである。子どもの年齢が低い時だけに子育て支援が必要なのではなく、子どもが成長してからもさまざまな資源を活用しながら保護者が自分で問題解決をしていくための力を獲得することが子育て支援の目的であることを忘れずにいる必要がある。

2. 妊娠、出産、子育て期への切れ目のない支援

　少子化対策の動向で概観したように、子育て支援の対象は働く保護者から、専業で子どもを育てる保護者、「母親だけ」から「父親も」へ、妊娠期にある人、これから家庭をもつ若者にまで広がり、切れ目のない支援が重視されている。とりわけ子ども虐待の死亡事例の検証等を通じて、妊娠期の相談体制の重要性なども浮かび上がっている。

　さまざまなサービスメニューが整ってきてはいても、子どもの不幸な死亡事件には、保護者が公的な子育て支援サービスを利用していないことが悔やまれるケースも散見される。多くのサービスが、利用を希望しサービスを得るためにどこかまで出てこられる人を対象に行われてきた経緯もあり、情報にアクセスしにくい人、情報があっても自らサービスにつながりにくい人、サービスを必要と考えていない人など、さまざまな段階の利用者に対して、どのように情報を伝え、サービスの利用につないでいくことができるかが、今後の課題である。また、2022（令和4）年の児童福祉法改正では、母子保健と児童福祉の一体的な支援体制を構築することを目的に、子育て世代包括支援センターと子ども家庭総合支援拠点を見直し、「こども家庭センター」の設置が市町村の努力義務とされ（2024（令和6）年4月に施行）、情報提供、相談体制、アウトリーチ支援等の充実に期待が寄せられる。

　「保護者が思いつめて虐待に発展しないように」「子育てのつらさを軽減する」などの予防的な視点に立ち子育て支援が位置づけられることが多いが、逆の視点に立ち子育て支援を積極的に利用することが子育てを楽しくし、子育てを豊かにする。保護者だけで子どもを育てるのではなく、いろいろな人の手を借りながら一緒に育てるから、子どもが育ち、保護者が育つという概念を普及させる必要がある。親としての養育力が低いから子育て支援が必要なのではなく、よりよい子育てのために積極的に活用するものとして子育て支援を位置づけることが今後の課題である。

3. 子育ての希望がかなう社会へ

　子ども・子育て支援制度の目標の1つであった待機児童の解消については、保育施設の量的整備が進んだことと少子化の進行により、2018（平成30）年から待機児童数は減少傾向がみられる。一方、潜在的待機児童がいることも明らかになっており、これが一時的な現象なのか予測することは困難であるが、子育てをしながら、仕事も継続するという希望がかなう社会の実現に向けて、財源の確保はもとよ

り、既存施設を活用しての多様な保育の推進、人材確保は今後も必要である。

　また、待機児童解消後の保育所等の今後の役割として、地域の子育て家庭の子どもに対する一時預かり事業の充実や定期的利用等が検討され始めており、すべての子育て家庭にとっての子育ての希望がかなう社会の実現が期待されている。

参考文献

● 柏女霊峰『子ども・子育て支援制度の概要とその背景並びに意義・課題』日立家庭教育研究所紀要第36号，2014.

● 社会福祉士養成講座編集委員会編『新・社会福祉士養成講座⑮ 児童や家庭に対する支援と児童・家庭福祉制度 第6版』中央法規出版，2016.

● 新保育士養成講座編纂委員会編『新保育士養成講座⑩ 家庭支援論 改訂2版』全国社会福祉協議会，2015.

● 内閣府・文部科学省・厚生労働省「子ども・子育て支援新制度について　行政説明資料」2014.

● 内閣府・文部科学省・厚生労働省「子ども・子育て支援新制度ハンドブック　施設・事業者向け」2014.

● 橋本真紀・奥山千鶴子・坂本純子編著「地域子育て支援拠点で取り組む利用者支援事業のための実践ガイド」中央法規出版，2016.

COLUMN 　母親としての規範意識

　1歳半健康診査に訪れた保護者に、「誰かに子どもを預かってほしいと思ったことはありますか」と聞いた調査の結果*では、8割以上が「ある」と答えたが、実際に預かりサービスを利用したことがある人は3割弱であった。希望はあるが利用していない人のなかには、預かりサービスに対して抵抗感をもつ保護者もおり、その8割以上が「子どもはできる限り自分の手で育てたい」と答えるなど、短時間の所用のために利用する預かりサービスにすら、母親としてこのようなサービスを利用してよいのかといった規範意識を自らに問う姿が浮かび上がった。周囲の人の無理解や反対により利用が抑制されるのではなく、保護者自らが保護者としての理想像を追うことにより、心身ともにゆとりのない子育てをしているのではないかと危惧される。有形無形に保護者の子育てを支える地域の力が弱くなった今、子育て支援サービスを利用することにより、保護者が親として育つ機会を得て、そのことが子どもの育ちにもよい影響を及ぼすことを意識啓発していくことが必要だ。

（尾木まり）

＊　尾木まりほか「一時預かり事業のあり方に関する調査研究」、平成20年度厚生労働科学研究費補助金政策科学総合研究事業，2009.

第 7 講

母子保健と子どもの健全育成

　人は受精をし胎児期を経て出産を迎える。世話をする身近な大人の力、社会の力を借りながら、新生児期⇒乳児期⇒幼児期⇒学童期へと心身ともに成長していく。本講では「母子保健」「子どもの健全育成」という視点から、妊娠から学童期までの支援体制を学び、今後の課題について考察する。

Step 1

1. 母子保健の意義

　受精・妊娠_{にんしん}・出産・産褥_{さんじょく}・授乳・育児という、人を育てる過程において母性にかかわる健康の保護・増進と、乳幼児の心身の健全な発達をうながすための取り組みのことを母子保健とよんでいる。母子保健は、母子保健法を中心に、児童福祉法、母体保護法等と関連しながら実施されている。母子保健の目的は、母（妊産婦）と子ども（乳幼児）の健康の維持・増進を図ることにある。すなわち、子どもが健康に生まれ、心身ともに健やかに育てられる（育ててもらうための）基盤となる母性の尊重_{そんちょう}と、子どもが生まれながらにしてもち備えている発育・発達する能力を支援することである。さらに母子保健では、母親と子ども一人の健康の維持・増進のみならず、地域で暮らす母子全体の健康の維持・増進も目的としている。**図表7-1**に母子保健にかかわる主な法律と各事業の役割をまとめた。

2. わが国における母子保健の歩み

　わが国の母子保健は、乳児死亡を減少させることを目標にスタートした。日本の乳児死亡率は、1947（昭和22）年では76.7（出生1000対）と高く[*1]、主な死因は、出産に関連する疾患や障害、肺炎などの感染症によるものであった。

　母子保健対策の始まりは、児童福祉法（1947（昭和22）年制定）の体系のなかであったが、母子の健康保持・増進の体系化、母性の保護や乳幼児の健全育成のための保健の充実等を目的に、1965（昭和40）年、母子保健法が制定された。母子保健法の制定により、母子保健施策の体系化が図られるようになった。母子保健の体系化が図られたこと、医療や公衆衛生の進歩によって、2021（令和3）年には、日本の乳児死亡率は1.7[*1]と低下し、世界で最も低い水準に達している。

3. 母子保健施策の概要

　主な母子保健施策は、**図表7-2**のように行われている。妊娠前より幼児期まで、切れ目のないサポート体制が整っている。

---

*1　厚生労働省「令和3年（2021）人口動態統計（確定数）の概況」

図表7-1 母子保健にかかわる主な法律と各事業の役割

		母子保健法		児童福祉法		母体保護法		
制定		1965（昭和40）年8月18日		1947（昭和22）年12月12日		1948（昭和23）年7月13日		
理念	第2条	母性の尊重と保護		第1条	適切な養育、生活の保障・愛護、心身の健やかな成長および発達、自立が図られることのその他の福祉を等しく保障される権利	第1条	母性の生命健康の保護	
	第3条	乳幼児の健康の保持・増進						
定義	第6条第1項	「妊産婦」とは妊娠中又は出産後1年以内の女子		第4条第1項	児童とは満18歳に満たない者	＊リプロダクティブ・ヘルス/ライツ（性と生殖に関する健康と権利）の確立のため、1996（平成8）年に優生保護法中の優生思想にかかわる部分が削除され、母体保護法が制定		
	第6条第2項	「乳児」とは1歳に満たない者			乳児とは満1歳に満たない者			
	第6条第3項	「幼児」とは満1歳から小学校就学の始期に達するまでの者			幼児とは満1歳から、小学校就学の始期に達するまでの者			
	第6条第4項	「保護者」とは親権を行う者、未成年後見人その他の者で、乳児又は幼児を現に監護する者			少年とは小学校就学の始期から、満18歳に達するまでの者			
	第6条第5項	「新生児」とは出生後28日を経過しない乳児		第5条	妊産婦とは妊娠中又は出産後1年以内の女子			
	第6条第6項	「未熟児」とは身体の発育が未熟のまま出生した乳児であって、正常児が出生時に有する諸機能を得るに至るまでのもの		第6条	保護者とは親権を行う者、未成年後見人その他の者で、児童を現に監護する者			
国・自治体の責任	第5条	母性、乳幼児の健康の保持・増進	国・地方公共団体	第2条第3項	児童を心身ともに健やかに育成する責任	国・地方公共団体		
国・自治体の主な役割	第9条	知識の普及	都道府県・市町村	第19条	身体に障害のある児童、疾病により長期にわたり療養を必要とする児童への診査・相談、必要な療育の指導	保健所長		
	第10条	保健指導	市町村					
	第11条	新生児の訪問指導	市町村					
	第12条	健康診査（1歳6か月児・3歳児）	市町村			第15条	受胎調節の実地指導員の指定	都道府県
	第13条	必要に応じた妊産婦・乳幼児に対しての健康診査、受診の奨励	市町村	第19条の2	小児慢性特定疾病医療費の支給	都道府県		
	第14条	栄養の摂取に関する援助	市町村					
	第16条	母子健康手帳の交付	市町村					
	第17条	妊産婦の訪問指導、診療の奨励	市町村					
	第17条の2	産後ケア事業	市町村					
	第19条	未熟児の訪問指導	市町村	第20条	結核にかかっている児童への療育の給付	都道府県	第15条第2項	受胎調節実地指導員指定講習の認定	都道府県
	第20条	未熟児の養育医療の給付	市町村					
	第20条の2	医療施設の整備	国・地方公共団体					
	第20条の3	調査研究の推進	国					
その他		母子保健にかかわるその他の法律：「予防接種法」「学校保健安全法」「健康増進法」「次世代育成支援対策推進法」「少子化社会対策基本法」「発達障害者支援法」など						
		母子保健にかかわる国民運動計画：「健やか親子21」等						

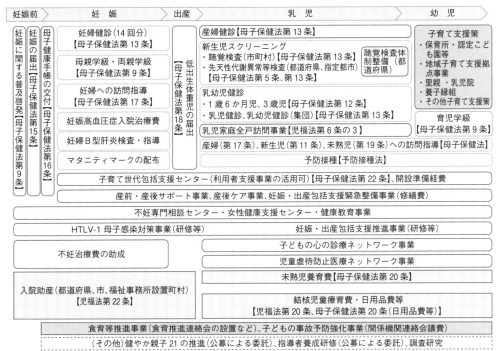

資料：厚生労働省「最近の母子保健行政の動向」を一部改変。

健康診査等

① 妊産婦健康診査

　妊産婦健診は、安心・安全な出産に向けて、妊婦と胎児の健康状態を定期的に確認するとともに、妊娠・出産・育児に関する相談の場ともなっている。健診費用は、公費による補助制度がある。厚生労働省は、標準的な健診の例として、妊娠初期〜23週⇒4週に1回（計4回）、妊娠24週〜35週⇒2週に1回（計6回）、妊娠36週〜出産まで⇒1週に1回（計4回）、合計14回の受診を紹介している。健診項目は、問診・診察、検査、計測などを行う。そのほか、必要に応じて血液検査、子宮がん検診、B型溶連性レンサ球菌、超音波検査、性器クラミジア等の医学的検査を行い、流産、早産、妊娠高血圧症候群、未熟児出産、障害などの予防を行っている。

② 新生児聴覚検査

　聴覚障害を早期に発見し、早い段階で適切な処置を講じることを目的とし、新生児に対し、出生後入院中の新生児に対し2回の聴力検査（AABRまたは

OAE）を実施する。

③　乳幼児健康診査

市町村が乳幼児に対して行う健康診査である。乳幼児健診の目的は「乳幼児の病気の予防と早期発見、および健康の保持・健康の増進」にある。費用は、国や自治体負担となるため無料である。乳児健康診査は、疾病や異常の発見に加え、子育ての悩みや不安等に耳を傾け、相談援助を行うことも担っている。1か月健康診査は、出産をした病院で行うことが多く、3か月、4か月健康診査は、市町村が主催する健康診査を受診することが多い。

④　1歳6か月児健康診査

1歳6か月から満2歳の幼児を対象に、市町村が実施する。1歳6か月頃は、幼児初期の身体発達、運動発達、言語発達、精神発達などの検査が容易な時期であり、健康診査を行うことで障害を早期に発見・対応するためには重要である。健診の項目は、①身体発育状況の評価、②栄養状態の評価、③脊柱および胸郭の疾病および異常の有無、④皮膚の疾病の有無、⑤歯および口腔の疾病、異常の有無、⑥四肢運動障害の有無、⑦精神発達の評価、⑧言語障害の有無、⑨予防接種実施状況の相談・助言、⑩育児上問題となる事項の相談・助言、⑪その他の疾病および異常の有無などである。

⑤　3歳児健康診査

満3歳から満4歳未満の幼児を対象に、市町村が実施する。この時期は、幼児の健康・発達の個人的差異が比較的明らかに現れる。そのため3歳児すべてに対して健康診査を行うことで、視覚、聴覚、運動、発達等の障害、その他疾病および異常を早期に発見し、健康の保持・増進を図ることが可能となる。健康診査の種類、精密検査の対応は、1歳6か月児健康診査と同様である。一般健康診査の項目は、①身体発育状況、②栄養状態、③脊柱および胸郭の疾病および異常の有無、④皮膚の疾病の有無、⑤眼の疾病および異常の有無、⑥耳、鼻および咽頭の疾病および異常の有無、⑦歯および口腔の疾病および異常の有無、⑧四肢運動障害の有無、⑨精神発達の状況、⑩言語障害の有無、⑪予防接種の実施状況、⑫育児上問題となる事項（生活習慣の自立、社会性の発達、しつけ、食事、事故等）、⑬その他の疾病および異常の有無などである。

⑥　新生児マス・スクリーニング検査

すべての新生児を対象に血液を用いたマス・スクリーニング検査が実施されている。フェニルケトン尿症などの先天性代謝異常や、先天性甲状腺機能低下症（クレチン症）などは、早期発見・早期治療によって、知的障害などの心身

障害の発生を予防することが可能となる。

保健・医療・指導等

① 妊娠の届出および母子健康手帳の交付

　妊娠と診断されたら妊娠届を市区町村に提出し、母子健康手帳の交付を受ける。母子健康手帳は、妊娠中の経過や出産状況、出生から小学校入学までの子どもの発育や発達の様子、予防接種実施などを記入し把握する健康の記録である。

② 予防接種

　予防接種は、伝染のおそれがある疾病の発生やまん延を予防するために、母子保健においては重要である。予防接種の種類、接種スケジュールは、変化するため、最新の情報を得ることを心がける。

③ 保健師等による訪問指導等（妊産婦訪問指導、新生児訪問指導、未熟児訪問指導）

　保健師等による訪問指導には、①初回妊婦・高齢初妊婦・妊娠中に異常のあった者等、妊娠・出産に支障を及ぼしたり、その可能性のある者を対象として、市町村が妊産婦の家庭訪問を行う「妊産婦訪問指導」、②助産師や保健師が新生児のいる家庭に訪問し、発育・栄養・環境・疾病予防などについての指導を行う「新生児訪問指導」、③低出生体重児（未熟児：体重が2500g未満の出産）が産まれた場合には、保護者に届出の義務が課せられているが、養育上必要と認められた場合には、保健師・助産師・医師などが家庭を訪問する「未熟児訪問指導」があり、これらが訪問指導に位置づけられている。

④ 乳児家庭全戸訪問事業（こんにちは赤ちゃん事業）

　児童委員、母子保健推進員、子育て経験者等が、生後4か月までの乳児のいるすべての家庭を訪問し、育児等に関する不安や悩みを聞き、相談に応じるほか、親子の心身の状態を把握・助言を行う。また、子育て支援に関する情報提供も行う。乳児のいる家庭と社会をつなぐことで、育児家庭の孤立化を防ぎ乳児の健全な育成環境の確保を図る。

⑤ 母子保健相談指導事業（両親学級、育児学級）

　講習会等によるさまざまな保健教育や個別の健康、妊娠・出産・育児に関する相談等を行う。

⑥ 生涯を通じた女性の健康支援事業

　思春期から更年期の女性を対象に、各々（おのおの）が健康状態に応じた自己管理を行えるよう、①健康教育等を実施する健康教育事業、②気軽に相談できる体制を確立す

るための女性健康支援センター事業、③不妊症、不育症で悩む者・夫婦を対象に、相談対応・指導、情報提供等を実施する不妊専門相談センター事業、④ヒト白血病ウイルス−1（HTLV−1）母子感染対策事業、⑤若年妊婦等支援事業により、生涯を通じた女性の健康の保持増進を図るとともに、HTLV−1母子感染予防の体制の整備と感染対策推進を実施している。

療養援護・医療対策等

　療養援護サービスには、特定養育医療機関に入院した出生体重2000g以下あるいは周産期に重度の合併症をもつ乳児を対象とした未熟児養育費、体外受精および顕微授精について治療費の一部を助成する不妊に悩む人への不妊治療費の助成などがある。

　医療対策には、出産前後の安心・安全の確保や子育て期に至るまでの切れ目のない支援を強化する妊娠・出産包括支援事業や、子ども虐待、発達障害に対応するために、児童虐待防止医療ネットワーク事業や子どもの心の診療ネットワーク事業などがある。

Step2

1. 児童健全育成の意義

　児童の健全育成は、児童の健やかな成長を目的として、事業展開がなされている。ところが、就学前の児童とその保護者を対象とした子育て支援は多く存在するが、学齢期の児童を対象とした支援は非常に少ない。現在、国として、保育所の待機児童を解消すべく取り組んでいる。保育所を利用する共働き家庭は、小学校入学後も引き続き、子どもの安心・安全な居場所を確保する必要があるわけだが、「小１の壁」という言葉に代表されるように、現状として、居場所の確保が難しい状況にある。保育サービスの拡充のみならず、人が成長するうえで大切な思春期を迎える児童を対象とした事業の整備拡充を進める必要が求められている。

2. 児童健全育成の概要

児童厚生施設（児童館、児童遊園）

　児童館と、児童遊園はいずれも児童福祉法第40条に基づく児童厚生施設である。

① 児童館

　厚生労働省「社会福祉施設等調査」（令和２年10月１日現在）によると、児童館は4398か所設置されている。都道府県、指定都市、市町村、社会福祉法人等が実施主体であり、18歳未満のすべての児童が対象となっている。児童館では、遊びを通じての集団的・個別的指導、母親クラブ等の地域組織活動の育成・助長、健康・体力の増進、放課後児童の育成・指導、年長児童の育成・指導、子育て家庭への相談などに関する事業を行っている。

　児童館は大きく三つの区分に分けられる。

（1）小型児童館

　　小地域を対象として、児童に健全な遊びを与え、その健康を増進し、情操を豊かにするとともに、母親クラブ、子ども会等地域組織活動の育成助長を図るなど、児童の健全育成に関する総合的な機能を有する。

（2）児童センター

　　小型児童館の機能に加えて、遊び（運動を主とする）を通して体力増進を図ることを目的とする。大型児童センターでは、中学生、高校生等の年長児童に対しての育成支援を行う。

(3)　大型児童館

　　都道府県内や広域の子どもたちを対象としている。大型児童館は三つに区分
されている。

　　A型児童館：都道府県内の小型児童館、児童センターの指導や連絡調整等、中
　　　央児童館としての役割を果たす。

　　B型児童館：豊かな自然環境に恵まれた地域内に設置し、児童が宿泊をしなが
　　　ら、自然を活かした遊びを通して健全育成活動を行う。そのため、宿泊施設
　　　と野外活動設備がある。

　　C型児童館：広域を対象とする。児童館すべての機能に加え、児童の健全な遊
　　　びの提供と健康の増進を図り、情操を高めるなどの機能を備え、芸術、体
　　　育、科学等の総合的な活動ができるように、劇場、ギャラリー、屋内プー
　　　ル、コンピュータプレイルーム、宿泊研修室、児童遊園等が附設され、子ど
　　　もたちの多様なニーズに総合的に対応できる施設。

　　児童館には、児童福祉施設の設置及び運営に関する基準第38条の規定に基づ
き、児童の遊びを指導する者の配置が定められている。

②　児童遊園

　　児童遊園とは、児童の健康増進や情緒を豊かにすることを目的とし、児童に安
全かつ健康な遊びの場所を提供する屋外型の施設である。全国に2173か所設置さ
れている（厚生労働省「社会福祉施設等調査」（令和2年10月1日現在））。児童
遊園には、児童福祉施設の設置及び運営に関する基準第38条の規定に基づき、専
門職員としての児童の遊びを指導する者を置かなければならない。

放課後児童健全育成事業

　　放課後児童健全育成事業は、保護者が労働等により昼間家庭にいない小学校に就
学している児童に対して、授業の終了後に児童館や学校の空き教室、公民館などの
施設を利用して適切な遊びおよび生活の場を提供し、健全育成を図る事業として運
営されている（児童福祉法第6条の3第2項）。放課後児童クラブや学童保育とも
呼ばれている。全国に2万6925か所あり、登録児童数は134万8275人（2021（令和3）
年5月1日現在：厚生労働省子ども家庭局子育て支援課調べ）である。市町村、社
会福祉法人、父母会、運営委員会などによって実施されており、共働き家庭が一般
的な現代では、仕事と子育てを両立するうえで重要な事業と考えられている。

　　放課後児童健全育成事業の運営については、2012（平成24）年に改正された児童
福祉法に基づき、厚生労働省令（令和5年度より内閣府令）で定める設備および運

営の基準をふまえて市町村ごとに条例で基準を定めることとなった。これを受け、厚生労働省では、2013（平成26）年4月30日に「放課後児童健全育成事業の設備及び運営に関する基準」（平成26年厚生労働省令第63号。以下、省令基準）を策定し、全国的な一定水準の質の確保に向けた取り組みをより一層進めることとした。2015（平成27）年4月以降、省令基準をふまえて策定される各市町村の条例に基づいて放課後児童健全育成事業が運営されることになり、その運営の多様性をふまえつつ、放課後児童健全育成事業において集団のなかで子どもに保障すべき遊び、生活の環境や運営内容の水準を明確化し、事業の安定性および継続性の確保を図っていくことが必要となった。このため、「放課後児童クラブガイドライン」（2007（平成19）年に策定）を見直し、事業者（運営主体）および実践者向けの「放課後児童クラブ運営指針」を新たに策定し、国として放課後児童健全育成事業に関する運営および設備についてのより具体的な内容を定め、2015（平成27）年4月1日より適用している。

放課後子ども総合プラン

　放課後子供教室（文部科学省）とは、小学校に就学しているすべての児童を対象に、学校等を活用し、緊急かつ計画的に子供たちの活動拠点（居場所）を確保し、放課後や週末等におけるさまざまな体験活動や地域住民との交流活動等を支援する取り組みである。放課後児童健全育成事業（放課後児童クラブ）（厚生労働省）は前述の通り、保護者が労働等により昼間家庭にいない小学校に就学している児童に対し、授業後に適切な遊びおよび生活の場を提供する事業である。

　保育所を利用する共働き家庭等においては、児童の小学校就学後も、安全・安心な放課後等の居場所の確保という課題に直面する。いわゆる「小1の壁」を打破するためには、保育サービスの拡充に加えて、児童が放課後等を安全・安心に過ごすことができる居場所についても整備を進める必要がある。さらに、次代を担う人材育成の観点からは、すべての児童（小学校に就学している児童）が放課後等における多様な体験・活動を行うことができるようにすることが重要であり、すべての児童を対象として総合的な放課後対策を講じる必要がある。これらの観点から、厚生労働省および文部科学省が共同し、放課後児童クラブの受け皿を拡大するとともに、一体型を中心とした放課後児童クラブおよび放課後子供教室の計画的な整備をめざす「放課後子ども総合プラン」が2014（平成26）年に策定された。その内容は、2019年度末までに、放課後児童クラブについて約30万人分を新たに整備すること、すべての小学校区で放課後児童クラブおよび放課後子供教室を一体的にまたは

連携して実施することなどである。なお、一体型とは、放課後児童クラブと放課後子供教室を、同一の小学校内等の活動場所において実施しており、放課後子供教室が実施する共通のプログラムに放課後児童クラブの児童が参加できるものとされている。

　その後、放課後児童クラブの整備は順調に進んだものの、近年の女性就業率の上昇など、さらなる共働き家庭における子どもの数の増加が見込まれたことから、追加的な整備が必要となり、「放課後子ども総合プラン」に続く向こう5年間を対象に「新・放課後子ども総合プラン」（図表7-3）が2018（平成30）年9月に策定された。そこで掲げられた目標は、放課後児童クラブについて2023年度末までに約30万人分の定員枠を増やすというものである。そのほか、引き続き小学校内の1万か所以上で一体型を実施することや、新たに開設する放課後児童クラブの約80％を小学校内で実施することなどが盛り込まれている。

図表7-3 新・放課後子ども総合プラン

（2018（平成30）年9月14日策定）

背景・課題

○現行プランにおける放課後児童クラブ、放課後子供教室の両事業の実績は、放課後児童クラブの約30万人分整備が順調に進むなど、大きく伸びているが、近年の女性就業率の上昇等により、更なる共働き家庭の児童数の増加が見込まれており、「小1の壁」を打破するとともに待機児童を解消するため放課後児童クラブの追加的な整備が不可欠な状況。

○小学校内で両事業を行う「一体型」の実施は、増加傾向にあるものの目標への到達を果たしていない。一方で、地域の実情に応じて社会教育施設や児童館等の小学校以外の施設を活用して両事業を行い、多様な体験・活動を行っている例も見られる。

▼

○そのため、引き続き共働き家庭等の「小1の壁」・「待機児童」を解消するとともに、全ての児童が放課後を安全・安心に過ごし、多様な体験・活動を行うことができるよう、放課後児童クラブと放課後子供教室の両事業の計画的な整備等を推進するため、下記のとおり目標を設定し、新たなプランを策定。

▼

「新・放課後子ども総合プラン」に掲げる目標（2019～2023年）

■放課後児童クラブについて、2021年度末までに約25万人分を整備し、待機児童解消を目指し、その後も女性就業率の上昇を踏まえ2023年度末までに計約30万人分の受け皿を整備（約122万人⇒約152万人）

■全ての小学校区で、両事業を一体的に又は連携して実施し、うち小学校内で一体型として1万箇所以上で実施することを目指す。

■両事業を新たに整備等する場合には、学校施設を徹底的に活用することとし、新たに開設する放課後児童クラブの約80％を小学校内で実施することを目指す。

■子どもの主体性を尊重し、子どもの健全な育成を図る放課後児童クラブの役割を徹底し、子どもの自主性、社会性等のより一層の向上を図る。

資料：厚生労働省・文部科学省資料

第7講　母子保健と子どもの健全育成

Step3

健やか親子21

　「健やか親子21」は、思春期における健康問題や親子のこころの問題、周産期・小児救急医療の確保等の新たな課題について、21世紀の母子保健の取り組みの方向性と指標や目標を示したものであり、関係機関・団体が一体となって、その達成に取り組む国民運動計画である。期間は、2001（平成13）年から10か年の計画であったが、計画期間が見直され、2014（平成26）年までとなった。2015（平成27）年からは、「健やか親子21（第2次）」として活動が開始されている。「健やか親子21（第2次）」では、「すべての子どもが健やかに育つ社会」の10年後の実現に向け、これまでの活動を振り返り、課題の見直しを行い3つの基盤となる課題と2つの重点的な課題を設定した（**図表7-4**）。母子保健計画は、各地方公共団体が策定するが、計画策定にあたっては「健やか親子21（第2次）」の趣旨をふまえて策定されている。

子ども虐待の発生予防

　子ども虐待への対応については、2000（平成12）年11月に施行された児童虐待の防止等に関する法律（児童虐待防止法）をはじめ、関連する法律の改正により、制度的な充実が図られてきた。一方で、児童相談所における児童虐待に関する相談件数は、増加傾向にあり、令和2年度には、20万5044件であった（令和2年度福祉行政報告例）。虐待による死亡事件も後を絶たず、子どもへの虐待の防止は、社会全体で取り組むべき重要な課題となっている。

　現代は、乳幼児とのかかわり経験がないまま出産を迎える者も少なくはない（およそ74％）[2]。そのような母親が、安心して子育てを行えるためには、周囲の理解と支えが必要となってくる。乳児家庭全戸訪問事業（こんにちは赤ちゃん事業）や養育支援訪問事業、健康診査等の活用は、産後早期からの子育てへの不安軽減、子育ての孤立化防止等につながり、虐待の発生予防にもつながっている。

こども家庭センター

　2022（令和4）年6月の児童福祉法の改正では、こども家庭センターを「児童及び妊産婦の福祉に関する包括的な支援を行うことを目的とする施設」と位置づけた。子育て世帯を包括的に支援する役割をもち、全国の市区町村に設置される（努

図表7-4 「健やか親子21（第2次）」における課題の概要

	課題名	課題の説明
基盤課題A	切れ目ない妊産婦・乳幼児への保健対策	妊娠・出産・育児期における母子保健対策の充実に取り組むとともに、各事業間や関連機関間の有機的な連携体制の強化や、情報の利活用、母子保健事業の評価・分析体制の構築を図ることにより、切れ目ない支援体制の構築を目指す。
基盤課題B	学童期・思春期から成人期に向けた保健対策	児童生徒自らが、心身の健康に関心を持ち、より良い将来を生きるため、健康の維持・向上に取り組めるよう、多分野の協働による健康教育の推進と次世代の健康を支える社会の実現を目指す。
基盤課題C	子どもの健やかな成長を見守り育む地域づくり	社会全体で子どもの健やかな成長を見守り、子育て世代の親を孤立させないよう支えていく地域づくりを目指す。具体的には、国や地方公共団体による子育て支援施策の拡充に限らず、地域にある様々な資源（NPOや民間団体、母子愛育会や母子保健推進員等）との連携や役割分担の明確化が挙げられる。
重点課題①	育てにくさを感じる親に寄り添う支援	親子が発信する様々な育てにくさ[※]のサインを受け止め、丁寧に向き合い、子育てに寄り添う支援の充実を図ることを重点課題の一つとする。 [※]育てにくさとは：子育てに関わる者が感じる育児上の困難感で、その背景として、子どもの要因、親の要因、親子関係に関する要因、支援状況を含めた環境に関する要因など多面的な要素を含む。育てにくさの概念は広く、一部には発達障害等が原因となっている場合がある。
重点課題②	妊娠期からの児童虐待防止対策	児童虐待を防止するための対策として、①発生予防には、妊娠届出時など妊娠期から関わることが重要であること、②早期発見・早期対応には、新生児訪問等の母子保健事業と関係機関の連携強化が必要であることから重点課題の一つとする。

資料：厚生労働省「「健やか親子21（第2次）」について　検討会報告書」p.57

力義務。2024（令和6）年4月に施行。**図表7-5**）。2023（令和5）年4月に内閣府の外局として創設される「こども家庭庁」が所管する。

　市区町村には母子保健法に基づき、妊産婦や乳幼児の保護者の相談を受ける「母子健康包括支援センター（子育て世代包括支援センター）」と、児童福祉法に基づき、虐待や貧困などの問題をかかえた家庭に対応する「子ども家庭総合支援拠点」が併設されているが、2つの機関で情報が十分に共有されず、支援が届かない事案が生じていた。そこで2つの組織を統合し体制を強化することで、支援が必要な家庭の見落としを防ぐために、こども家庭センターが新たに設置されることになった。

*2　横浜市こども青年局「横浜市こども・子育て支援事業計画の策定に向けた利用ニーズ把握のための調査」（平成25年12月）

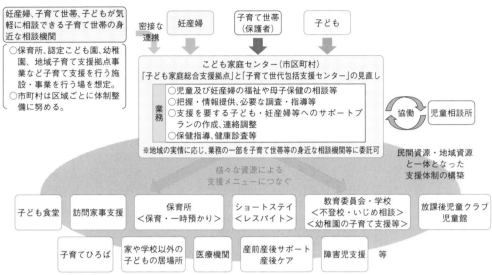

図表7-5 こども家庭センターの設置

出典：厚生労働省「令和4年度全国児童福祉主管課長・児童相談所長会議資料」

　こども家庭センターでは、家族の介護や世話を日常的に担う「ヤングケアラー」や虐待、貧困、若年妊娠など、問題をかかえる家庭に対して支援提供計画（サポートプラン）を作成し、家庭を訪問したうえでの家事や育児の援助を行うことを想定している。また、子どもが家庭や学校以外で安心して過ごせる居場所づくりの支援や、保護者の育児負担を軽減する目的で利用する一時預かり施設の紹介、虐待の疑いがある家庭について児童相談所への伝達その他の機関との連絡調整の役割も担っていく。

成育基本法の制定

　成育過程にある者およびその保護者、妊産婦（以下、成育過程にある者等）を支援するための法律である。正式名称は「成育過程にある者及びその保護者並びに妊産婦に対し必要な成育医療等を切れ目なく提供するための施策の総合的な推進に関する法律」で2018（平成30）年に制定された。

　同法律で、成育過程とは、「出生に始まり、新生児期、乳幼児期、学童期及び思春期の各段階を経て、おとなになるまでの一連の成長の過程」とされており、成育医療等とは、「妊娠、出産及び育児に関する問題、成育過程の各段階において生ずる心身の健康に関する問題等を包括的に捉えて適切に対応する医療及び保健並びにこれらに密接に関連する教育、福祉等に係るサービス等」とされている。

基本理念として、成育医療等の提供に関する施策の推進について以下の4項目があげられている。

① 成育過程にある者の心身の健やかな成育が図られることを保障される権利を尊重する。

② 少子化を含む社会環境の変化に即応するとともに、多様化し、高度化する成育過程にある者等の需要に適確に対応した成育医療等が切れ目なく提供されるよう、施策間の連携を図る。

③ 成育過程にある者等が居住する地域にかかわらず、等しく科学的知見に基づく適切な成育医療等を提供する。

④ 成育過程にある者等に対する成育医療等の情報が適切に提供され、社会的経済的状況にかかわらず安心して子どもを生み、育てることができる環境を整備する。

2. 児童健全育成の課題

あずけ先がない、お迎えの時間に間に合わないなど、子どもの小学校入学をきっかけとして、仕事を辞めざるをえない、いわゆる「小1の壁」問題が存在する。子どもが小学校に入学してからの共働き家庭の大変さに対する認知度は低い。さまざまな問題を抱えている者（子ども・保護者・家庭等）を早期に発見し、対応することが求められていることなどから、就学前の児童とその保護者を対象とした子育て支援は多く存在する。ところが、学齢期の児童と保護者を対象とした支援は、放課後児童健全育成事業と児童館等の限られたサービスにとどまり、子どもの居場所や保護者の就労を支援する取り組みはほとんどみられない現状がある。また、保育所同様、放課後児童クラブ待機児童問題（2021（令和3）年5月現在の待機児童数1万3416人（厚生労働省））もあり、今後は、地域の人々の支援も得ながら、放課後に安心して過ごせる居場所づくりと、それらの質的・量的な充実が期待される。

参考文献

● 厚生労働省編『厚生労働白書 平成25年版』2013.

● 厚生労働省「平成25（2013）年人口動態統計（確定数）の概況」

● 厚生労働省編『厚生労働白書 平成26年版』2014.

● 厚生労働省「妊婦健診を受けましょう」リーフレット

● 厚生労働省「B型肝炎について（一般的な Q&A）平成18年3月改定 改訂第2版」

● 厚生労働省ライフイノベーション戦略協議懇談会「健やか親子21」

●「健やか親子21」の最終評価等に関する検討会「「健やか親子21（第2次）」について 検討会報告書」

● 新保育士養成講座編纂委員会編『新保育士養成講座③ 児童家庭福祉』全国社会福祉協議会，2014.

● 厚生労働省「産前・産後サポート事業ガイドライン 産後ケア事業ガイドライン（平成29年8月）」

● 厚生労働省「平成29年（2017年）放課後児童健全育成事業（放課後児童クラブ）の実施状況（平成29年（2017年）5月1日現在）」

● 厚生労働省「子育て世代包括支援センター業務ガイドライン」

● 厚生労働省社会保障審議会児童部会社会的養育専門委員会「支援提供計画（サポートプラン）骨子（案）」

第8講

多様な保育ニーズへの対応

社会環境の変化等にともない、子育て家庭の生活スタイルに応じた保育が求められる現代において、子ども・子育て支援制度は、すべての子育て家庭に支援が届く制度である。本講では、制度をふまえて、多様な保育ニーズに対応するためのしくみや、施設型給付・地域型保育給付を中心にさまざまな保育形態について学ぶ。加えて、保育における障害児支援の現状を考察する。

Step 1

多様な保育ニーズに対応するためのしくみ

子ども・子育てを社会全体で支援するしくみとして、子ども・子育て関連3法に基づいた子ども・子育て支援制度が創設され、平成27年度より本格的に施行されている。これまで、保育や子育ての財政支援について施設や事業ごとにばらばらだったものを再編し、「施設型給付」と「地域型保育給付」を創設した。また、多様な保育・子育て支援を実現するために、「地域子ども・子育て支援事業」として13事業を法定化している（**第6講**参照）。

保育の実施体制

保育の実施体制については、市町村の事務であることが規定されている（児童福祉法第24条）。従来の「保育所」「幼稚園」「認定こども園」は、子ども・子育て支援制度において、市町村の確認のもと特定教育・保育施設（子ども・子育て支援法第7条、以下、教育・保育施設という）として給付のしくみが一本化された。さらに多様なニーズにこたえるため、小規模保育、家庭的保育、居宅訪問型保育、事業所内保育の4事業についても一定の基準を設け、給付の対象となっている。

保育サービスの利用について

保育所、幼稚園、認定こども園、小規模保育等の教育・保育を利用する子どもについては、対象児童の年齢や保育の必要性により、1号認定、2号認定、3号認定と、3つの認定区分に分けられる（**図表8-1**）。

保育の対象について

かつての保育所は、「保育に欠ける」乳幼児を保育することを目的とする施設であった。現在は、「保育を必要とする」乳幼児の保育を行うことを目的とする施設となっている。教育・保育施設である保育所を利用するためには、幼稚園や認定こども園と同様に、保育の必要性について、市町村の認定を受ける必要がある。保育の必要性の認定基準は、保育を必要とする「事由」（保護者の労働および疾病その他の内閣府令で定める事由）、「保育必要量」（保育標準時間、保育短時間）である。認定基準2つ目の「保育必要量」は、保育標準時間と保育短時間の2つに区分されている。これは、保育時間が長時間なのか短時間なのかの区分である。それぞれの家庭の就労実態等に応じて認定される。保育標準時間では、保育利用可能な時間帯が11時間あり、就労時間の下限は、1か月あたり120時間程度とすることを基本と

している（主にフルタイムでの就労を想定）。保育短時間は、保育利用可能な時間帯が8時間であり、就労時間の下限は、1か月あたり48時間以上〜64時間以下の範囲で市町村が地域の就労実態等を考慮して定める時間とすることを基本としている（主にパートタイムの就労を想定）（**図表8-2**、**図表8-3**）。

図表8-1　施設型給付等の支援を受ける子どもの認定区分

認定区分	対象児童	利用できる施設
1号認定	満3歳以上、2号認定以外	幼稚園、認定こども園
2号認定	満3歳以上、保護者の労働または疾病その他の内閣府令で定める事由により家庭において必要な保育を受けることが困難である	保育所、認定こども園
3号認定	満3歳未満、ほか同上	保育所、認定こども園、小規模保育等

資料：内閣府・文部科学省・厚生労働省「子ども・子育て支援新制度ハンドブック」

図表8-2　保育の必要性の認定について

①事由
1. 就労
2. 妊娠・出産
3. 保護者の疾病・障害
4. 同居親族等の介護・看護
5. 災害復旧
6. 求職活動
7. 就学
8. 虐待やDVのおそれがあること
9. 育児休業取得時に、既に保育を利用していること
10. その他市町村が定める事由

②区分（保育必要量）
1. 保育標準時間
2. 保育短時間

③優先利用
1. ひとり親家庭
2. 生活保護世帯
3. 生計中心者の失業により、就労の必要性が高い場合
4. 虐待やDVのおそれがある場合など、社会的養護が必要な場合
5. 子どもが障害を有する場合
6. 育児休業明け
7. 兄弟姉妹（多胎児を含む）が同一の保育所等の利用を希望する場合
8. 小規模保育事業などの卒園児童
9. その他市町村が定める事由

資料：内閣府資料

図表8-3　保育必要量について

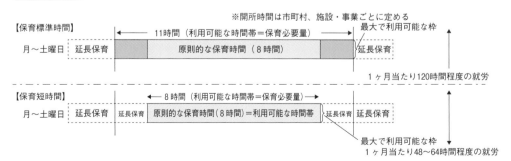

資料：内閣府資料

第8講　多様な保育ニーズへの対応

Step 2

1. 教育・保育施設

　現在の教育・保育施設は、子ども・子育て支援制度によって給付の対象施設が広げられたものである。**Step 2** では、給付の対象となっている施設を中心とし、給付の対象ではないが、ニーズのある保育についても学んでいく。

認可保育所

　日本の保育を担ってきた保育所は、養護と教育を一体的に行うことを特性とする児童福祉施設であり（児童福祉施設の設備及び運営に関する基準第35条）、社会福祉法において第二種社会福祉事業に位置づけられている（社会福祉法第2条）。なかでも、日本の保育は認可制度を基本に発展してきた。認可保育所は、児童福祉法第39条に基づいた施設として設置されている。

> **児童福祉法**
> 第39条　保育所は、保育を必要とする乳児・幼児を日々保護者の下から通わせて保育を行うことを目的とする施設（利用定員が20人以上であるものに限り、幼保連携型認定こども園を除く。）とする。
> ②　保育所は、前項の規定にかかわらず、特に必要があるときは、保育を必要とするその他の児童を日々保護者の下から通わせて保育することができる。

　2022（令和4）年4月1日時点（同年8月30日厚生労働省発表）の保育所等定員は約304万人で、前年比約2.7万人の増加、保育所等利用児童数は約273万人で、前年比約1.2万人の減少である（**図表8-4**）。

　認可保育所を設置するためには、市町村は都道府県知事に届け出て、社会福祉法人等は都道府県知事の認可を得る必要がある（児童福祉法第35条）。平成12年度より、認可保育所の設置主体は、地方公共団体、社会福祉法人、宗教法人、学校法人、NPO法人、民間企業等、多様な法人などの参入が認められるようになった。

　保育所の最低定員は、児童福祉法により、20人以上と規定されている。設置基準や職員配置、保育時間、保育の内容などに関する規定は、児童福祉施設の設備及び運営に関する基準に示されている。保育時間は、1日につき8時間を原則（開所時間は11時間）とし、保育の内容は2018（平成30）年4月から適用された保育所保育指針をもとに実施している。

幼稚園

　学校教育法第22条に基づく満3歳から小学校就学前の始期に達するまでの幼児教

図表8-4　保育所等定員数および利用児童数の推移

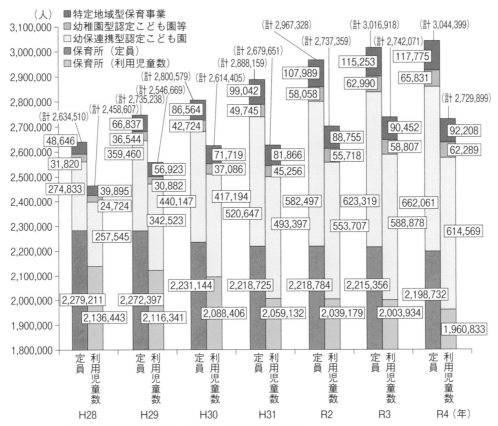

資料：厚生労働省「保育所等関連状況取りまとめ（令和4年4月1日）」を一部改変。

図表8-5　保育所の様子

子ども一人ひとりの状況や発達過程をふまえて保育が提供されている。

写真：左　「授乳後、保育士に抱かれて心地よく入眠に向かっている0歳児」
　　　中央　「保育士と共に着替えにチャレンジする2歳児」
　　　右　「絵本コーナーで絵本を見ながら友達と楽しむ年長児」

育施設である。文部科学省が管轄している。1学級の幼児数は35人以下である（幼稚園設置基準第3条）。1日の教育課程4時間が標準とされるなど、教育課程、その他教育内容の詳細については幼稚園教育要領（文部科学省告示）を基準とすることとされている（学校教育法施行規則第38条）。

認定こども園

「幼保連携型」「幼稚園型」「保育所型」「地方裁量型」の4つに分類されている（**図表 8 - 6**）。このなかで最も数の多い「幼保連携型」については、2012（平成24）年8月、子ども・子育て支援法の公布とともに、就学前の子どもに関する教育、保育等の総合的な提供の推進に関する法律（認定こども園法）が改正され、新たな「幼保連携型認定こども園」として、学校および児童福祉施設としての法的位置づけをもつ単一の認可施設として創設され、指導監督や財政措置において一本化された。

また、学校教育と保育を担う職員として保育教諭がおかれる。これは、原則的に幼稚園教諭免許と保育士資格の両方を取得する必要があるが、子ども・子育て支援制度の施行から10年間は、片方の資格・免許のみでも保育教諭になることができる。片方の資格・免許しかもたない者は、3年または4320時間の実務経験があることを前提に、この10年間の経過措置期間内に他方の資格・免許に固有の科目8単位を取得すると、正式に保育教諭となることができる。

2. 地域型保育事業

地域型保育事業は、子ども・子育て支援制度において、市町村による認可事業として、児童福祉法上に位置づけられた（**第6講 Step 2** 参照）。保護者が利用できる施設や事業の選択肢を増やすことで、待機児童の解消を図るとともに、地域における保育機能の確保にも対応する。

（1）家庭的保育事業（児童福祉法第6条の3第9項）

保育を必要とする満3歳未満の乳幼児を対象に、家庭的保育者の居宅そのほかの場所において家庭的保育者による保育を行う事業である。必要と認められれば、満3歳以上でも保育できる。利用定員は1～5人で、事業主体は市町村および民間事業者等である。

（2）小規模保育事業（児童福祉法第6条の3第10項）

保育を必要とする満3歳未満の乳幼児を対象に保育を行う施設である。必要と認

図表8-6　認定こども園の概要

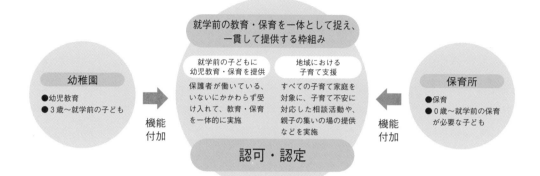

就学前の教育・保育を一体として捉え、一貫して提供する枠組み

就学前の子どもに幼児教育・保育を提供

保護者が働いている、いないにかかわらず受け入れて、教育・保育を一体的に実施

地域における子育て支援

すべての子育て家庭を対象に、子育て不安に対応した相談活動や、親子の集いの場の提供などを実施

幼稚園
●幼児教育
●3歳～就学前の子ども

機能付加

認可・認定

機能付加

保育所
●保育
●0歳～就学前の保育が必要な子ども

　認定こども園には、地域の実情や保護者のニーズに応じて選択が可能となるよう多様なタイプがあります。なお、認定こども園の認定を受けても幼稚園や保育所等はその位置づけは失いません。

幼保連携型	幼稚園型	保育所型	地方裁量型
幼稚園的機能と保育所的機能の両方の機能をあわせ持つ単一の施設として、認定こども園としての機能を果たすタイプ	認可幼稚園が、保育が必要な子どものための保育時間を確保するなど、保育所的な機能を備えて認定こども園としての機能を果たすタイプ	認可保育所が、保育が必要な子ども以外の子どもも受け入れるなど、幼稚園的な機能を備えることで認定こども園としての機能を果たすタイプ	幼稚園・保育所いずれの認可もない地域の教育・保育施設が、認定こども園として必要な機能を果たすタイプ

資料：文部科学省・厚生労働省幼保連携推進室

められれば、満3歳以上でも保育できる。利用定員は6～19人で、事業主体は市町村および民間事業者等である。

（3）居宅訪問型保育事業（児童福祉法第6条の3第11項）

　保育を必要とする満3歳未満の乳幼児を対象に、乳幼児の居宅において家庭的保育者による保育を行う事業である。必要と認められれば、満3歳以上でも保育できる。事業主体は市町村および民間事業者等である。

（4）事業所内保育事業（児童福祉法第6条の3第12項）

　保育を必要とする満3歳未満の乳幼児を対象に、企業や病院などが従業員の福利厚生の一環として、従業員の子どもを保育するための保育施設を企業内に設置して運営する保育である。事業主自ら実施する場合と、委託して実施する場合とがある。また、地域で保育を必要としている子どもを預かる場合もある（地域枠）。必要と認められれば、満3歳以上でも保育できる。事業主体は事業主等である。

3. 制度化されていない保育サービス

　ここでは、給付の対象ではないが、ニーズのある保育サービスについて学んでい

第8講　多様な保育ニーズへの対応

きたい。

認可外保育施設

「認可外保育施設」とは、児童福祉法第35条第4項に基づく都道府県知事などの認可を受けていない（認可の基準に満たない）保育施設のことである。認可外保育施設の事業者は、児童福祉法第59条の2の規定に基づき、都道府県知事への届け出が義務づけられている。認可外保育施設は、認可保育所が対応しきれない利用者のニーズ（例えば、産後直後から子どもを預かってほしい、早朝・夜間も利用したい等）に柔軟に対応できる点が利用される理由になっている。

「ベビーホテル」とは、認可外保育施設のなかでも、①夜8時以降の保育、②宿泊をともなう保育、③一時預かりの子どもが利用児童の半数以上、のいずれかを常時運営している施設である。ベビーホテルは、1980年代、子どもの死亡事故を機に、指導監督が実施されるようになったが、その後も保育者による子ども虐待や、保育者の過失による子どもの死亡事故が生じていた。国では、認可外保育施設への立入調査を、「認可外保育施設に対する指導監督の実施について」により、年1回以上行うことを原則としている。やむを得ず、対象施設を絞って指導監督を行う場合でも、ベビーホテルについては必ず年1回以上行うことになっている。

なお、2016（平成28）年4月以降、認可外保育施設および後述の認可外の訪問型保育事業（ベビーシッター）を行う場合、都道府県への届出義務人数は、1日に保育する乳幼児の数6人以上から1人以上へと変更となった。

その他の保育サービス

その他、制度化された保育サービスだけでは対応しきれない保育ニーズをもつ家庭を対象にした保育サービスがある。

「ベビーシッター」とは、主に、保育者（ベビーシッター）が子どもの自宅などの指定された場所を訪れて、個別的に行う保育や保育者のことである。そのサービスを担う公益社団法人全国保育サービス協会（ACSA）は、1989（平成元）年10月31日に設立された任意団体「全国ベビーシッター協会」が始まりである。1991（平成3）年6月1日には、在宅保育サービスを行う事業者間の連絡調整体制を整備し、在宅保育サービスの質の向上と発展を図るとともに、児童を養育する家庭の支援および児童の福祉の増進に寄与することを目的として、厚生省（現・厚生労働省）の許可を得て「社団法人全国ベビーシッター協会」として設立された。

現在も、家庭の事情により柔軟なサービスを必要としている利用者に支持されて

いる。利用者の多様なニーズに応じることができるよう、全国保育サービス協会では、一定の要件を満たすベビーシッターに「認定ベビーシッター」資格を付与している。ベビーシッターに対する一層の信頼性を高め、ベビーシッター事業の向上とベビーシッターの社会的地位の確立を図る取り組みも行われている。また、子ども・子育て支援法の一部が改正され、仕事・子育て両立支援事業が新たに創設されたことで、ベビーシッターの需要がさらに高まることも考えられる（**79ページ**参照）。

4. 多様な保育ニーズへの対応のこれから

専門職・支援者としての意識と質の向上

　現在は、すべての子どもを対象に、出産から学童期までの系統的な保育サービスの充実と体系化が図られている。保育者（多くは保育士）や専門的知識をもって保護者や子どもとかかわる者は、子育てしている者にとり身近で相談をしやすい存在である。保育者との「ちょっと」した会話や声かけで、元気をもらい、安心をもらい、育児の不安や悩みなども乗り越えて、無事に子育てをすることができたという保護者も少なくないだろう。保育者の「ちょっと」した保護者へのかかわりの積み重ねは保護者を親として育て、間接的には、子どもが安心して暮らせる環境（保護者が安心して育児に取り組むことは、子どもの安心・安全、健やかな成長につながる）を整備していることになる。

　保育者は、これまで以上にさまざまなニーズをもった保護者やさまざまな家庭環境を背景にもつ子どもとかかわる機会をもつことになる。保育者（士）一人ひとりがいかに保育者（士）としての専門性を身につけ、子どもとその保護者が安心して子育ての時期を過ごせるような支援を行えるのか。保育者（士）の専門性と専門職としての質向上が求められている。

Step3

1. 障害児支援の現状

　障害児に対する支援施策は、発達支援に着目した専門的な支援と、一般施策のなかでの支援が連携して行われている（**図表8-7**）。障害児支援の利用は、毎年増加傾向にある。特に障害児通所支援においては、それが顕著である（**図表8-8**）。

2. 保育所における障害児の受け入れ状況

　一般施策のなかでは、市町村における障害児の受け入れ体制の明確化、障害児への優先利用、さまざまな施設・事業において障害児の受け入れを促進するための財政支援強化など障害児支援の充実が図られた（**図表8-7**）。

　保育所等との連携強化としては、児童発達支援や放課後等デイサービスなどの関係機関が保育所等と個別支援計画を作成した場合や、就学に連絡調整を行った場合について、障害児支援にかかる報酬において関係機関連携加算がつくこととなった。そのほか保育所等訪問支援の算定要件の見直しや、保育所においても療育支援加算が創設された。これらのことにより、保育士の人員増加等が可能となり、障害児へのよりきめ細かな援助が行えるようになった。

図表8-7 障害児に対する支援の全体像（福祉分野）

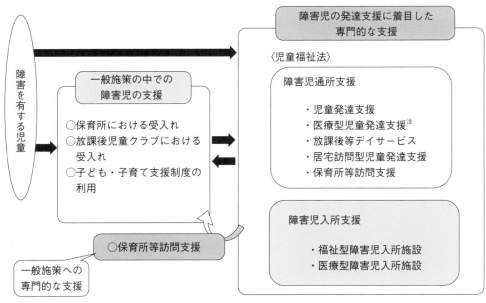

注：令和6年度より児童発達支援に一元化される。
資料：子ども・子育て新システム検討会議作業グループ基本制度ワーキングチーム説明資料（平成22年12月15日）を一部改変。

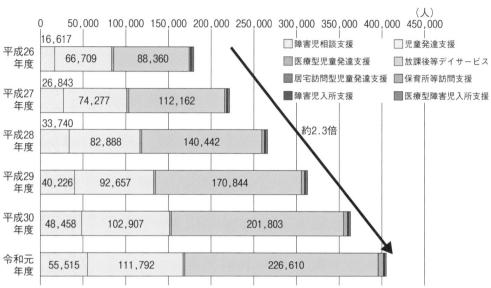

図表8-8 障害児支援の利用児童数の推移

資料：厚生労働省「障害児支援施策の動向について」を一部改変。

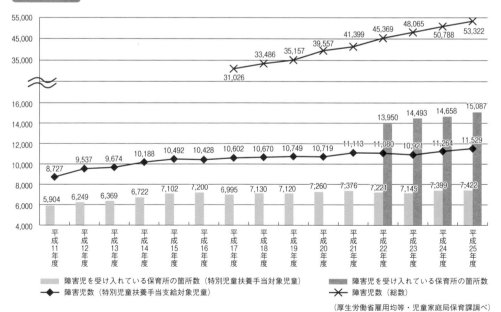

図表8-9 保育所における障害児の受け入れ状況

資料：厚生労働省「障害児支援について」（平成27年9月9日）

近年では医療的ケアが必要な障害児や重症心身障害者への支援の充実など、保育所においても、質の高い保育の提供が求められている。

参考文献
● 厚生労働省『厚生労働白書 平成25年版』2013.
● 厚生労働省「保育所関連状況取りまとめ（平成26年４月１日）」
● 厚生労働省「平成24年度 認可外保育施設の現況取りまとめ」
● 厚生労働省「今後の障害児支援の在り方について（報告書）〜「発達支援」が必要な子どもの支援はどうあるべきか〜」
● 厚生労働省「障害児支援について（平成27年９月９日）」
● 内閣府「幼保連携型認定こども園とそれ以外の認定こども園について」
● 中央法規出版編集部『認定こども園運営ハンドブック（平成26年版）』中央法規出版, 2014.
● 公益社団法人全国保育サービス協会「ベビーシッター利用ガイド」（協会ホームページ　http://www.acsa.jp/htm/company/company10.htm）
● 厚生労働省「１人でも乳幼児を保育する（預かる）事業を行う場合の届出について」
● 厚生労働省「障害児支援施策の動向について（令和３年12月３日）」

COLUMN　障害児通所施設で働く保育士
〜一人ひとりとじっくりのんびりていねいに

　「あらっ、そっちに行くんだ〜」。ブランコに行くと言っていたのに、なぜかまったく別のほうへ走っていくＡちゃん。言ったことと異なる行動に微笑みながら子どものあとをついていく保育士。ここの障害児通所施設には、毎日バスで、個性あふれる子どもたちが登園します。

　子どもたちのもつ障害や疾患、育ちの状況などは異なるため、保育士は一人ひとりの子どもの行動を観察し、一つひとつの行動の理由や意味を理解し、ていねいにかかわっていきます。それは、根気と忍耐を要する作業の繰り返しです。しかし、そうすると、子どもが手をたたいているだけでも、そのたたき方によって何を言いたいのか子どもの気持ちがわかるようになっていきます。食事が進まないときは、ご飯の炊き方やおかずのゆで方など、その子どもの立場になって考えることができるようになります。

　子どもは、理解してもらえる相手がそばにいると、安心して次の行動に移れます。保育士は、子どもたちにていねいにかかわることで信頼関係を結び、子どもたちの可能性を少しずつ広げていくのです。

（實川雅子）

第9講

子ども虐待・ドメスティックバイオレンスとその防止

本講では、子どもの養育環境の基盤である家庭のなかで生じている子ども虐待・ドメスティックバイオレンスについて、その現状を理解するとともに、それらが子どもに及ぼす影響、そして防止のための取り組みおよび支援の視点を学ぶ。子どもはその養育環境に大きく影響を受ける存在である。そのため、子どもの生活背景を含めて子どもを理解しようとする保育者の姿勢が求められる。

Step1

1. 子ども虐待、その定義と概要

子ども虐待とは何か

　子ども虐待に関して、児童虐待の防止等に関する法律（児童虐待防止法）第1条には「児童の人権を著しく侵害し、その心身の成長及び人格の形成に重大な影響を与えるとともに、我が国における将来の世代の育成にも懸念を及ぼす」と記されている。すなわち、子どもの心身の発達に多大な影響を与え、時には命まで奪う子ども虐待は、明白な人権侵害である。

　人間の子どもは、赤ちゃんの時から、自分の欲求に適切に対応してくれる養育者との相互行為のなかで、感情や他者への基本的信頼感を育んでいる。しかし、虐待を受けた子どもは、自尊感情が低く、他者への不信感を募らせるなど、その人格形成と心身の発達に多大な影響が及ぼされていることが明らかにされている。

　子ども虐待の種類は、児童虐待防止法第2条で、身体的虐待、性的虐待、ネグレクト、心理的虐待の4つに分類されている。具体的な内容は以下の表にまとめた（図表9-1）。

児童虐待相談と加害者・被害者

　2019（令和元）年の改正児童福祉法にともない児童虐待防止法が改正され、児童の「しつけ」に体罰を加えてはならないことが法定化されたが、全国の児童相談所で対応する児童虐待相談対応件数は毎年増加しつづけ、令和2年度の相談対応件数

図表9-1　子ども虐待の種類

①	身体的虐待	児童の身体に外傷を負わせたり、外傷が生じるような暴行を加えることである。そのような暴行の例としては、なぐる、蹴る、投げ落とす、激しくゆさぶる、やけどを負わせる、溺れさせる、首を絞める、縄などにより一室に拘束するなどである。
②	性的虐待	児童に性的な行為をしたり、児童にわいせつな行為をさせることである。 例として、性行為を強要する、性的行為を見せる、性器を触るまたは触らせる、ポルノグラフィの被写体にするなどである。
③	ネグレクト	保護者としての児童の養育を怠ることである。例として、家に閉じ込める、食事を与えない、ひどく不潔にする、自動車の中に放置する、重い病気になっても病院に連れて行かない、同居人による身体的・性的・心理的虐待を傍観・放置するなどである。
④	心理的虐待	児童に対する暴言、拒絶的な対応などで児童に心理的外傷を与える言動を行うことである。例として、言葉による脅し、無視、きょうだい間での差別的扱い、児童の目の前でのドメスティックバイオレンス（以下、DVとする）などである。

は20万5044件となっている。この件数は、実際に虐待が行われている数ではなく、あくまでも「相談対応件数」であり、広く一般に子ども虐待の認知がなされるようになったことを背景として増加の一途をたどっていると考えられるが、子ども虐待の発生件数も実質的に増加していると推測すべきであろう。

子ども虐待の種類については、令和2年度の件数（**図表9-2**）をみると、心理的虐待が最も多く、次いで身体的虐待、ネグレクト、性的虐待となっている。近年は特に心理的虐待が増加しているが、これは、ドメスティックバイオレンス（DV）が子どもの前で

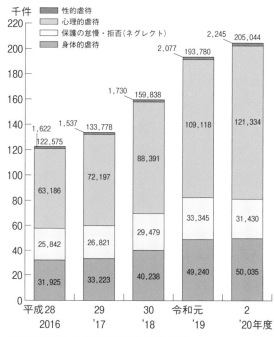

図表9-2 児童虐待の相談種別対応件数の年次推移

資料：厚生労働省「令和2年度福祉行政報告例の概況」

行われる「面前DV」による心理的虐待として、警察などからの相談や通告が増え

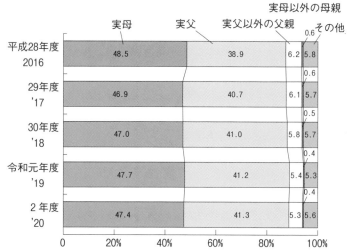

図表9-3 児童虐待相談の主な虐待者別構成割合の年次推移

資料：厚生労働省「令和2年度福祉行政報告例の概況」

第9講　子ども虐待・ドメスティックバイオレンスとその防止

たことが主な要因である。

　虐待の対象となった子どもの年齢は、令和2年度は、0～6歳までの就学前が44.9％と半数近くを占めている。主たる虐待者は、年々、実父が増加しているが、実母がおおよそ半数を占める（**図表9-3**）。

　国は、社会保障審議会児童部会に「児童虐待等要保護事例の検証に関する専門委員会」を設置し、2003（平成15）年から子ども虐待による死亡事例等の検証を行っているが、これまでの報告（第1次～第18次報告）によると、心中以外の虐待死の子どもの年齢は自ら抵抗する力が弱い3歳未満の児童が約8割を占め、なかでも0歳児が最も多い。死因となった主な虐待の類型は、身体的虐待が最も多い。これらのことから、子ども虐待防止は乳幼児期が極めて重要であることが示唆される。養育者の世帯状況は、「実父母世帯」が多い。さらに、妊娠期・周産期の問題として、「予期しない妊娠／計画していない妊娠」「妊婦健診未受診」「母子健康手帳の未発行」「若年（10代）妊娠」が継続的に高い水準で事例にみられる。養育者の心理的・精神的問題については、実母は「育児不安」「養育能力の低さ」が継続して多い傾向にあり、実父に関しては、「衝動性」「攻撃性」「怒りのコントロール不全」「感情の起伏が激しい」「養育能力の低さ」などの問題が継続してみられている。子どもの家庭における地域社会との接触状況については、「ほとんど無い」と「乏しい」を合わせると6割以上を占めている。

2. ドメスティックバイオレンス（DV）と子ども虐待の関連

DVとは何か

　DVは、英語圏では「親密な関係にあるカップル内において行われる暴力」を意味する。しかし、日本においては、そもそも法律名が「配偶者からの暴力の防止及び被害者の保護等に関する法律」（以下、DV防止法）であり、「配偶者」という言葉が使われている。DV防止法の第1条第3項には、「この法律にいう『配偶者』には、婚姻の届出をしていないが事実上婚姻関係と同様の事情にある者を含み、『離婚』には、婚姻の届出をしていないが事実上婚姻関係と同様の事情にあった者が、事実上離婚した事情に入ることを含むものとする」と規定され、法の適用は、婚姻関係および事実婚関係にあるものと過去にあったものが対象とされている。

　2013（平成25）年には、生活の本拠を共にする交際（婚姻関係における共同生活

に類する共同生活を営んでいないものを除く）をする関係にある相手からの暴力およびその被害者について、この法律を準用するという改正がなされているが、交際中のカップル間に起こるデート DV など性差別に起因する暴力である「ジェンダーバイオレンス」を広く防止する法律にはなっていない。

DV における暴力の種類

DV における暴力は、なぐったり蹴ったり、物を投げつけたりという身体に対する暴行である身体的暴力のみではない。DV 防止法における暴力とは、「身体に対する暴力又はこれに準ずる心身に有害な影響を及ぼす言動」と規定されている。具体的には、身体的暴力、精神的暴力、性的暴力、経済的暴力、社会的暴力、子どもを利用した暴力などがあげられる。その内容は**図表9-4**のとおりである。

DV 相談の窓口としては、配偶者暴力相談支援センター（以下、支援センター）、女性センター、福祉事務所、警察、児童相談所、法務局人権相談などがある。支援センターへの相談の9割以上は女性からの相談であり、近年の相談件数は約13万件となっている（令和2年度は12万9491件）。

DV は、身体的なけが等のみならず、不眠や無気力、記憶障害などさまざまな症状となってあらわれることがあり、被害者の精神面に及ぼす影響も大きい。

DV 防止法における子どもの位置づけと児童虐待防止法におけるドメスティックバイオレンス

DV 防止法は先にみたとおり、夫婦および夫婦と同様の生活を営む男女の暴力に

図表9-4 暴力の代表的な形態

身体的暴力	殴る／蹴る／首を絞める／髪を持って引きずり回す／包丁で切りつける／階段から突き落とす／タバコの火を押し付ける／熱湯をかける　など
心理(精神)的暴力	暴言を吐く／脅かす／無視する／浮気・不貞を疑う／家から締め出す／大事にしているものを壊す／子どもに危害を加えると脅す　など
経済的暴力	生活費を渡さない／女性が働き収入を得ることを妨げる／借金を重ねる　など
性的暴力	性行為を強要する／ポルノを見せたり、道具のように扱う／避妊に協力しない　など
社会的隔離	外出や、親族・友人との付き合いを制限する／メールを見たり、電話をかけさせないなど交友関係を厳しく監視する　など
その他	「おまえは家事だけやっていればいいんだ」「この家の主は俺だ」等と男性の特権を振りかざす／暴力をふるう原因が女性にあると責任を転嫁する　など

資料：神奈川県立かながわ男女共同参画センター・かなテラス「パートナーからの暴力に悩んでいませんか——ドメスティック・バイオレンス（DV）に悩む女性たちへ」p.2, 2022.

ついて扱うものであり、子どもは重点的な対象とされていない。児童虐待の防止等に関する法律（児童虐待防止法）では、2004（平成16）年の改正の際に子ども虐待の定義の見直しがなされ、子どもの面前でDVが行われること（面前DV）等、子どもへの被害が間接的なものについても子ども虐待に含まれるものとされた。さらに、2019（令和元）年には、DV防止法の一部が改正され、被害者の保護のために連携する関係機関に児童相談所が明記された。この改正は、同年に発覚した野田市児童虐待死事件を契機に、主に支援センターと児童相談所の連携を定めたものである。

この改正の背景となった野田市児童虐待死事件（2019（令和元）年）および前年に起きた目黒区児童虐待死事件は社会に大きな衝撃を与えたが、いずれの事件も母親が夫からのDVで強い支配下に置かれており子どもを守ることができなかったというDVの精神的影響の深刻さが背景にあり、子ども虐待とDVが一体として起こった事件である。DV問題への対応は、被害者（主に女性）の保護と支援が優先されており、子どもは「同伴児」という位置づけにすぎない。

DV防止及び被害者保護に関する具体的な施策の方針は、DV防止法とは別に「配偶者からの暴力の防止及び被害者の保護等のための施策に関する基本的な方針」（以下、基本方針）で定められており、子どもへの対応については次のように述べられている（以下、基本方針より筆者要約）。

（1）「配偶者からの暴力の発見者による通報等」における「子どもに関する情報への対応」

・支援センターは、通報の内容から児童虐待にあたると思われる場合には、福祉事務所または児童相談所に通告を行うことが必要である。また、その後の被害者に対する支援に際しては、児童相談所等と十分な連携を図りながら協力するよう努めるものとする。

（2）「被害者に対する医学的又は心理学的な援助等」

・児童相談所等における援助：児童相談所においては、医学的または心理学的な援助を必要とする子どもに対しては、精神科医や児童心理司等が連携を図りながら、個々の子どもの状況に応じてカウンセリング等を実施することが必要である。

・学校等における援助：日常生活のなかで、被害者の子どもが適切な配慮を受けられるようにするためには、学校や保育所等における対応が重要である。

・学校および教育委員会ならびに支援センターは、事案に応じ、学校において、スクールカウンセラー等が相談に応じていることや、必要に応じ、教育センターや

　教育相談所に配置されている臨床心理の専門家による援助も受けられることについて、被害者やその子どもに適切に情報提供を行うことが必要である。

（3）「被害者の緊急時における安全の確保及び一時保護等」における「同伴する子どもへの対応」

・同伴する子どもについては、児童虐待を受けている可能性もあることから、アセスメントを行い、被害の早期発見・早期介入に向けた支援が適切に実施されるよう、児童相談所と密接に連携を図ることが必要である。

・安全確保の観点から、学校に通学させることが事実上困難となる場合が多い。一時保護所においては、教育委員会や学校から、教材の提供や指導方法の教示等の支援を受けつつ、適切な学習機会を提供していくことが望ましい。

（4）「被害者の自立の支援」における「子どもの就学・保育等」

・支援センターは、教育委員会や学校、福祉部局と連携し、被害者に対し、事案に応じ、同居する子どもの就学や保育について情報提供等を行うことが必要である。

・国は市町村に対し、母子家庭等の子どもについて、保育所入所の必要性が高いものとして優先的に取り扱う特別の配慮を求めるよう努める。また、保護者が求職中であっても保育所への申込みが可能であること、戸籍および住民票に記載がない子どもであっても、居住している市町村において保育所への入所の申込みが可能であること、被害者が加害者のもとから避難したことにより世帯の負担能力に著しい変動が生じ、費用負担が困難と認められる場合には、その個々の家計の収入の実態をふまえた適切な保育料が徴収されるようにすることについても、市町村に対し周知徹底に努める。

・支援センターは、子どもとともに遠隔地で生活する被害者について、住民票の記載がなされていない場合であっても、居住していることが明らかであれば、滞在先の市町村において予防接種法に基づく定期の予防接種や母子保健法に基づく健診が受けられることについて、事案に応じた情報提供等を行うことが必要である。

　コロナ禍で生活不安や経済的困窮（こんきゅう）を背景にDVが増加し、子ども虐待のリスクが高まっていることが指摘されてきた。暴力による家族の支配としてのDVと児童虐待の構造的理解が求められるとともに、その理解に基づき、子どもを「DV被害者」として位置づけることなどの検討は喫緊（きっきん）の課題といえよう。

Step2

1. 子ども虐待防止

子ども虐待防止の取り組み

　児童 虐 待相談対応件数が児童相談所の統計報告に計上されるようになったのは
平成２年度からであるが、実際には、戦後から児童相談所や乳児院、児童養護施設
では今日でいう子ども虐待の問題とかかわってきた。児童福祉法には、要保護児童

図表9-5 子ども虐待防止対策に関する法改正の内容（改正内容の抜粋）

児童福祉法による要保護児童対策として対応
平成12年 → 児童虐待の防止等に関する法律（児童虐待防止法）の成立（平成12年11月施行） ・児童虐待の定義（身体的虐待、性的虐待、ネグレクト、心理的虐待）　・住民の通告義務　等
平成16年 → 児童虐待防止法・児童福祉法の改正（平成16年10月以降順次施行） ・児童虐待の定義の見直し（同居人による虐待を放置すること等も対象）・通告義務の範囲の拡大（虐待を受けたと思われる場合も対象）・市町村の役割の明確化（相談対応を明確化し虐待通告先に追加）・要保護児童対策地域協議会の法定化　等
平成19年 → 児童虐待防止法・児童福祉法の改正（平成20年４月施行） ・児童の安全確認等のための立入調査等の強化、保護者に対する面会・通信等の制限の強化、保護者に対する指導に従わない場合の措置の明確化　等
平成20年 → 児童福祉法の改正（一部を除き平成21年４月施行） ・乳児家庭全戸訪問事業、養育支援訪問事業等子育て支援事業の法定化及び努力義務化　・要保護児童対策地域協議会の機能強化　・里親制度の改正等家庭的養護の拡充　等
平成23年 → 児童福祉法の改正（一部を除き平成24年４月施行） ・親権停止及び管理権喪失の審判等について、児童相談所長の請求権付与　・施設長等が、児童の監護等に関し、その福祉のために必要な措置をとる場合には、親権者等はその措置を不当に妨げてはならないことを規定　・里親等委託中及び一時保護中の児童に親権者等がいない場合の児童相談所長の親権代行を規定　等
平成28年 → 児童福祉法・児童虐待防止法等の改正（一部を除き平成29年４月施行） ・児童福祉法の理念の明確化　・母子健康包括支援センターの全国展開　・市町村及び児童相談所の体制の強化　・里親委託の推進　等
平成29年 → 児童福祉法・児童虐待防止法の改正（平成30年４月施行） ・虐待を受けている児童等の保護者に対する指導への司法関与　・家庭裁判所による一時保護の審査の導入　・接近禁止命令を行うことができる場合の拡大　等
令和元年 → 児童福祉法・児童虐待防止法等の改正（一部を除き令和２年４月施行） ・体罰禁止の法定化　・児童相談所の体制強化・設置促進　・関係機関間の連携強化　等
令和４年 → 児童福祉法等の改正（一部を除き令和６年４月施行） ・市区町村に「こども家庭センター」設置の努力義務　・社会的養育経験者等に対する自立支援の強化・子どもへのわいせつ行為などで登録を取り消された保育士の再登録を厳格化　等

資料：厚生労働省子ども家庭局家庭福祉課虐待防止対策推進室「児童家庭福祉の動向と課題」2021．を一部改変。

発見者の通告義務（第25条）や立入調査（第29条）、児童の一時保護（第33条）などが盛り込まれているが、これらが必ずしも有効に機能してきたわけではなく、しつけの一環としての体罰や折檻（せっかん）は日常的にみられ、それらの多くが子ども虐待にあたると受け止められるようになるまでには、長い年月を要した（**48ページ参照**）。

　子ども虐待への関心が高まったのは、1994（平成6）年に政府が国連による「児童の権利に関する条約」を批准（ひじゅん）し、2000（平成12）年に児童虐待の防止等に関する法律（児童虐待防止法）が制定されて以降のことである。子ども虐待防止対策としての対応については、**図表9-5**に示したとおり、児童虐待防止法および児童福祉法の改正により、通告義務や要保護児童対策地域協議会、子育て支援事業について制度的な充実が図られてきた。

　2016（平成28）年に公布された児童福祉法等の一部を改正する法律においては、児童相談所設置自治体の拡大および体制強化（スーパーバイザー、児童心理司、医師または保健師、弁護士の配置等）等が盛り込まれた。東京都特別区においては、児童相談所の設置が進められている。さらに2022（令和4）年の児童福祉法の改正においては、子育て世帯に対する包括的な支援のための体制強化および事業の拡充（かくじゅう）として、市区町村は、すべての妊産婦・子育て世帯・子どもの包括的な相談事業等を行う「こども家庭センター」の設置や、身近な子育て支援の場（保育所等）における相談機関の整備に努めることとなっている（2024（令和6）年4月に施行）。

保育士に求められる対応

　保育士は、虐待が疑われる気になる親子を発見したり、ほかの保護者や近隣住民（きんりん）から情報提供などがなされた場合、どのような対応が求められるのであろうか。情報があったにもかかわらず、それを放置し虐待を見逃したというようなことは絶対に避けなければならない。子ども虐待を発見したり疑うようなことがあれば、一人で抱え込まず保育所等施設内で相談・報告をすることが重要である。子ども虐待は一人で解決することは極めて困難であることを認識し、施設内で情報を共有し組織として対応する必要がある。また、緊急性が高い場合には、ただちに市町村または児童相談所に通告することが求められる（**図表9-6**）。

　保育士は、子どもたちとかかわる時間が長く、子ども虐待を受けている、あるいはその疑いのある子どもたちに対して、そして子育てに行き詰まっている親たちに対して最も身近な社会福祉専門職として手を差し伸べることのできる存在なのである。

図表9-6　保育所・幼稚園・学校における対応の流れ（フローチャート）

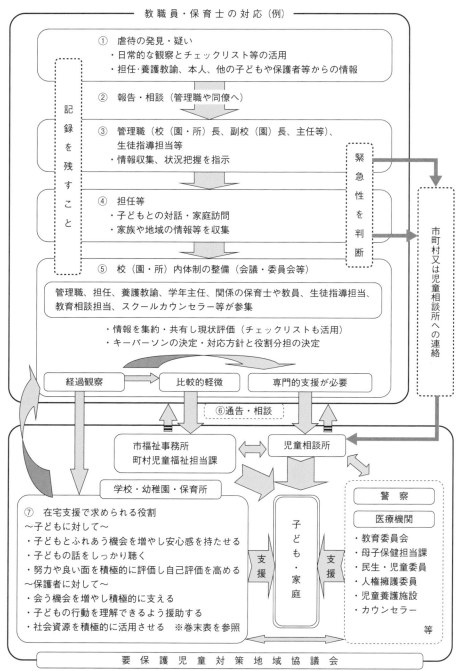

――――　教 職 員 ・ 保 育 士 の 対 応 （例）　――――

① 虐待の発見・疑い
・日常的な観察とチェックリスト等の活用
・担任・養護教諭、本人、他の子どもや保護者等からの情報

② 報告・相談（管理職や同僚へ）

③ 管理職（校（園・所）長、副校（園）長、主任等）、
生徒指導担当等
・情報収集、状況把握を指示

④ 担任等
・子どもとの対話・家庭訪問
・家族や地域の情報等を収集

記録を残すこと

緊急性を判断

市町村又は児童相談所への連絡

⑤ 校（園・所）内体制の整備（会議・委員会等）

管理職、担任、養護教諭、学年主任、関係の保育士や教員、生徒指導担当、
教育相談担当、スクールカウンセラー等が参集

・情報を集約・共有し現状評価（チェックリストも活用）
・キーパーソンの決定・対応方針と役割分担の決定

経過観察　　比較的軽微　　専門的支援が必要

⑥通告・相談

市福祉事務所
町村児童福祉担当課

児童相談所

学校・幼稚園・保育所

⑦　在宅支援で求められる役割
～子どもに対して～
・子どもとふれあう機会を増やし安心感を持たせる
・子どもの話をしっかり聴く
・努力や良い面を積極的に評価し自己評価を高める
～保護者に対して～
・会う機会を増やし積極的に支える
・子どもの行動を理解できるよう援助する
・社会資源を積極的に活用させる　※巻末表を参照

子ども・家庭

支援　　支援

警　　察

医療機関

・教育委員会
・母子保健担当課
・民生・児童委員
・人権擁護委員
・児童養護施設
・カウンセラー

等

要 保 護 児 童 対 策 地 域 協 議 会

出典：大分県・大分県教育委員会「教職員・保育従事者のための児童虐待対応の手引き（平成24年7月）」を一部改変。

120

2. DV と子ども虐待の関連性および
DV が子どもに与える影響

　すでに述べたとおり、近年の子ども虐待の内訳をみると、子どもの面前でのドメスティックバイオレンス（DV）による心理的虐待が増加している。これは、2004（平成16）年の児童虐待防止法の改正により、子どもが同居している家庭で、子どもの面前での配偶者に対する暴力を心理的虐待に含むことになったことによるが、子ども虐待と DV は強い関連があることがわかっている。

　図表9-7は、東京都配偶者暴力相談支援センターと東京都女性相談センターが2019（令和元）年7月1日から11月30日の期間内に受け付けた配偶者暴力被害者本人からの相談をまとめた「令和元年度配偶者暴力被害の実態と関係機関の現状に関する調査報告書」で、子どもがいる場合に子どもへの暴力等がどのくらいあったかを整理したものである。

　DV が疑われたり認められた場合には、同じ保護者のもとで生活する子どもがDV を目撃することによる心理的虐待を受けている事態が想定されるとともに、子ども自身も身体的暴力を受けている可能性が高いことを認識すべきである。さらに、親が DV を受けると身体的にも精神的にも疲弊し子どもに関心が向かない状況が生まれ、ネグレクトになる場合が多いといわれている。

　また、DV のある家庭に育った子どもたちには、情緒不安、体調不安、不登校やひきこもり、さらには、親や友人への暴力としてその影響が現れることがあるといわれている。さらに、DV のある家庭の子どもには自尊心が低い子どもが多いとの報告がある。DV のある家庭は子どもにとって安全で安心できる場所ではなく、その影響は行動面・情緒面・発達面・身体面と多岐にわたり深刻な影響を与える。

図表9-7 「令和元年度 配偶者暴力被害の実態と関係機関の現状に関する調査報告書」（東京都）における DV 相談と子ども虐待

	電話相談（総数1030件）	面接相談（総数83件）
「子どもあり」	707件（68.6%）	69件（83.1%）
夫・パートナー（加害者）から子どもへの暴力「あり」	279件（39.5%）（精神的暴力、身体的暴力、育児放棄、性的暴力）	37件（53.6%）（精神的暴力、身体的暴力、育児放棄、性的暴力）
被害者から子どもへの暴力「あり」	51件（7.2%）（精神的暴力、身体的暴力、育児放棄）	0件

資料：東京都生活文化局「令和元年度 配偶者暴力被害の実態と関係機関の現状に関する調査報告書」2020. をもとに作成。

第9講 子ども虐待・ドメスティックバイオレンスとその防止

121

Step3

子ども虐待・DV 防止のために

家族のなかで起こっている「暴力」という視点をもつ

　Step1で子ども虐待やドメスティックバイオレンス（DV）の実態をみてきたが、一般的に語られがちな「家族はよきもの」とは限らない状況が、子どもをめぐって覆い隠すことができないほど存在する、ということが実証されているといえる。

　しかし、子ども虐待やDVの多くは家庭という密室で行われ、親も子も外部に援助を求めず孤立する傾向がある。また、日本では、子ども虐待防止の取り組みとDV被害者への取り組みは、別々に進んできている。現実には、同じ家族のなかで子ども虐待とDVは同時多発的に発生することが多く、一体的にとらえる視点をもつ（発見する目をもつ）ことが保育士等子どもにかかわる専門職には求められる。

子どもの「問題行動」の背景を考える

　子どもの生活の基盤となる家庭のなかで起こっている子ども虐待やDVが子どもに与える影響は極めて大きい。発見と通告が遅れることで、子どもの生命や心身に深刻な事態を及ぼす。したがって、子どもにかかわる専門職は、子どもが表出する言動に注意を払い、特に行動上・適応上の特徴について、「なぜそのようなことをするのか、そうせざるをえないのか」という問題意識をもち、子どもの生活背景を理解しようとすることが必要である。

　図表9-8は、虐待の兆候や原因となりそうな項目である。このような行動特徴をもつ子どもや親には、特別な支援を考慮する必要がある。

チームアプローチによる実践の必要性

　児童虐待の防止等に関する法律第5条には、児童福祉施設職員は学校の教職員、医師、保健師、弁護士などとともに「児童虐待を発見しやすい立場にあることを自覚し、児童虐待の早期発見に努めなければならない」と努力義務が課せられている。なかでも保育所は子どもに毎日、長時間、複数の職員がかかわり、保護者との接点ももちやすく、子ども虐待やその兆候を発見しやすい場であるということの認識が必要である。しかし、子ども虐待やDVは、発見からケアに至るまでを1つの機関で対応できる課題ではない。子ども虐待およびDVへの対応は、子どもの生命と生活を守るという目標を1つの施設や機関のなかで共有するとともに、多様な専門機関や専門職が共有し、チームアプローチによる実践が求められる。

図表9-8 子ども虐待の気づき（発見のポイント）

【子ども】

心身の状況	・不定愁訴、反復する腹痛、便秘などの体調不良を訴える ・体重・身長が著しく年齢相応ではない ・睡眠中に突然叫んだり、悪夢、不眠がある ・警戒心が強く、音や振動に過剰に反応し、手を挙げただけで顔や頭をかばう ・過度に緊張し、教員等と視線が合わせられない ・大人の顔色をうかがったり、接触を避けようとしたりする ・表情が乏しく、受け答えが少ない ・ボーっとしている、急に気力がなくなる
行　動	・落ち着きがなく、過度に乱暴だったり、弱い者に対して暴力をふるったりする ・他者とうまく関われず、ささいなことでもすぐにカッとなるなど乱暴な言動がみられる ・激しいかんしゃくを起こしたり、かみついたりするなど攻撃的である ・友達と一緒に遊べなかったり、孤立しがちである ・担任の教員等を独占したがる、用事はなくてもそばに近づいてこようとするなど、過度のスキンシップを求める ・不自然に子どもが保護者と密着している ・必要以上に丁寧な言葉遣いや挨拶をする ・繰り返し嘘をつく、空想的な言動が増える ・自暴自棄な言動がある ・保護者の顔色をうかがう、意図を察知した行動をする ・保護者といるとおどおどし、落ち着きがない ・保護者がいると必要以上に気を遣い緊張しているが、離れると安心し表情が明るくなる
衣食・清潔	・からだ（洗髪していない、におい、垢の付着、爪の伸び）が清潔に保たれていない ・衣類が破れたり、汚れている ・季節にそぐわない服装をしている ・虫歯の治療が行われていない ・食べ物への執着が強く、過度に食べる ・極端な食欲不振が見られる ・食べ物をねだることがよくある
登園・登校	・理由がはっきりしない欠席・遅刻・早退が多い

【保護者】

子どもとの関わり	・特異な育児観、脅迫的な育児、理想の押しつけや年齢不相応な要求がある ・体罰容認など暴力への親和性 ・子どもの発達にそぐわないしつけや行動制限をしている ・「可愛くない」「にくい」など差別的な発言がある ・子どもとの愛着形成が十分に行われていない ・子どもの発達等に無関心であったり、育児について否定的な発言がある ・きょうだいに対しての差別的な言動や特定の子どもに対して拒否的な態度 ・育児に対する不安、育児知識や技術の不足
心身の健康	・精神科への受診歴、相談歴がある ・産後うつ等精神的に不安定な状況 ・アルコールや薬物の依存（過去も含む）がある ・身体障害、知的障害がある（障害者手帳等の有無は問わない） ・子育てに関する強い不安がある ・保護者自身が必要な治療行為を拒否する
行　動	・子どもが受けた外傷や症状と保護者の説明につじつまが合わない ・調査に対して著しく拒否的である ・保護者が「死にたい」「殺したい」「心中したい」などと言う ・ささいなことでも激しく怒ると、感情や行動のコントロールができない ・被害者意識が強く、事実と異なった思い込みがある ・他児の保護者との対立が頻回にある
生活歴	・予期しない妊娠・出産、若年の妊娠 ・自殺企図、自傷行為の既往がある ・被虐待歴、愛されなかった思い等、何らかの心的外傷を抱えている ・過去に心中の未遂がある ・配偶者からの暴力（いわゆるDV）を受けている（いた） ・過去にきょうだいの不審死があった

出典：横浜市子育てSOS連絡会編「横浜市子ども虐待防止ハンドブック（平成30年度改訂版）」横浜市こども青少年局こども家庭課, p.7,
2018. を一部改変。

第9講 子ども虐待・ドメスティックバイオレンスとその防止

参考文献

● 大分県・大分県教育委員会「教職員・保育従事者のための児童虐待対応の手引き」2012.

● 厚生労働省子ども家庭局家庭福祉課虐待防止対策推進室「児童家庭福祉の動向と課題」2021.

● 東京都生活文化局「令和元年度配偶者暴力被害の実態と関係機関の現状に関する調査報告書」2020.

● 横浜市子育て SOS 連絡会編「横浜市子ども虐待防止ハンドブック（平成30年度改訂版）」横浜市こども青少年局こども家庭課，2018.

COLUMN　DV 被害者の支援

　下図に記されている各種機関・施設のみでなく、子どもがいる場合には児童相談所や自治体の子ども関連の部署等、高齢者のドメスティックバイオレンス（DV）の場合には自治体の高齢者関連の部署等との連携など、被害者支援にあたっては、多様な関係機関との連携が求められている。（原　史子）

図表 配偶者暴力防止法の概要

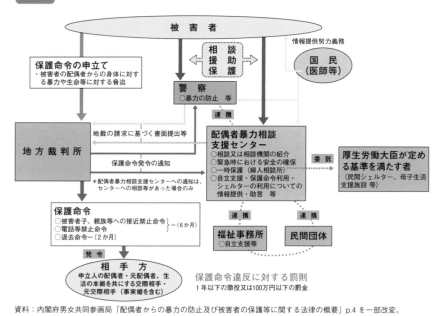

資料：内閣府男女共同参画局「配偶者からの暴力の防止及び被害者の保護等に関する法律の概要」p.4 を一部改変。

第 10 講

貧困家庭、外国籍の子どもと
その家庭への対応

2000年代後半以降に社会問題化した「子どもの貧困」は、物質的に豊かな日本社会のなかでは見ようとしなければ見えない貧困であるといわれる。本講では、貧困の現状や貧困のなかで子ども期を過ごすということが子どもにどのような影響をもたらすのか、外国にルーツをもつ子どもやその家庭の現状も含め学ぶとともに、格差を解消するための保育所の可能性について考える。保育士には格差と貧困の深刻さに目を背けない対応が求められている。

Step1

1. 子育て世帯の貧困

相対的貧困というとらえ方

　2013（平成25）年に「子どもの貧困対策の推進に関する法律」が制定されて以降、子どもの貧困への関心が高まり、全国各地で子ども食堂や学習支援など地域を巻き込んだ支援の輪が広がっている。しかし、現在の日本社会で「貧困」といっても実感がもてないと思われる人も少なくないだろう。そこで「貧困」とは何か、あらためて考えてみよう。

　人々の困窮の度合いをはかる「ものさし」として、貧困には「絶対的貧困」と「相対的貧困」というとらえ方がある。「絶対的貧困」は、生命を維持するために最低限必要な衣食住に欠く状態、例えば途上国での飢餓状態等を指す。一方で、「相対的貧困」は、その社会や地域における一般的な生活を享受できない状態のことをいう。つまり、貧困であるか否かは、その人が生活している社会の「一般的な生活」との比較によって判断されるため、その人が生活している地域、国、時代等によって変化することになる。

　さらに貧困率をどのように計測するかについてはさまざまな方法が検討されてきた。厚生労働省は「相対的貧困率」を公表しているが、これは、国際比較にも用いられる代表的な指標である。具体的には、世帯の可処分所得を世帯人員数で調整した等価可処分所得の中央値の半分に満たない額しか得ていない者を「相対的貧困」にある者と定義し算出している[*1]。「子どもの貧困率」とは、その子が属している世帯の等価可処分所得を元に算出し、18歳未満の子ども全体に占める等価可処分所得が貧困線に満たない子どもの割合をいう。

相対的貧困というとらえ方からみる子育て世帯の貧困

　国民生活基礎調査によると、2018（平成30）年の一人当たりの等価可処分所得の中央値は253万円で貧困線は127万円である。等価可処分所得が127万円に満たない場合、相対的貧困に該当する。「子どもがいる現役世帯」（世帯主が18歳以上65歳未満で子どもがいる世帯）の貧困率[*2]は12.6%であり、そのうち「大人が二人以上」

---

*1　これは国民生活基礎調査における相対的貧困率を指す。国民生活基礎調査における相対的貧困率は、一定基準（貧困線）を下回る等価可処分所得しか得ていない者の割合をいう。貧困線とは、等価可処分所得（世帯収入から税金・社会保険料等をのぞいたいわゆる手取り収入を世帯人員の平方根で割って調整した所得）の中央値の半分の額をいう。この算出方法は OECD（経済協力開発機構）の作成基準に基づいている。

図表10-1 貧困率の年次推移

	昭和60年	63	平成3年	6	9	12	15	18	21	24	27	30
	（単位：%）											
相対的貧困率	12.0	13.2	13.5	13.8	14.6	15.3	14.9	15.7	16.0	16.1	15.7	15.4
子どもの貧困率	10.9	12.9	12.8	12.2	13.4	14.4	13.7	14.2	15.7	16.3	13.9	13.5
子どもがいる現役世帯	10.3	11.9	11.6	11.3	12.2	13.0	12.5	12.2	14.6	15.1	12.9	12.6
大人が一人	54.5	51.4	50.1	53.5	63.1	58.2	58.7	54.3	50.8	54.6	50.8	48.1
大人が二人以上	9.6	11.1	10.7	10.2	10.8	11.5	10.5	10.2	12.7	12.4	10.7	10.7
	（単位：万円）											
中央値（a）	216	227	270	289	297	274	260	254	250	244	244	253
貧困線（a/2）	108	114	135	144	149	137	130	127	125	122	122	127

注1：平成6年の数値は、兵庫県を除いたものである。
注2：平成27年の数値は、熊本県を除いたものである。
注3：貧困率は、OECDの作成基準に基づいて算出している。
注4：大人とは18歳以上の者、子どもとは17歳以下の者をいい、現役世帯とは世帯主が18歳以上65歳未満の世帯をいう。
注5：等価可処分所得金額不詳の世帯員は除く。
出典：厚生労働省「2019年国民生活基礎調査の概況」を一部改変。

の世帯では10.7％、「大人が一人」の世帯では48.1％となっている。つまり、ひとり親世帯の貧困率が極めて高いことがわかる。そして、この割合は、**図表10-1**に示したとおり30年以上前からほとんど変わっていない。

　子どもの貧困率は2015（平成27）年の13.9％から2018（平成30）年には13.5％となり、微減した。しかし、国際的にみると、日本の子どもの貧困率はOECD諸国のなかでいまだ高い状態にある。

世帯類型からみた子育て世帯の貧困

　子育て世帯の貧困について、より詳しくみてみよう。**図表10-2**は、第5回子育て世帯全国調査[*3]における世帯類型別にみた相対的貧困率を表したものである。第5回調査における可処分所得が貧困線未満の世帯の割合は、ふたり親世帯では5.9％、母子世帯では51.4％、父子世帯では22.9％となっている。

　また、可処分所得が貧困線の50％に満たない「ディープ・プア」とよばれる深度

[*2]　「子どもがいる現役世帯」の貧困率とは、子どもがいる現役世帯に属する世帯員全体に占める、等価可処分所得が貧困線に満たない世帯の世帯員の割合をいい、18歳未満の子ども全体に占める等価可処分所得が貧困線に満たない子どもの割合をいう「子どもの貧困率」とは異なる。

[*3]　独立行政法人労働政策研究・研修機構は2011（平成23）年、2012（平成24）年、2014（平成26）年、2016（平成28）年に続き、2018（平成30）年に第5回子育て世帯全国調査（子どものいる世帯の生活状況および保護者の就業に関する調査2018）を実施している。この調査では、末子が18歳未満のふたり親世帯またはひとり親世帯（いずれも核家族世帯に限らず祖父母等親族との同居世帯を含む）を調査対象としている。

図表10-2　世帯類型別相対的貧困率

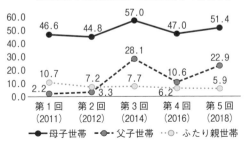
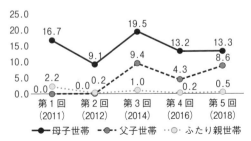

出典：独立行政法人労働政策研究・研修機構「子どものいる世帯の生活状況および保護者の就業に関する調査2018（第5回子育て世帯全国調査）」p.21. を一部改変。

　貧困世帯の割合は、ふたり親世帯が0.5％、母子世帯が13.3％、父子世帯が8.6％となっている。いずれも母子世帯および父子世帯の貧困率は、前回調査よりも増加傾向にあることがみてとれる。

2. ひとり親家庭の実状

ひとり親世帯の世帯数と形成理由

　先にみたとおり、子育て世帯のなかでも特に経済的に厳しい状況にあるのがひとり親世帯、特に母子世帯である。厚生労働省「平成28年度全国ひとり親世帯等調査」の推計値によれば、ひとり親世帯は約142万世帯（母子世帯約123万世帯、父子世帯約19万世帯）となっている。なお、この調査では、ひとり親世帯を満20歳未満の未婚の子どもがその父、母、祖父母等に養育されている世帯と定義している。

　母子・父子世帯となった理由について、母子世帯になった理由は、死別8.0％、離婚79.5％、未婚の母8.7％であり、前回調査（2011（平成23）年）と比べると未婚の母が微増している。父子世帯については、死別19.0％、離婚75.6％であり、いずれも離婚が大多数を占めている。司法統計[4]によれば、裁判所を経由した離婚の際の妻の動機については、ドメスティックバイオレンスを理由とするものが多い。

---

*4　司法統計「婚姻関係事件数—申し立ての動機別」（令和2年度）によると、裁判所を経由した婚姻関係に関する妻からの申し立て（調停離婚・裁判離婚）の動機は、「性格が合わない」が最も多いが、ついで「生活費を渡さない」「精神的に虐待する」「暴力を振るう」が多い。後者の3つはドメスティックバイオレンスとみなされる。

ひとり親世帯の生活実態

　日本のひとり親世帯は高い就労率であるにもかかわらず、貧困率が高いことが先進諸外国と比べた際のきわだった特徴である（ひとり親世帯の相対的貧困率については先にみたとおりである）。母子世帯の母の就業状況を平成28年度全国ひとり親世帯等調査の調査時点でみてみると、「就業している母」は81.8％と、ほとんどが就業しているのである。その内訳は、「派遣社員」（4.6％）と「パート・アルバイト等」（43.8％）が48.4％と約半数を占め、「正規の職員・従業員」は前回調査（2011年）[*5]より増加したが44.2％と半数以下となっている。さらに、母子世帯の平均年収は348万円、父子世帯の平均年収は573万円であり、児童のいる世帯全体の平均年収707.8万円より母子世帯の場合は特に低い状況にある。

　また、ひとり親世帯においては、就労と家事・育児の負担が一人の親に重くのしかかっているが、子どもの教育・進学やしつけについての悩みも大きい（**図表10-3**）。そのため、経済的にも時間的にも心理的にもひとり親は困難な状況に陥りがちであり、その影響は社会関係（社会の一構成員として人と交流したり、人生を楽しむ等）に及ぶこともある。そして、それらの影響は直接的・間接的に子どもに波及する場合が多い。子ども虐待に関する統計調査においては、ふたり親世帯と比較し、母子世帯などひとり親世帯は、虐待の発生率が高いことが指摘されている。

3. 外国籍の子どもとその家庭

外国にルーツをもつ子どもとその家庭の増加

　2021（令和3）年12月末時点の在留外国人数は約276万635人となっている。国籍別にみると、中国、ベトナム、韓国、フィリピン、ブラジルの順に多い。1980年代後半の製造業等における単純労働力不足を背景に、日系南米人をはじめとするニューカマーと呼ばれる外国人が多数来日し、現在では定住化が進んでいる。ここでは詳述する余裕はないが、経済のグローバル化に伴い、1980年代のバブル経済、その後のリーマン・ショックという社会経済変動のなかで進められてきた入管政策や移住政策によるところも大きい。

　国境を越えて人は移動し生活を営む。家族を伴い来日する人もいれば、日本で結

---

*5　前回調査は2011（平成23）年であり、「正規の職員・従業員」39.4％であった。

図表10-3　ひとり親世帯の子どもについての悩み

母子世帯の母が抱える子どもについての悩みの内訳（最もあてはまるもの）

	しつけ	教育・進学	就職	非行・交友関係	健康	食事・栄養	衣服・身のまわり	結婚問題	障害	その他
平成23年 総　数	(%) 15.6	56.1	7.2	3.6	5.3	2.6	0.8	0.1	—	8.7
平成28年 総　数	13.1	58.7	6.0	3.0	5.9	2.6	0.8	0.4	4.3	5.2

父子世帯の父が抱える子どもについての悩みの内訳（最もあてはまるもの）

	しつけ	教育・進学	就職	非行・交友関係	健康	食事・栄養	衣服・身のまわり	結婚問題	障害	その他
平成23年 総　数	(%) 16.5	51.8	9.3	2.9	6.0	6.7	3.1	—	—	3.8
平成28年 総　数	13.6	46.3	7.0	1.8	6.6	7.0	4.8	2.2	2.9	7.7

注：表中の割合は「特に悩みはない」と不詳を除いた割合である。以下同じ。
出典：厚生労働省「平成28年度　全国ひとり親世帯等調査結果報告」を一部改変。

婚し家族を形成することも人の生活としては自然なことである。しかしながら、日本政府は公式に移民政策を実施しておらず、来日した外国人は、日本語や日本の生活習慣等を学ぶ機会が十分に得られないことが多い。そのような状況のなかで、外国にルーツをもつ乳幼児数も増加し、保育所や幼稚園、学校等にも外国籍や外国にルーツをもつ子どもたちが地域によっては増加しているが、その対応は自治体によって温度差があるのが実情である。また、外国人向けの支援機関も限られている。

外国籍の子どもとその家庭の生活状況

　このような状況のなかで、2018（平成30）年5月に、外国人の世帯主の生活保護受給世帯は平成28年度に月平均で前年度より増加し、平成18年度からの10年間で56.0％増え約4万7000世帯になったと報道された。バブル期の人手不足で労働者として来日した日系南米人などがリーマン・ショックなどの景気悪化で大量に解雇され、日本語力が低いことにより再就職が難しいためと報道されていた[*6]。

　令和2年度の被保護者調査によると、世帯主が外国籍の被保護世帯数は、4万

＊6　産経新聞（2018年5月3日）より。

5638世帯であり、国籍別でみると韓国・朝鮮が最も多く、次いで中国、フィリピンの順になっている。

　外国人の生活保護受給世帯の特徴は、国籍にもよるが母子世帯が多いことである。日本人の生活保護受給世帯はその約半数が高齢者世帯であり母子世帯は１割にも満たないが、フィリピン人の被保護世帯は母子世帯の割合が突出して多く、中国、ブラジルも多い傾向にある。言葉の壁や差別・偏見、情報格差があるなかで、日本語を母語としない外国人女性がひとり親で就業し家計を支えることの難しさが現れているといえよう。

　また、東京都は児童相談所における相談で、外国人の相談受理状況や対応状況についてまとめ公表しているが、外国人による相談件数は年々増加傾向にあり、相談内容は虐待相談を含む養護相談が最も多い。対応状況をみると児童養護施設や乳児院などの施設に令和２年度は69人が措置されている。

　外国での妊娠・出産・育児はその文化も母国とは異なり、情報源も限られ、身近に相談できる相手も少なく不安とリスクが伴う。経済状況が不安定な場合には不安とリスクはさらに増幅する。子どもの成長には保護者が支えられることが必要不可欠であり、これは日本人でも外国人でも変わらない。しかし、外国人の保護者のなかには日本語でのコミュニケーションが十分にとれないケースがあり、医師、保健師、学校の先生、福祉関係者等との意思疎通の難しさが加わる。

　保育士も保育所等で外国籍の保護者と身近に接する機会は少なくない。意思疎通や宗教・習慣、養育方法などの違いから戸惑うことは多々あると思われるが、その文化を学び尊重する姿勢や母語の重要性の認識、外国の文化をほかの子どもたちにも伝え理解をうながす姿勢などが必要である。また、保護者同士についても、必要となる情報を提供し、お互いの理解を育むようなかかわりも求められる。

4. 貧困のなかで子ども期を過ごすということ

貧困は子どもの生活にどのように立ち現れるのか

　貧困は経済的な側面にとどまらない。金銭的困窮は、親の就労状況の悪化を招き、親が子どもと過ごす時間を奪い、親・子のストレスを高め、さらには親の健康状態の悪化や精神状態の悪化につながり、子どもへの影響も大きい。

　「東京都子供の生活実態調査報告書」（平成29年３月）の調査結果のなかで、子どもの生活への影響に着目すると、困窮層では「この１年間新しい洋服を買っても

らったことがない」「塾や習い事に行くことができない」「家族旅行に行けない」といった事態が読み取れる。

また、「友だちの家に行ってはじめて友だちは自分の部屋や勉強机を持っていることを知った」「部活に入りたいが道具に費用がかかり入れない」といった状況がある。現代の子どもたちのこのような経験が非常につらいものであることは想像にかたくない。

さらに、金銭的困窮は、病気になった時に受診抑制という形で病院受診を阻んだり、食事面でも朝食を食べる頻度が少ないなど栄養面での偏りも懸念される。

貧困が子どもに与える影響

あるテレビ番組で語られていた次の言葉の変化に注目しよう。日本の相対的貧困状態にある子どもたちは、心のなかで「なんで私（僕）だけ？」という言葉を何度も繰り返すという。そして、この言葉を繰り返した子どもたちがこの言葉を言わなくなって今度は、「どうせ私（僕）なんて」という言葉を繰り返すようになるというのである（図表10-4の自己肯定感に関する調査結果を参照してほしい）。

周りの友だちにとってはあたりまえの事柄が自分だけ享受できないという状態は、子どもにとって大きなダメージとなる。イギリスの著名な社会学者タウンゼント（Townsend, P.）は現代における貧困を「相対的剥奪」と言ったが、まさに、貧困は物だけでなく、教育機会やさまざまな経験、さらには人とのつながりを剥奪し、自己肯定感の低下をも招く（図表10-4）のである。その結果、希望や意欲に影響を与えることが少なくなく、学力の不振、不登校・引きこもりなどにつながっていくことも指摘されている。

貧困のなかで子ども期を過ごすということがどういうことなのか、保育士をはじめとする社会福祉専門職者には十分な理解が求められる。

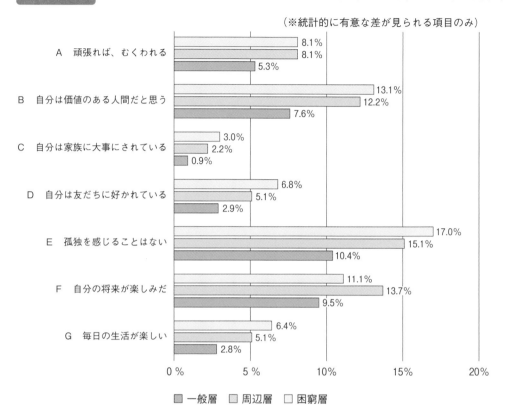

図表10-4　自己肯定感（「思わない」と回答した割合）（16-17歳）：生活困難度別

（※統計的に有意な差が見られる項目のみ）

A　頑張れば、むくわれる
- 8.1%
- 8.1%
- 5.3%

B　自分は価値のある人間だと思う
- 13.1%
- 12.2%
- 7.6%

C　自分は家族に大事にされている
- 3.0%
- 2.2%
- 0.9%

D　自分は友だちに好かれている
- 6.8%
- 5.1%
- 2.9%

E　孤独を感じることはない
- 17.0%
- 15.1%
- 10.4%

F　自分の将来が楽しみだ
- 11.1%
- 13.7%
- 9.5%

G　毎日の生活が楽しい
- 6.4%
- 5.1%
- 2.8%

0%　5%　10%　15%　20%

■ 一般層　□ 周辺層　□ 困窮層

出典：首都大学東京子ども・若者貧困研究センター「東京都子供の生活実態調査報告書〔小中高校生等調査〕（平成29年3月）」p.139, 2017. を一部改変。

第10講　貧困家庭、外国籍の子どもとその家庭への対応

Step2

1. 子どもの貧困対策

　国としての子どもの貧困への対応は、2009（平成21）年に政府が相対的貧困率を公表したことを契機に政治レベルでも関心が高まり、「子どもの貧困対策の推進に関する法律」（以下、子どもの貧困対策法）が議員立法の法律案として提案され、2013（平成25）年6月に制定されたことから始まっている。

　子どもの貧困対策法の目的は、子どもの現在および将来がその生育環境に左右されることのないよう、すべての子どもが心身ともに健やかに育成され、その教育の機会均等が保障され、子ども一人ひとりが夢や希望をもつことができるようにするため、子どもの貧困の解消に向けて、児童の権利に関する条約の精神にのっとり、子どもの貧困対策に関し、基本理念を定め、国等の責務を明らかにして、子どもの貧困対策の基本となる事項を定めることにより、子どもの貧困対策を総合的に推進することであると第1条に述べられている。

　同法をふまえ、政府は2014（平成26）年8月に「子供の貧困対策に関する大綱」を閣議決定した。大綱では、子どもの貧困対策に関する基本的な方針をはじめ、子どもの貧困に関する指標、指標の改善に向けた当面の重点施策、子どもの貧困に関する調査研究および施策の推進体制等が定められた。

　この大綱は5年をめどに見直しを検討するとされていたこと、そして2019（令和元）年の子どもの貧困対策法の一部改正を受けて内容が見直され、同年11月に新たな大綱が策定された（**図表10-5**）。

　新しい大綱の理念では、将来だけでなく現在にも焦点をあてること、子育てや貧困を家庭のみの責任とせず地域や社会全体で課題解決するという視点が加わった。さらに、「困っている家庭ほど声を上げることができない」という認識のもと、基本的な方針として「支援が届いていない、又は届きにくい子供・家庭に配慮して対策を推進する」という方針が示された。

　法律や大綱の制定により、子どもの貧困問題を解決する責務が政府・地方公共団体にあることが明記されたことの意味は大きい。このような政策動向のなかで市民や市民団体による学習支援や子ども食堂が全国に拡がってきた。さらには、大綱に記されている学校をプラットフォームにした地域づくりや税制・社会保障制度全体を見通した本質的な貧困問題への切り込みが必要不可欠であろう。

| 図表10-5 | 子供の貧困対策に関する大綱（令和元年11月29日閣議決定）の概要 |

Ⅰ 目的・理念

○現在から将来にわたって、全ての子供たちが前向きな気持ちで夢や希望を持つことのできる社会の構築を目指す。
○子育てや貧困を家庭のみの責任とするのではなく、地域や社会全体で課題を解決するという意識を強く持ち、子供のことを第一に考えた適切な支援を包括的かつ早期に講じる。

Ⅱ 基本的な方針

○親の妊娠・出産期から子供の社会的自立までの切れ目ない支援
○支援が届いていない、又は届きにくい子供・家庭への配慮
○地方公共団体による取組の充実
　　　　　　　　　　など

Ⅳ 指標の改善に向けた重点施策

教育の支援

○幼児教育・保育の無償化の推進及び質の向上
○地域に開かれた子供の貧困対策のプラットフォームとしての学校指導・運営体制の構築
　・スクールソーシャルワーカーやスクールカウンセラーが機能する体制の構築、少人数指導や習熟度別指導、補習等のための指導体制の充実等を通じた学校教育による学力保障
○高等学校等における修学継続のための支援
　・高校中退の予防のための取組、高校中退後の支援
○大学等進学に対する教育機会の提供
○特に配慮を要する子供への支援
○教育費負担の軽減
○地域における学習支援等

生活の安定に資するための支援

○親の妊娠・出産期、子供の乳幼児期における支援
　・特定妊婦等困難を抱えた女性の把握と支援　等
○保護者の生活支援
　・保護者の自立支援、保育等の確保等
○子供の生活支援
○子供の就労支援
○住宅に関する支援
○児童養護施設退所者等に関する支援
　・家庭への復帰支援、退所等後の相談支援
○支援体制の強化

Ⅲ 子供の貧困に関する指標

○生活保護世帯に属する子供の高校・大学等進学率
○高等教育の修学支援新制度の利用者数
○食料又は衣服が買えない経験
○子供の貧困率
○ひとり親世帯の貧困率
　　　　　　など、39の指標

保護者に対する職業生活の安定と向上に資するための就労の支援

○職業生活の安定と向上のための支援
　・所得向上策の推進、職業と家庭が安心して両立できる働き方の実現
○ひとり親に対する就労支援
○ふたり親世帯を含む困窮世帯等への就労支援

経済的支援

○児童手当・児童扶養手当制度の着実な実施
○養育費の確保の推進
○教育費負担の軽減

施策の推進体制等

<子供の貧困に関する調査研究等>
○子供の貧困の実態等を把握するための調査研究
○子供の貧困に関する指標に関する調査研究
○地方公共団体による実態把握の支援

<施策の推進体制等>
○国における推進体制
○地域における施策推進への支援
○官公民の連携・協働プロジェクトの推進、国民運動の展開
○施策の実施状況等の検証・評価
○大綱の見直し

出典：内閣府ホームページ

2. ひとり親家庭への支援

　今日のひとり親家庭施策は、2002（平成14）年11月に改正された「母子及び寡婦福祉法」に基づき策定された「母子家庭及び寡婦の生活の安定と向上のための措置

に関する基本的な方針」（現在は「父子」も対象であり、最新の方針は令和2年度から令和6年度までの5年間の方針が策定されている）により、児童扶養手当など所得保障に重点をおいた政策から就労・生活支援へと施策が転換され、①子育て・生活支援、②就業支援、③養育費確保支援、④経済的支援の4本柱により推進されてきた（**COLUMN** 参照）。

　なかでも就業支援は重点的に取り組まれており、2012（平成24）年には、「母子家庭の母及び父子家庭の父の就業の支援に関する特別措置法」が制定され、さらに平成26年度からは、ひとり親家庭の総合的な支援のために、相談窓口の強化事業として、地方自治体の相談窓口に就業支援専門員が配置された。ひとり親家庭の父や母の就業に関する施策の充実が進められている。しかしながら **Step 1** でみたとおり、日本のひとり親世帯の就労率はきわめて高い。そのため、安定した雇用による就労自立や経済的な支援（養育費や社会保障給付）など、ひとり親、特に母子世帯の経済的な強化は喫緊の課題である。さらに、日本の現実は、働くことと育児、介護などの両立がだれにとっても困難な場合が多く、さまざまな事情をかかえた労働者が尊厳をもって働くことができるような働き方の改革が必要不可欠である。

　また、2013（平成25）年5月から、社会保障審議会児童部会ひとり親家庭への支援施策の在り方に関する専門委員会が開催され、「ひとり親家庭への支援施策の在り方について」（中間まとめ）が取りまとめられた。それに基づき、2014（平成26）年4月に、「母子及び寡婦福祉法」が「母子及び父子並びに寡婦福祉法」と改正され、母子福祉資金等の支援施策の対象を父子家庭にも拡大するなど、父子家庭に対する支援の拡充が図られた。ほかにも、子育て・生活支援の強化として、保育所入所に加え、放課後児童健全育成事業等の利用に関する配慮規定が追加されるとともに、子どもへの相談・学習支援等にかかる予算事業が法定化されるなど、支援施策が強化された。

　しかしながら、経済的に厳しい状況におかれたひとり親家庭は依然として多く、また、同様の状況にある多子世帯も増加傾向にあるとの認識のもと、2015（平成27）年12月に、「ひとり親家庭・多子世帯等自立応援プロジェクト」が策定された（**図表10-6**）。このプロジェクトでは、①支援が必要な方に行政のサービスを十分に行き届けること、②複数の困難な事情を抱えている方が多いため一人一人に寄り添った支援の実施、③ひとりで過ごす時間が多い子供達に対し、学習支援も含めた温かい支援の実施、④安定した就労による自立の実現、の4点を課題とし、就労による自立に向けた支援を基本にしつつ、子育て・生活支援・学習支援などの総合的な支援が実施されることとなった。具体的な対応として第1に掲げられたのは、支

図表10-6 ひとり親家庭等への支援施策の動き

平成27年12月 すくすくサポート・プロジェクト（ひとり親家庭・多子世帯等自立応援プロジェクト）子どもの貧困対策会議決定

【支援施策の拡充等】平成28年度
・ワンストップ化の推進（現況届時の集中相談体制の整備等）
・高等職業訓練促進給付金の充実（支給期間の延長（2年→3年）等）
・養育費等支援事業の充実（弁護士による相談事業の実施）
・自立支援教育訓練給付金の充実（訓練費用の2割→6割）
・子どもの生活・学習支援事業の創設
・母子父子寡婦福祉資金貸付金の貸付利率の見直し

平成28年8月 改正児童扶養手当法施行
（第2子以降の加算額の倍増）

平成28年11月 全国ひとり親世帯等調査
（平成29年12月公表）

平成30年9月 改正児童扶養手当法施行
（令和元年11月から支払回数を年3回から年6回に拡大）

【支援施策の拡充等】
平成29年度・自立支援教育訓練給付金の充実
平成30年度・高等職業訓練促進給付金の拡充
・母子父子寡婦福祉資金貸付金の拡充
・未婚のひとり親家庭に対する寡婦（夫）控除のみなし適用の実施
・児童扶養手当の全部支給所得制限限度額の引き上げ

【支援施策の拡充等】令和元年度
・自立支援教育訓練給付金の拡充（専門資格の取得を目的とする講座を追加）
・高等職業訓練促進給付金の拡充（支給期間の延長（3年→4年）、最終年における給付金の増額）
・離婚前後親支援モデル事業の創設
・未婚の児童扶養手当受給者に対する臨時・特別給付金の支給（令和2年1月支給）　等

令和元年11月 子供の貧困対策に関する大綱の改正　令和2年3月 基本方針の見直し

【支援施策の拡充等】令和2年度
・母子・父子自立支援員等の専門性の向上を図るための研修受講の促進等（研修受講費や受講中の代替職員の経費等の補助を実施）
・ひとり親家庭日常生活支援事業の拡充（補助単価の引き上げ、定期利用の対象を小学生まで拡大）
・ひとり親家庭高等学校卒業程度認定試験合格支援事業の拡充（受講終了時の支給割合の見直し）
・母子父子寡婦福祉資金貸付金の拡充（就学支度資金や修学資金に受験料や修学期間中の生活費等を加える。）
・未婚のひとり親に対する税制上の措置及び寡婦（寡夫）控除の見直し
・低所得のひとり親世帯への臨時特別給付金の支給　等

令和3年3月 改正児童扶養手当法施行（児童扶養手当と障害年金の併給調整の見直し）

令和3年3月 非正規雇用労働者等に対する緊急支援策（新型コロナに影響を受けた非正規雇用労働者等に対する緊急対策関係閣僚会議決定）

【支援施策の拡充等】令和3年度
・母子・父子自立支援員等の専門性の向上を図るため、ひとり親家庭に対する相談支援体制強化等事業の創設
・就労を通じた自立に向けて意欲的に取り組んでいる低所得のひとり親家庭を対象とした、ひとり親家庭住宅支援資金貸付を創設
・母子家庭等自立支援給付金事業の拡充（4年以上の課程の履修が必要な養成機関等で修業する場合等、給付金を4年間支給）
・母子家庭等就業・自立支援事業の拡充（母子家庭等就業・自立支援センターへの心理カウンセラーの配置）
・養育費等相談支援事業、養育費等相談支援センター事業、離婚前後親支援モデル事業の拡充（補助単価引き上げ等）
・低所得の子育て世帯に対する子育て世帯生活支援特別給付金（ひとり親世帯分）の支給　等

資料：厚生労働省子ども家庭局家庭福祉課「ひとり親家庭等の支援について」2022.

援を必要とするひとり親が行政の窓口に確実につながるよう、わかりやすい情報提供や窓口相談への誘導の強化を行いつつ、ワンストップで寄り添い型支援を行うことができる体制の整備であり、各自治体で取り組まれているところである。さらに、児童扶養手当法の改正をはじめ、支援施策の拡充等が進められている。

第10講 貧困家庭、外国籍の子どもとその家庭への対応

137

Step3

包括的な社会を生み出す要としての保育所

貧困対策としての保育

　子どもが将来、ひとり立ちをするために必要な力は、主には親とともに暮らすなかで獲得されていく。このことを社会的相続というが、エスピン-アンデルセン（Esping-Andersen, G.）は、社会的相続に関する重要なメカニズムは就学以前の段階に埋め込まれていると述べている。就学前は最も「私有化」されており、もっぱら家庭環境に依存しているからである。家庭に影響を及ぼすものとして、「金銭」効果、「時間投資」効果、「学習文化」効果という3つのメカニズムがあり、それぞれを区別して考える必要性があると指摘している。以下説明しよう。

　「金銭」効果とは、親の経済的不安定さと子どもの貧困が深刻になると、教育達成のレベルや成人期の雇用と稼得に悪影響を及ぼすことである。「時間投資」効果については、親の時間を子どもに投資するあり方や熱心度が増加している近年において、子どもの発達の決定的側面において格差が拡大していると指摘する。「学習文化」効果とは、子どもに対する親の投資の質は、家庭の「文化資本」（本、学歴や資格、行動様式や言葉づかいなど）あるいは学習環境と相関しており、文化資本は子どもの学校での成果に強い影響をもつということである。すべての国において「文化資本」（ブルデュー（Bourdieu, P.））が社会経済的地位よりも子どもの認知能力に影響していることが調査データで示されていることは興味深い。子どもは就学以前の段階において家庭の影響を極めて強く受けるため、負の社会的相続を阻むためには就学前の質のよい保育や教育が極めて重要であることが強調されている。

　エスピン-アンデルセンのほかにもヘックマン（Heckman, J. J.）は、アメリカで行われたペリー就学前プロジェクトやアベセダリアンプロジェクトの調査研究の結果から、就学前の幼児教育や保育がその後の人生に生涯にわたり大きな影響を与えること、また、不平等を低減すると述べている。特に、就学前教育で重要なことは、IQに代表される認知能力だけでなく、忍耐力、協調性、計画力といった非認知能力であると指摘している。

保育・幼児教育が果たす役割

　先にエスピン-アンデルセンとヘックマンの研究でふれたが、保育は、不平等な状況におかれた子どもたちの発達格差を食い止める施策といえる。子どもたちに質の高い保育や教育を提供する場として、さらに、貧困家庭に育つ子どもや外国籍の

子どもをはじめとする外国にルーツをもつ子ども、また障害のある子どもなど、さまざまな背景で生活する子どもたちがふれあい、お互いを理解する場として、保育所の果たす役割は大きい。しかし、保育の内容等について、またどのような保育のあり方が非認知能力を高めるか、加えて不平等を低減するのかについては十分に解明されていない。このことは今後の大きな課題といえる。

さらに、保育所は地域に密着した児童福祉施設であり、保健センターや福祉事務所、小中学校、NPO 等の民間支援団体等に対して、コミュニティのなかにある場としくみをいかに連動させていくかが問われており、そのなかで保育士の役割は非常に重要である。貧困家庭や外国籍の子どもおよびその家庭への対応では、各種の社会資源をつなぐソーシャルワーク的な介入による支えが必要となろう。家庭における子育てを他機関・他施設と連携し経済的支援にとどまらず社会的関係を活かして子どもの育ちを保障する体制をつくっていくことが今求められている。

保護者の生活状況やその生活を基底する社会構造が惹起（じゃっき）する貧困によって子どもが学ぶ意欲や将来の希望が奪われる社会は公正な社会とはいえない。ベネット（Bennett, F.）はイギリスにおける子どもの貧困対策から学べることとして次を掲げている。①子どもの貧困を社会的排除や、「困難を抱えた家族」という特定の集団の問題と混同してはならず、構造的な問題であり広い問題としてとらえるべきこと、②子どもを今ここに生きて人権を有する一個の人格としてみるべきこと、③教育を成果の面からだけみるのではなく、結束力のある社会を創生するために与えられた1つの機能とみるべきこと。

保育士は、いかなる国籍に所属していようとも貧困状態にある子どもや保護者を支援し、その生活にかかわる存在者である。多様な文化的背景に寛容（かんよう）であり、また、その知識をもつことが求められる。そして、何よりも、彼らに敬意をもって接していくことの重要性を強調しておきたい。

参考文献

● イエスタ・エスピン−アンデルセン，大沢真理監訳『平等と公立の福祉革命〜新しい女性の役割〜』岩波書店，2011.

● ジェームズ・J・ヘックマン，古草秀子訳『幼児教育の経済学』東洋経済新報社，2015.

● 首都大学東京子ども若者貧困研究センター「東京都子供の生活実態調査報告書」（平成29年3月）

● 東京都児童相談所「事業概要 2021年（令和3年）版」

● 独立行政法人労働政策研究・研修機構「子どものいる世帯の生活状況および保護者の就業に関する調査2016（第4回子育て世帯全国調査）」

● フラン・ベネット「イギリスにおける近年の子どもの貧困対策から学べること――対策にみる成果と課題」松本伊智朗編『「子どもの貧困」を問い直す――家族・ジェンダーの視点から』法律文化社，2017.

COLUMN　ひとり親家庭支援のあり方

　　下図は、ひとり親家庭等の自立支援策を示している。さまざまな施策を実施していく際には、母子世帯になる背景要因としての DV についての配慮が必要である。ひとり親家庭施策に関連する施設機関のみならず、婦人保護事業関連施設や民間の相談機関など、関係機関との連携が求められている。

（原　史子）

図表　ひとり親家庭等の自立支援策の体系

○平成14年より「就業・自立に向けた総合的な支援」へと施策を強化し、「子育て・生活支援策」、「就業支援策」、「養育費の確保策」、「経済的支援策」の4本柱により施策を推進中。

子育て・生活支援	就業支援	養育費確保支援	経済的支援
○母子・父子自立支援員による相談支援 ○ヘルパー派遣、保育所等の優先入所 ○子どもの生活・学習支援事業等による子どもへの支援 ○母子生活支援施設の機能拡充 　　　　　　　　など	○母子・父子自立支援プログラムの策定やハローワーク等との連携による就業支援の推進 ○母子家庭等就業・自立支援センター事業の推進 ○能力開発のための給付金の支給　など	○養育費等相談支援センター事業の推進 ○母子家庭等就業・自立支援センター等における養育費相談の推進 ○「養育費の手引き」やリーフレットの配布 　　　　　　　　など	○児童扶養手当の支給 ○母子父子寡婦福祉資金の貸付 　就職のための技能習得や児童の修学など12種類の福祉資金を貸付 　　　　　　　　など

○「母子及び父子並びに寡婦福祉法」に基づき、①国が基本方針を定め、②都道府県等は、基本方針に即し、区域におけるひとり親家庭等の動向、基本的な施策の方針、具体的な措置に関する事項を定める自立促進計画を策定。

資料：厚生労働省子ども家庭局家庭福祉課「ひとり親家庭等の支援について」p.10, 2022. を一部改変。

第11講

社会的養護

社会的養護とは特別な家庭や子どもだけの問題ではない。どの家庭の子どもも、家庭の状況次第では社会的養護にかかわる可能性がある。近年の児童福祉法の改正を受けて、子どもたちを取り巻く社会的養護の世界は大きく変わりつつある。

本講では、社会的養護の概要やその方向性等を学ぶとともに、保育士としてもたずさわりうる社会的養護下の子どもたちを取り巻く状況について考える。

Step1

1. 社会的養護とは

　社会的養護とは「子どもの最善の利益のために」と「社会全体で子どもを育む」という基本理念のもと、「保護者のいない児童や、保護者に監護させることが適当でない児童（＝要保護児童）を、公的責任で社会的に養育し、保護するとともに、養育に大きな困難を抱える家庭への支援を行うこと」をいう。具体的な対象としては保護者が死亡あるいは行方不明、拘禁や入院、経済的事情による養育困難や虐待（ぎゃく）等の状況にある子どもたちや、その家族である。

　その養育や支援の原理としては「家庭養育と個別化」「発達の保障と自立支援」「回復をめざした支援」「家族との連携・協働」「継続的支援と連携アプローチ」「ライフサイクルを見通した支援」といった6つが掲げられている[*1]。

　社会的養護の役割や機能というと、入所型の施設等で養育される子どもたちの「養育機能」や「心理的ケア等の機能」が考えられがちだが、広義の社会的養護には親子関係の再構築等といった家庭環境の調整、地域における子どもの養育と保護者への支援、就職や進学といった自立支援、施設退所後の相談支援（アフターケア）などの「地域支援等の機能」も含まれている。

　社会的養護と子育て支援は、密接につながっている。すべての子どもを大切にする社会のために、社会的養護の子どもたちには特に充実した支援が必要である。

2. 社会的養護の施設等

　ここでは狭義の社会的養護といわれる入所型の施設等について述べたい。

要保護児童の状況

　2021（令和3）年の調査[*1]によると、社会的養護のもとで養育されている要保護児童は約4万2000人いる。社会全体の子どもの数は減っているものの、児童虐待の相談件数の増加等にともない、要保護児童数は大幅に増加している。また、障害のある子どもも著しい増加がみられる。

　最も多くの子どもたちを養育している児童養護施設でみてみると、2018（平成30）年2月現在、65.6％が虐待を受けた経験があり、36.7％が障害のある子どもたちである。

---

*1　厚生労働省「社会的養育の推進に向けて（令和4年3月31日）」

家庭養護と施設養護

要保護児童の相談に直接たずさわる主な機関としては、児童相談所、福祉事務所（家庭児童相談室）、児童家庭支援センター等がある。特に児童相談所は、施設への入退所や里親への委託措置（いたくそち）を担当する措置機関として、その役割は大きい。

そして要保護児童を養育する主な施設等は、養育者の家庭に迎え入れて養育を行う里親および小規模住居型児童養育事業（ファミリーホーム）を「家庭養護」、その他を「施設養護」とし、**図表11-1**のように大きく2つの形態に分けられている。

① 里親

里親とは児童福祉法第6条の4に定められている。何らかの事情により家庭での養育が困難または受けられなくなった子どもたちに、温かい愛情と正しい理解をもった家庭環境のもとでの養育を提供するための制度である。

里親の種類と現状については**図表11-2**のとおりである。2008（平成20）年の児童福祉法改正では、種類変更、養育里親の研修義務化、里親手当の増額が行われ、2016（平成28）年の同法の改正では、養子縁組里親も法定化、研修義務化され、都道府県（児童相談所）の業務として養子縁組に関する相談・支援も位置づけられるなど、その制度やしくみは大きく変わっている。里親委託の効果としては、特定の大人との愛着関係のもとでの自己肯定感や基本的な信頼感、将来のための適切な家庭生活のモデル、地域社会で必要な社会性、生活技術の獲得などが

図表11-1　家庭養護と施設養護の体系

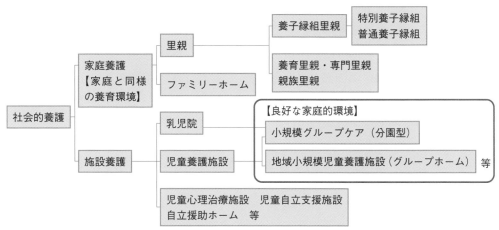

注：2016（平成28）年の児童福祉法改正により、家庭養護は「家庭と同様の養育環境」、施設養護のうち小規模型などは「良好な家庭的環境」と表現されるようになった。

図表11-2　里親の種類と里親登録数および委託の現状

里親の種類 （登録有効期間）	対象児童	登録等の現状		
		登録里親数	委託里親数	委託児童数
養育里親（5年）	要保護児童	11,853世帯	3,774世帯	4,621人
専門里親 （2年）	次の要保護児童のうち、特に支援が必要な児童 ①虐待等により有害な影響を受けた児童 ②非行等の問題を有する児童 ③障害がある児童	715世帯	171世帯	206人
養子縁組里親（5年）	要保護児童	5,619世帯	353世帯	384人
親族里親	次の要件に該当する要保護児童 ①当該親族里親が扶養義務者およびその配偶者 ②両親等が死亡、行方不明、拘禁、入院などの状況により養育が期待できない	610世帯	565世帯	808人
計		14,401世帯	4,759世帯	6,019人

注：登録等の現状は福祉行政報告例（令和3年3月末現在）。里親の種類は重複して登録可能。また、扶養義務者ではない3親等以内の親族も「親族による養育里親」となることができる。この場合は養育里親研修を受講し里親手当を支給。

期待されている。また、委託解除後も、必要な子ども（場合によってはその家族）には継続して実家のような役割を担うことができることもメリットである。

　図表11-1からもわかるように、里親の種類のなかでほかと異なるのは養子縁組里親、すなわち「養子縁組によって養親となることを希望する里親」である。

　民法による養子縁組には普通養子縁組と特別養子縁組がある。なかでも特別養子縁組は、1973（昭和48）年に望まない妊娠により生まれた子を養親に実子としてあっせんしたことを自ら告白した菊田医師事件等を契機に、子の福祉を積極的に確保する観点から、戸籍の記載が実親子とほぼ同様の縁組形式をとるものとして、1987（昭和62）年の民法改正によって創設された制度である。2019（令和元）年の民法改正より、子（原則15歳に達していない者、必要に応じて18歳未満の者）の福祉および子の利益のために特に必要があるときに、家庭裁判所の決定により成立するしくみとなっている。

　委託解除後も実家的な役割を担うとはいえ、ほかの里親が法律上は18歳まで（場合によっては20歳まで）の子どもを対象としているのに対し、養子縁組の成立は子どもにとって一生続く安定した親子関係を用意することができる。成立すると統計上は含まれず、未委託里親となるが子育てはその後も続いている。養子

縁組里親も貴重な社会的養護の資源であるという視点が大切である。

② 　小規模住居型児童養育事業（ファミリーホーム）

　　小規模住居型児童養育事業とは「保護者のない児童又は保護者に監護させることが不適当であると認められる児童の養育に関し相当の経験を有する者その他の内閣府令で定める者の住居において養育を行う事業」（児童福祉法第6条の3第8項）であり、平成21年度から第2種社会福祉事業として開始された。

　　里親が4人までの子どもの養育を行うのに対し、ファミリーホームでは5～6名を定員とし、養育者が自分の家庭に子どもたちを迎え入れて補助者とともに養育を行う。児童養護施設等の職員経験からも養育責任者となることができるが、今後は、養育責任者は里親登録した人に限られる方向である。「施設を小さくしたものではなく、里親を大きくしたものである」という位置づけを見失わないことが大切である。課題は多いものの家庭養護の貴重な担い手として、2021（令和3）年3月には全国427か所で1688人が養育されており年々増加している。

③ 　乳児院

　　乳児院は「乳児（保健上、安定した生活環境の確保その他の理由により特に必要のある場合には、幼児を含む。）を入院させて、これを養育し、あわせて退院した者について相談その他の援助を行うことを目的とする施設」（児童福祉法第37条）とされている。

　　対象児童は「おおむね2歳未満」から、「就学前まで」に変更された（2004（平成16）年の児童福祉法改正）。一般的な乳幼児の養育はもちろんのこと、被虐待児、病児、障害児などにも対応できる「専門的養育機能」、早期家庭復帰のための「保護者支援とアフターケア機能」、一時保護委託を担う「一時保護機能」、育児相談やショートステイの実施等「地域の子育て支援機能」がある。

　　子育て支援としての短期入所が重要な役割の1つであると同時に、約2割の子どもたちは保護者との交流がなく、半数弱の子どもたちが措置解除後も社会的養護のもとにいることも理解しておくことが必要である。

④ 　児童養護施設

　　児童養護施設は「保護者のない児童（乳児を除く。ただし、安定した生活環境の確保その他の理由により特に必要のある場合には、乳児を含む。）、虐待されている児童その他環境上養護を要する児童を入所させて、これを養護し、あわせて退所した者に対する相談その他の自立のための援助を行うことを目的とする施設」（児童福祉法第41条）とされている。

　　本体施設とは別に地域の一軒家等に子ども（定員6名）と職員が生活する「地

域小規模児童養護施設」や、本体施設内で小規模なグループによるケアを行う「小規模グループケア」（原則6人）も増えてきている。

　児童養護施設の主な機能としては「生活指導」「学習指導」「家庭環境調整」だけでなく「就職・進学等の自立支援」があげられる。今後は退所後の継続的な子どもへの支援も含め、里親支援専門相談員の配置による里親支援、親支援などの社会的養護の拠点として地域支援を担っていくことが期待されている。

⑤　児童心理治療施設

　児童心理治療施設とは「家庭環境、学校における交友関係その他の環境上の理由により社会生活への適応が困難となった児童を、短期間、入所させ、又は保護者の下から通わせて、社会生活に適応するために必要な心理に関する治療及び生活指導を主として行い、あわせて退所した者について相談その他の援助を行うことを目的とする施設」（児童福祉法第43条の2）である。各都道府県に最低1か所の設置を目標としている。

　入所児の78.1%[*1]が虐待を経験しており、心理的精神的問題をかかえ日常生活に支障をきたしている子どもたちが対象の施設である。安定した生活を基盤としながら、施設内の分校や分級などの学校教育とも密接に連携を図り総合的な治療や支援を行うとともに子どもだけでなくその家族への支援も行っている。

　児童養護施設の平均5.2年の在園期間に対し、2.1年と比較的短く、家庭復帰や里親・児童養護施設等における養育につなぐ役割も担っている。

⑥　児童自立支援施設

　児童自立支援施設とは「不良行為をなし、又はなすおそれのある児童及び家庭環境その他の環境上の理由により生活指導等を要する児童を入所させ、又は保護者の下から通わせて、個々の児童の状況に応じて必要な指導を行い、その自立を支援し、あわせて退所した者について相談その他の援助を目的とする施設」（児童福祉法第44条）である。1997（平成9）年の児童福祉法改正で「教護院」から名称変更され、併せて学校教育の実施も義務づけられた。

　非行問題を中心に、行動上の問題をかかえる子どもや、環境上の理由により生活指導等の必要な子どもたちが入所対象であり、児童養護施設等、ほかの施設では対応が難しくなった子どもの措置変更先ともなっている。

　児童相談所による措置入所だけでなく、少年法に基づき家庭裁判所の保護処分等により入所する場合もあり、国立施設が2か所あるが各都道府県等が設置しなければならない施設である。

　虐待を受けた経験をもつ、発達障害・行為障害等の障害をもつなど特別なケア

が必要な子どもの入所が増加しているため、専門的機能の充実や相談・通所・アフターケア機能の充実が課題とされている。

⑦　母子生活支援施設

　母子生活支援施設とは「配偶者のない女子又はこれに準ずる事情にある女子及びその者の監護すべき児童を入所させて、これらの者を保護するとともに、これらの者の自立の促進のためにその生活を支援し、あわせて退所した者について相談その他の援助を目的とする施設」（児童福祉法第38条）である。

　「母子が一緒に生活しつつ、ともに支援を受けることのできる唯一の児童福祉施設」であり、措置制度ではなく申し込み決定のしくみをとっているため、入所手続きは福祉事務所で行う。1997（平成9）年の児童福祉法改正までは「母子寮」という名称であり、主に生活に困窮する母子の生活の場であったが、現在はDV被害者や虐待を受けた子どもの入所が半数以上をしめている。保護だけでなく、母子の自立促進のための生活支援を行うことが重要な役割の1つである。

⑧　児童自立生活援助事業（自立援助ホーム）

　児童自立生活援助事業とは措置解除者等に「共同生活を営むべき住居における相談その他の日常生活上の援助及び生活指導並びに就業の支援（以下「児童自立生活援助」という。）を行い、あわせて児童自立生活援助の実施を解除された者に対し相談その他の援助を行う事業」（児童福祉法第6条の3第1項）である。原則20歳未満（就学等は22歳まで）の対象から、2022（令和4）年6月の児童福祉法改正で令和6年度から、年齢による一律の利用制限の弾力化が図られることとなった。その結果、20歳以上であっても就学等その他、政令で定めるやむをえない事情のある者は必要な援助を受けられるしくみとなった。

図表11-3　施設別在籍児童数

施　設	乳児院	児童養護施設	児童心理治療施設	児童自立支援施設	母子生活支援施設	自立援助ホーム
施設数	145か所	612か所	53か所	58か所	217か所	217か所
定員	3,853人	30,782人	2,018人	3,445人	4,533世帯	1,409人
現員	2,472人	23,631人	1,321人	1,145人	5,440人 （3,266世帯）	718人
職員総数	5,453人	20,001人	1,560人	1,818人	2,102人	885人

注：乳児院・児童養護施設・児童心理治療施設・母子生活支援施設の施設数・定員・現員は福祉行政報告例（令和3年3月末現在）
　　児童自立支援施設の施設数・定員・現員、自立援助ホームの施設数は家庭福祉課調べ（令和2年10月1日現在）
　　職員数（自立援助ホームを除く）は社会福祉施設等調査報告（令和2年10月1日現在）
　　自立援助ホームの定員、現員（令和3年3月31日現在）及び職員数（令和2年3月1日現在）は家庭福祉課調べ
　　児童自立支援施設は、国立2施設を含む
資料：厚生労働省「社会的養育の推進に向けて（令和4年3月31日）」

Step2

1. 児童福祉法改正と社会的養育ビジョン

　社会的養護をとりまく現状はここ数年、大きく変化している。2016（平成28）年の児童福祉法改正によって「子どもが権利の主体」であること、「家庭養育優先の理念」が規定された。その理念を具体化するために、2011（平成23）年の「社会的養護の課題と未来像」を全面的に見直す形で、2017（平成29）年に「新しい社会的養育ビジョン」が策定され、そのめざすべきビジョンと、そこに至るまでの工程が示された。

　新しい社会的養育ビジョンには、「市区町村を中心とした支援体制の構築」「児童相談所の機能強化と一時保護改革」「代替養育における『家庭と同様の養育環境』原則に関して乳幼児から段階を追っての徹底」「永続的解決（パーマネンシー保障）の徹底」「代替養育や集中的在宅ケアを受けた子どもの自立支援の徹底」などをはじめとする改革すべき項目があげられ、一体的かつ全体的な視点をもって改革を進めることが必要とされている。そのうえで、平成30年度末までに各都道府県に対し、都道府県推進計画の見直しが求められ、それぞれの都道府県として、家庭養育優先原則等をどのように実現していくかの計画が策定されている。

2. 里親等委託率

　里親等委託率とは、乳児院・児童養護施設・小規模住居型児童養育事業（ファミリーホーム）・里親に委託措置されている子どものうち、ファミリーホームもしくは里親に委託措置されている子どもの割合をいう。新しい社会的養育ビジョンでは、「就学前の子どもは、原則として施設への新規措置入所を停止」「全年齢層にわたって里親等委託率の向上に向けた取組を開始する。3歳未満は概ね5年以内、それ以外の就学前の子どもについては概ね7年以内に里親等委託率75％以上を実現し、学童期以降は概ね10年以内を目途に里親等委託率50％以上を実現する」「ケアニーズが非常に高く、施設における十分なケアが不可欠な場合は、小規模・地域分散化された養育環境を整え、その滞在期間は、原則として乳幼児は数か月以内、学童期以降は1年以内とする。特別なケアが必要な学童期以降の子どもにあっても3年以内を原則とする」と具体的な里親等委託率の目標値が示された形となった。

　日本の里親等委託率については、令和2年度末現在22.8％となっている。目標値にはまだほど遠いものの、平成22年度末には12.0％であった里親等委託率が、この10年で2倍近くに増加している。令和2年度末には自治体によって10.2〜58.3％ま

での格差があるものの、国全体としては増加の一途をたどっている。

　里親等委託率は、わかりやすい指標であるが、分母となる施設種別も少なく、特別養子縁組成立児が加味されないなどの課題もある。里親等委託率の増加だけを追い求めるあまり、無理な委託による里親不調の増加や、特別養子縁組を検討すべき子どもが、養育里親に長期的に養育され続けることなどを避ける必要があることも留意すべき事項である。

3. 家庭養育優先の原則に基づく取り組み等の推進に向けて

　現在、「包括的な里親養育新体制の構築」「特別養子縁組の推進」「施設の小規模かつ地域分散化の推進」「施設における地域支援の取り組みの強化」「自立支援の充実」など、家庭養育優先の原則を具体化するために、さまざまな取り組みが推進されている。

　施設で働く職員の数は増えているものの、今後ますます入所する子どもの数は減ることが予想される。これからの施設には、小規模かつ地域分散化だけでなく、高機能化および多機能化、機能転換として、里親も含めた地域の子育てを支援することなどの役割が、よりいっそう求められることとなる。

　一方で里親も求められる役割の変化を意識する必要がある。保護者との交流のある児童の委託や、家族再統合を目的とした委託、子育て短期支援事業（ショートステイ等）など子育て支援を目的とした委託が増えるなど、求められる役割は大きく変化しつつある。里親が、その委託の役割をきちんと理解し、保護者・児童相談所・フォスタリング機関と連携しながらチームとして子育てにあたることや、児童相談所やフォスタリング機関が里親を育成するという視点をもち、専門性をもって、未委託里親の活用を含めた里親支援を行うことが、より重要となる。

　2022（令和4）年の児童福祉法改正により、こども家庭センターが市区町村に設置（努力義務）され、「子育て支援」「母子保健」を一体的に基礎自治体で実施するとともに、児童相談所と連携して、困難をかかえる妊産婦の支援、子育て支援、そして児童虐待対策を含む社会的養護とが一体的に運用されることがめざされている。また、里親に関し相談および援助を行う里親支援センターが児童福祉施設に位置づけられた。

Step3

1. 新生児期から社会的養護を必要とする赤ちゃんのために

「新しい社会的養育ビジョン」の目標数値では、年間1000件の特別養子縁組成立をめざすことになっている。里親への委託措置と異なり、措置解除のない特別養子縁組は、子どものパーマネンシー保障にとって大切な選択肢の１つである。

特別養子縁組を前提とした児童相談所による新生児里親委託

新生児里親委託とは、児童相談所が妊娠中や出産直後の相談に応じ、赤ちゃんを新生児のうちから特別養子縁組を前提に里親に委託することをいう。事情としては、生活基盤の安定していない未成年による出産、近親姦やレイプによる出産等さまざまである。もちろん、赤ちゃんを実親から取り上げるための里親委託ではない。児童相談所は社会資源の紹介とともに、どうしても育てられない場合は養子として託すことも選択肢の１つとして、実親の自己決定を支える役割を担う。また、遺棄された新生児への対応として、新生児里親委託を検討することも児童相談所にしかできない大切な役割である。

新生児を迎える里親には、性別を問わない、未知の障害や病気の可能性を受け入れるなど覚悟が求められるが、日々の子育てのなかで比較的自然に親子関係を築くことができる。それでも血のつながらない親子であることには変わりなく、ていねいな親子関係の形成には支援が必要であること、養子縁組成立後も真実告知、ルーツ探し等の課題がある。里親会に参加するなど、大人だけでなく子どもも横のつながりのなかで成長するのが望ましく、児童相談所および里親支援機関が専門性を活かし、必要に応じて支援できる関係の継続が大切である。

併せて未成年者への性教育、虐待防止の観点からも妊娠に悩む女性に新生児里親委託を含む的確な社会的養護に関する情報提供を行うことが必要である。そのため、まず広く各相談機関へ周知し、民間も含め関係機関が相互に連携し合うことが大切である。

民間事業者の養子縁組あっせん事業との連携

「18歳未満の自己の子を他の者の養子とすることを希望する者及び養子の養育を希望する者の相談に応じ、その両者の間にあって、連絡、紹介等養子縁組の成立のために必要な媒介的活動を反復継続して行う行為」を民間事業者による養子縁組あっせん事業という。

　2016（平成28）年制定の「民間あっせん機関による養子縁組のあっせんに係る児童の保護等に関する法律」により、都道府県知事等への届出制から許可制となり、2022（令和4）年4月1日現在許可されている事業者数は23となっている。この法律では、養親の研修や養子縁組成立後の支援等についても定められている。また、児童相談所との連携についても「養子縁組のあっせんに必要な情報を共有する等により相互に連携を図りながら協力するように努めなければならない」としている。2020（令和2）年の厚生労働省通知「民間あっせん機関及び児童相談所の連携のための手引きについて」ではその連携のあり方について示されている。

　予期せぬ妊娠をしてしまった女性の相談に応じ、必要な場合には赤ちゃんを迎え入れたい家庭との橋渡しを行ってきた民間あっせん機関の活動の意味は大きい。児童相談所も民間あっせん機関も、実母の相談にていねいに対応するとともに、赤ちゃんにとっての最善の利益を考え、いっそうの連携が必要である。

2. 児童の意見聴取等のしくみの整備

　2022（令和4）年の児童福祉法改正（2024（令和6）年4月施行）により、児童の意見聴取等のしくみが整備された。児童相談所等は入所措置や一時保護等の際に児童の最善の利益を考慮しつつ、児童の意見・意向を勘案して措置を行うため、児童の意見聴取等を実施することとされている。そのために、都道府県は児童の意見・意向表明や権利擁護に向けた必要な環境整備を行うことが求められている。

　具体的には、児童養護施設への入所措置を検討する際に、対象となる児童自身が施設入所等についてどのような意見をもっているのかについて、児童本人の意見を聴きながら、支援のあり方を児童の最善の利益の視点から検討することになる。入所措置の時だけではなく、施設入所後においても同様に児童の意見等を聴取しながら、支援の中身をよりよいものとすることがめざされる。

　同様のことは、児童相談所だけではなく基礎自治体に設置されるこども家庭センターにおいても、児童自身の発達の程度に応じて児童自身の意見が聴取され、児童の最善の利益という視点から可能な限り尊重される方向で制度が実施される。

　保育士は、児童相談所（特に一時保護所）、乳児院、児童養護施設、母子生活支援施設などで勤務することもある。そのため、当該制度のもとで、児童の発達段階に応じて、児童自身の意見をしっかりと聴き、児童の最善の利益との関連でその意見を可能な限り実践に活かしていくという方向での役割を求められる。

参考文献

● 社会福祉士養成講座編集委員会編『新・社会福祉士養成講座⑮ 児童や家庭に対する支援と児童・家庭福祉制度第7版』中央法規出版，2019.

● 新保育士養成講座編纂委員会編『新保育士養成講座③ 児童家庭福祉 改訂1版』全国社会福祉協議会，2014.

● 谷口純世・山縣文治編著『社会的養護内容』ミネルヴァ書房，2014.

● 愛知県児童（・障害者）相談センター「子どもの「安全・安心」について考える」『児童相談センターだより』第60号，2014.

● 矢満田篤二・萬屋育子『「赤ちゃん縁組」で虐待死をなくす 愛知方式がつないだ命』光文社新書，2015.

● 内閣府「子ども・子育て支援新制度の施行準備状況について」

● 田嶌誠一『児童福祉施設における暴力問題の理解と対応』金剛出版，2011.

● 田嶌誠一「児童福祉法改正と施設内虐待の行方―このままでは覆い隠されてしまう危惧をめぐって」『社会的養護とファミリーホーム』Vol.5，福村出版，2014.

● 日本財団『子が15歳以上の養子縁組家庭の生活実態調査』報告書，2017.

第12講

障害のある子どもへの対応

障害児は障害のある子どもである前に子どもであるという当た
り前のことを再認識する必要があるのではないだろうか。それは、
いかに障害児に、障害のない子どもと同様に地域で普通に生活し
ながら専門性の高い支援を提供していくことができるかという
対応を意味している。本講は、障害児への支援の変遷について振
り返ることを含めて、今後の障害支援における普通の子どもとし
ての生活を確保しながら、配慮された「子育て支援」を行ってい
くことの重要性について学ぶ。

Step 1

1. 障害児の福祉

　児童福祉法によれば、障害児とは、身体に障害のある児童、知的障害のある児童、精神に障害のある児童（発達障害児を含む）、難病のある児童とされている。これら障害児については、児童福祉法、発達障害者支援法、障害者の日常生活及び社会生活を総合的に支援するための法律（障害者総合支援法）などに基づき、相談支援や在宅・施設におけるさまざまな福祉サービスが提供されている。

　2011（平成23）年の、「生活のしづらさなどに関する調査（全国在宅障害児・者実態調査）」によれば、2011（平成23）年12月 1 日現在の満18歳未満の在宅の身体障害児は、 7 万3700人である。同知的障害児は、15万1900人である*1。障害児については、障害児が福祉サービスを受けやすくするために、身体障害児には身体障害者手帳が、知的障害児には療育手帳が交付されている。

2. 障害児支援の源流

　障害児の支援については、教育現場においては1875（明治 8 ）年、京都府下の小学校で聾児の教育が試みられ、1878（明治11）年、独立の校舎をもつ京都盲唖院が設立されたのが始まりであったといわれている*2。1880（明治13）年には、東京築地の楽善会訓盲院において盲児の教育が始まった。このように聾・盲児の教育から始まった障害児の支援は、知的障害や肢体不自由の分野に発展していく。1891（明治24）年、石井亮一は、東京に滝乃川学園を設立して知的障害児の支援を始めた。また、肢体不自由療育事業の父といわれている高木憲次は、ドイツ留学の経験から肢体不自由児のための治療と教育の両機能を備えた「教療所」が必要と考えた。この構想は、1942（昭和17）年に、わが国ではじめて肢体不自由児の施設である「整肢療護園」の創設に結びつく。

　その後、石井は日本精神薄弱児愛護協会（今の知的障害者福祉協会）の初代会長となり、治療教育理論は、わが国の知的障害者施設において広く活用されることになる。また、高木は「療育とは、現代の科学を総動員して不自由な肢体をできるだけ克服し、それによって幸いにも恢復したる恢復能力と残存せる能力と代償能力の三者を総和であるところの復活能力をできるだけ有効に活用させ、以って自活の道

＊1　厚生労働省「平成23年生活のしづらさなどに関する調査（全国在宅障害児・者等実態調査）」
＊2　山口薫・金子健『特殊教育の展望』日本文化科学社, pp.9〜10, 1993.

の立つように育成することである」*3（ふりがなは著者による）と述べ、現在でも広く使われている「療育」という概念をつくった。障害児への対応は、わが国では教育分野から始まり、その後、福祉分野へと広がっていったといえるであろう。

3. 戦後の障害児支援の経過

　1947（昭和22）年、児童福祉法が制定されたことにより、精神薄弱児施設および療育施設（肢体不自由児施設、虚弱児施設、盲ろうあ児施設）が法律に位置づけられた。これらの施設は、戦後の混乱のなかで障害児を入所によって支援していくことの必要性から生まれたものである。その後、1957（昭和32）年、精神薄弱児通園施設が法律に位置づけられ、障害児が日中に家から通って専門的支援を受けることができる場が確保された。1967（昭和42）年、重症心身障害児施設が法律に位置づけられ、身体的および精神的に重度・重複の障害児への対応が始まった。

　1990（平成2）年の福祉関係八法の改正により、児童居宅介護事業（ホームヘルプサービス）、児童デイサービス事業、児童短期入所事業（ショートステイ）など、児童居宅生活支援事業が開始された。大人同様に、障害児に関しても入所および通所という形態において長期間にわたって役割を担ってきた施設福祉から、家庭を中心にサービスを提供するという在宅福祉への新たな道が開かれた。

4. 近年の障害児支援

支援費制度による障害児支援の拡大

　2003（平成15）年、ノーマライゼーションの考え方に基づき、障害者の地域生活をめざし、障害者自身がサービス事業者や施設を選択して利用する支援費制度がスタートした。その結果、ホームヘルプサービス（居宅介護）など在宅のサービス利用者の数が大幅に増加した。これは、措置制度から契約制度に移行し、障害者とその家族がサービス利用して地域で生活しようとする動機が高まっていたこと、選択できるサービスが地域に整い始めたことなどが考えられる。支援費制度が開始された2003（平成15）年4月より2004（平成16）年9月までのホームヘルプサービス支給決定者数の推移は、全体として約10万人から約16万人と約1.6倍に増加した。特

*3　高木憲次「療育の基本理念」『療育』第1巻第1号, 1951.

に、児童のホームヘルプサービスの伸びは同期間で約2.4倍と著しいものがあった。しかし、利用者が増加している一方で、同サービスを用意している市町村は全国の一部にとどまっていた。特に障害児のホームヘルプサービスに取り組んでいる市町村は、全体的には37％（2004（平成16）年１月）であった。また、児童のホームヘルプサービスの都道府県格差は44.4倍（2003（平成15）年４月）であった。確かにホームヘルプサービスは使われ始めたが、まだ多くの市町村では、障害児の在宅サービスの基盤が整っていない状況があった。

　障害児支援は、入所・通所を問わず施設での支援が一般的であったが、支援費制度は、ホームヘルプサービスが障害児が地域で生活するための有力なツールであることを示した。ホームヘルプサービスについては、家庭での生活を中心に利用者のニーズに合わせてサービスを提供する個別の支援であるということが時代のニーズに合ったものとも考えられる。このような在宅サービスは、障害児の地域生活を可能とするものとして、ニーズに基づく本人主体の支援となっていった。

障害者自立支援法の成立と障害児

　2006（平成18）年４月から施行された障害者自立支援法（現・障害者の日常生活及び社会生活を総合的に支援するための法律）は、上記のような支援費制度の課題を解決するために、障害者の地域生活と就労を進め自立を支援する観点から、これまで障害種別ごとに異なる法律に基づいて提供されてきた福祉サービス、公費負担医療等について、共通の制度のもとで一元的に提供するしくみをつくるものであった。こうして成人については、障害者施策に関して身体・知的・精神の三障害の一元化、利用者本位のサービス体系への再編、支給決定の透明化・明確化がなされた。児童については、居宅介護、短期入所、児童デイサービスの在宅のサービスが新たに障害者自立支援法に位置づけられた。しかし児童福祉施設の体系を含めた障害児サービスの全体についての見直しはなされず、今後の課題とされた。

障害者自立支援法の改正と障害児

　障害者自立支援法施行３年後の見直しにおいて、「障害児支援の見直しに関する検討会報告書」*4が出された。報告書によれば、障害児は子どもとしての育ちを保障するとともに、障害についての専門的な支援を図っていくことが必要である。しかし、ほかの子どもと異なる特別な存在ではなく、ほかの子どもと同じ子どもであ

＊4　厚生労働省「障害児支援の見直しに関する検討会報告書（平成20年７月22日）」

るという視点を欠いてはならないとされた。今後の支援の基本的な視点として、①本人の将来の自立を見すえた発達支援、②障害児本人の支援のみならず家族を含めたトータルな支援、③子どものライフステージに応じた一貫した支援、④身近な地域における支援の4つを柱とする改革の方向性が示された。

こうした意見を受け、2010（平成22）年に障害者自立支援法等の一部改正が行われた。これまで肢体不自由児通園施設、知的障害児通園施設、難聴幼児通園施設の通所サービスと、肢体不自由児施設、知的障害児施設、重症心身障害児施設等の入所サービスに大きく分かれていたが、2010（平成22）年の児童福祉法の改正により、それぞれ障害児通所支援と障害児入所支援となり、平成24年度から施行されている。

障害児通所支援では、日常生活における基本的な動作の指導、知識技能の付与、集団生活への適応訓練等を行う児童発達支援があり、福祉サービスを行う「福祉型」と、福祉サービスと併せて治療を行う「医療型」に分けられた。これに加え、授業の終了後または休業日に生活能力の向上のために必要な訓練、社会との交流の促進を行う放課後等デイサービスがあり、これらは児童発達支援センター等への通所により行われる。また、保育所等を訪問し、当該施設における障害児以外の児童との集団生活への適応のための専門的な支援を行う保育所等訪問支援も障害児通所支援として児童福祉法に位置づけられた。

障害児入所施設は、障害のある児童を入所させて保護し、日常生活の指導および自活に必要な知識や技能の付与を行う施設で、福祉サービスを行う「福祉型」と福祉サービスと併せて治療を行う「医療型」がある。

障害児相談支援については、障害児支援利用援助により支援計画の作成が義務づけられ、継続障害児支援利用援助（モニタリング）が必要に応じて実施され、障害者ケアマネジメントが制度化された。福祉サービスを利用するすべての障害児について、平成24年度から3年の間に、相談支援専門員により障害児支援利用計画（案）が作成されることとなった。

2012（平成24）年6月の法改正で、従来の障害者自立支援法が障害者の日常生活及び社会生活を総合的に支援するための法律（通称：障害者総合支援法）へと法律名が変わり、2016（平成28）年6月には、障害者総合支援法の一部が改正されるとともに児童福祉法も一部改正がなされた。

障害等により外出が著しく困難な障害児に対しては、動作の指導や知識技能の付与といった児童発達支援センターの専門機能を活かしたサービスを自宅で受けられる居宅訪問型児童発達支援の創設のほか、保育所等訪問支援の訪問先を乳児院・児

図表12-1 障害児が利用可能な支援の体系

		サービス名
訪問系	居宅介護（ホームヘルプ）	自宅で、入浴、排せつ、食事の介護等を行う。
	同行援護	重度の視覚障害のある人が外出する時、必要な情報提供や介護を行う。
	行動援護	自己判断能力が制限されている人が行動する時に、危険を回避するために必要な支援、外出支援を行う。
	重度障害者等包括支援	介護の必要性がとても高い人に、居宅介護等複数のサービスを包括的に行う。
日中活動系	短期入所（ショートステイ）	自宅で介護する人が病気の場合などに、短期間、夜間も含め施設で、入浴、排せつ、食事の介護等を行う。
障害児通所系	児童発達支援	日常生活における基本的な動作の指導、知識技能の付与、集団生活への適応訓練などの支援を行う。
	医療型児童発達支援注	日常生活における基本的な動作の指導、知識技能の付与、集団生活への適応訓練などの支援および治療を行う。
	放課後等デイサービス	授業の終了後または休校日に、児童発達支援センター等の施設に通わせ、生活能力向上のための必要な訓練、社会との交流促進などの支援を行う。
	居宅訪問型児童発達支援	障害児通所支援を受けるために外出することが著しく困難な重度の障害児等の居宅を訪問し、日常生活における基本的な動作の指導、知識技能の付与等の支援を行う。
	保育所等訪問支援	保育所や児童養護施設等を訪問し、障害児以外の児童との集団生活への適応のための専門的な支援などを行う。
障害児入所系	福祉型障害児入所施設	施設に入所している障害児に対して、保護、日常生活の指導および知識技能の付与を行う。
	医療型障害児入所施設	施設に入所または指定医療機関に入院している障害児に対して、保護、日常生活の指導および知識技能の付与並びに治療を行う。
相談支援系	計画相談支援・障害児相談支援	【サービス利用支援・障害児支援利用援助】 ・申請に係る支給決定前にサービス等利用計画案・障害児支援利用計画案を作成 ・支給決定後、事業者等と連絡調整等を行い、サービス等利用計画・障害児支援利用計画を作成 【継続利用支援・継続障害児支援利用援助】 ・サービス等の利用状況等の検証（モニタリング） ・事業所等と連絡調整、必要に応じて新たな支給決定等に係る申請の勧奨

注：令和6年度より児童発達支援に一元化される。
資料：厚生労働省の資料をもとに作成。

童養護施設の障害児に拡大することなどが盛り込まれた。

　また、児童福祉法に基づく障害児通所・入所支援などについては、都道府県および市町村において障害児福祉計画を策定するなどの見直しが行われた。国が示す基本指針に則して、市町村・都道府県が、サービスの種類ごとの必要な量の見込みや提供体制の確保にかかる目標等を定めて策定する。

　放課後等デイサービスは、平成24年度のサービス創設以降、利用者数、事業所数ともに大幅に増加し続け、提供するサービスの質の観点から課題があるなどと指摘され、平成29年度からは、事業が以下のように見直された。

① 障害児支援等の経験者の配置
　⑴ 管理責任者の資格要件を見直し、障害児・児童（障害児以外）・障害者の支援の経験（3年以上）を必須化
　⑵ 配置すべき職員を「児童指導員」「保育士」「障害福祉サービス経験者」とし、そのうち、児童指導員または保育士を半数以上に
② 「放課後等デイサービスガイドライン」の遵守および自己評価結果公表の義務づけ

　平成30年度の障害福祉サービス報酬改定では、それまで一律の単価設定となっていた放課後等デイサービスの基本報酬について、障害児の状態像を勘案した指標を設定し、報酬区分が設定された。また、1日のサービス提供時間が短い事業所について、人件費等のコストを踏まえ、短時間報酬が設定された。児童発達支援や放課後等デイサービスにおいては、障害児が通う保育所や学校等との連携を強化するため、保育所等と連携して個別支援計画の作成等を行った場合を評価する関係機関連携加算の見直しが行われた。

　2018（平成30）年に介護保険法等が一部改正され、高齢者と障害児・者が同一事業所でサービスを受けやすくするため、介護保険と障害福祉制度に共生型サービスが新たに位置づけられた。これにより、介護保険事業者は、障害福祉サービスの居宅介護、児童発達支援や放課後等デイサービスなどへの参入がしやすくなった。

　2022（令和4）年6月に児童福祉法の改正が行われた（2024（令和6）年4月施行）。障害児については以下のとおりである。

① 障害種別にかかわらず、身近な地域で必要な発達支援を受けられるよう、福祉型と医療型とに分かれている児童発達支援の類型を児童発達支援へ一元化が行われた。
② 児童発達支援センターが、高度の専門的な知識や技術を必要とする児童発達支援を提供し、併せて障害児の家族、指定障害児通所支援事業その他の関係者

第12講　障害のある子どもへの対応

に対し、相談、専門的な助言などの援助を行うなど、地域における障害児支援の中核的役割を担う機関であることが明確化された。これは、多様な障害のある子どもや家庭環境等に困難をかかえた子ども等に対し、適切な発達支援の提供につなげるとともに、地域全体の障害児支援の質の底上げを図ることをめざすものである。

③　障害児入所施設から、入所児童が成人として地域生活へ移行する際の調整の責任主体（都道府県および政令指定都市）が明確化された。また、一定年齢以上の入所で移行可能な状態に至っていない場合や、強度行動障害等が18歳近くになって強く顕在化してきたような場合等に十分配慮する必要があることから、22歳満了時までの入所継続が可能とされた。

障害者差別解消法

すべての国民が、障害の有無によって分けへだてられることなく、相互に人格と個性を尊重し合いながら共生する社会の実現に向け、障害を理由とする差別の解消を推進することを目的として、障害を理由とする差別の解消の推進に関する法律（障害者差別解消法）が、2013（平成25）年6月に制定され、2016（平成28）年4月から施行された。

この法律では、国、都道府県・市町村などの役所や、会社や店舗などの事業者が、障害のある人に対して正当な理由なく障害を理由として差別することを禁止（不当な差別的取り扱いの禁止）すること、そして、障害のある人から社会の中にあるバリア（社会的障壁）について何らかの対応を必要としている意思を伝えられたときに、可能な限り社会的障壁の除去（合理的配慮の提供）を行う義務があることが定められている。また、障害を理由とする差別を解消するための取り組みを効果的かつ円滑に行うため、国および地方公共団体の関係機関により構成される「障害者差別解消支援地域協議会」を組織することができるとされている。

保育所等は事業者であるため、障害児に対する不当な差別的取り扱いの禁止や合理的配慮の提供を行っていくことが求められている。

障害者差別解消法は、2021（令和3）年6月に改正され、民間事業者の合理的配慮が義務化となり、改正法公布から3年以内に施行されることとなっている。

医療的ケア児への支援

医学の進歩を背景として、NICU等に長期入院した後、引き続き人工呼吸器や胃ろう等を使用し、たんの吸引や経管栄養などの医療的ケアが日常的に必要な児童

（医療的ケア児）が増加している。2016（平成28）年6月の改正で規定された児童福祉法第56条の6第2項において、「地方公共団体は、人工呼吸器を装着している障害児その他の日常生活を営むために医療を要する状態にある障害児が、その心身の状況に応じた適切な保健、医療、福祉その他の各関連分野の支援を受けられるよう、保健、医療、福祉その他の各関連分野の支援を行う機関との連絡調整を行うための体制の整備に関し、必要な措置を講ずるように努めなければならない」とされた。

　その後、医療的ケア児およびその家族が個々の医療的ケア児の心身の状況等に応じた適切な支援を受けられるよう、医療的ケア児及びその家族に対する支援に関する法律（医療的ケア児支援法）が、2021（令和3）年6月に制定され、同年9月より施行された。この法律において「医療的ケア」とは、人工呼吸器による呼吸管理、喀痰吸引その他の医療行為とされている。また、「医療的ケア児」とは、日常生活及び社会生活を営むために恒常的に医療的ケアを受けることが不可欠である児童とされている。

　医療的ケア児支援法では、医療的ケア児およびその家族に対する支援は、医療、保健、福祉、教育、労働等に関する業務を行う関係機関および民間団体相互の緊密な連携のもとに、切れ目なく行われなければならないことを基本理念として、国、地方公共団体の責務を規定している。そのために、医療的ケア児およびその家族その他の関係者に対し、専門的な相談に応じ、または情報の提供もしくは助言その他の支援を行う「医療的ケア児支援センター」を各都道府県に設置することができるとされている。

　さらに、同法は保育所の設置者や学校の設置者等に、保育所や学校における医療的ケアその他の支援の責務があることを規定している。具体的には、保育所等においては、保健師、助産師、看護師もしくは准看護師または喀痰吸引等を行うことができる保育士もしくは保育教諭の配置その他の必要な措置をとるものとされている。

第12講　障害のある子どもへの対応

Step2

1. 障害児支援の背景

少子化社会の進展における子育て不安の増加

　少子化社会が進展している。安心して子育てができる環境を整備していくことが重要である。特に、障害のある子どもをもつ世帯は、ほかの子育て世帯以上に大きな不安をかかえている。障害児世帯を支える取り組みを充実強化することによって、こうした不安感や負担感の解消・軽減を図ることは子育て支援の観点からも積極的に取り組んでいかなければならない。

　子ども・子育て支援制度においても、保育所、幼稚園、認定こども園において障害児の受け入れ等の障害児の支援につながる取り組みが行われている。

ノーマライゼーション理念の実現

　石井亮一のセガン（Seguin, E.）からヒントを得た「治療教育」や高木憲次の「療育」概念は、知的障害、身体障害と分野は異なり、支援の方法論も異なるが、障害児の支援として今でも広く活用されている。その特徴は、障害を治療あるいは教育すべき対象ととらえ、専門家による科学的方法を特徴とするものである。

　障害児は特殊な専門的療育が必要であるということから、病院や施設、専門機関に通所や入所するものと長期にわたって考えられてきた。しかしそのような支援が普通の子どもの生活とは異なるものとしてきた状況があるという指摘がなされている。宮田広善は、療育は障害を治療する（改善する）という「医療モデルの療育」から、障害があっても、援助を受けていても地域生活していく技術を育てる「生活モデルの療育」へと変わることが求められていると指摘している[*5]。医学的モデルの支援は絶大な信頼を形成してきたが、専門的支援のための設備が整った特定の場所、すなわち施設において支援を受けなければならないこととなり、家庭から切り離されることや一般の保育所などを休んで利用することになる。また、専門的支援は専門家により可能となるが、専門家支援が地域に出向いて支援するということはなされず、障害児や家族は専門家のもとに通うことが当たり前と思われてきた。

　障害者の日常生活及び社会生活を総合的に支援するための法律（障害者総合支援法）は、ノーマライゼーションの理念に基づき、障害のある人が普通に暮らせる地域づくりをめざしたものである。今後は、地域における共生社会の実現をより確か

---

*5　宮田広善『子育てを支える療育』ぶどう社, pp.44〜45, 2001.

なものとするためには、子どものころから、障害の有無にかかわらず、ともに遊び・学び・暮らす環境を整備していくことが重要である。

特殊教育から特別支援教育の実施へ

2005（平成17）年12月の中央教育審議会の「特別支援教育を推進するための制度の在り方について（答申）」により、障害のある児童生徒などの教育について、従来の「特殊教育」から一人ひとりのニーズに応じた適切な指導および必要な支援を行う「特別支援教育」に転換することなどの提言がなされた。これを受け2006（平成18）年6月に「学校教育法等の一部改正法」が公布され、2007（平成19）年4月より特別支援教育が行われている。

特別支援教育は、障害のある児童生徒などの教育について、障害の種別等に応じ特別の場で指導を行う「特殊教育」から、障害のある児童生徒一人ひとりの教育的ニーズに応じて適切な教育的支援を行うことへの転換を図るものであり、ニーズに基づく支援ということでは障害者自立支援法の改革と軌を一にするものである。また、障害児のライフステージを考えると、学齢期における障害児の支援は教育との連携なしには考えられない。障害児の一人ひとりのニーズに基づいて、福祉、教育、雇用などの関係者の連携による地域における支援を考えていく必要がある。

発達障害者支援法の施行による「新たな」障害への対応

平成17年度より発達障害者支援法が施行されている。この法律は、自閉症やアスペルガー症候群などの広汎性発達障害、学習障害、注意欠陥多動性障害などの発達障害者について、早期発見による発達支援、学校における支援、就労支援などライフステージに応じた一貫した支援、その家族への支援を含めて実施していくものである。肢体不自由や知的障害の従来の障害に加えて、発達障害という新たな障害についても対応していくことが求められている。同法は、2016（平成28）年6月に改正された。主な改正点として、発達障害者支援の基本的な理念が変更されるとともに、個々の発達障害者の性別、年齢、障害の状態および生活の実態に応じて、かつ、医療、保健、福祉、教育、労働等に関する業務を行う関係機関および民間団体相互の緊密な連携のもとに、その意思決定の支援に配慮しつつ、切れ目なく行われなければならないとされた。また、教育に関しては可能な限り発達障害児でない子どもとともに教育を受けられるよう配慮すること、個別の教育支援計画の作成および個別の指導に関する計画の作成を推進することとされた。具体的には、福祉分野の相談支援専門員等と教育分野の特別支援教育コーディネーター等、そして保護者

が同じテーブルについて支援の調整を図り、齟齬のない支援が可能となった。

　発達障害と想定される普通学級に在籍する児童生徒は、全体の6.5％とされている。発達障害の児童生徒の多くは、普通学級に在籍している。自閉症スペクトラム障害のように、その障害の特性としては、スペクトラム（濃淡の状態）の状態にあることがあげられる。このような障害に対応していくためには、その特性を適切に理解した支援が必要となる。

2. 障害児支援のポイント

配慮された子育て支援

　療育という言葉は、主に子どもにおける支援の中心となる概念と考えられてきたことは述べたが、高松鶴吉元北九州市立総合療育センター長は、『療育とは何か』のなかで「療育とは医療、訓練、教育などの現代の科学を総動員して障害をできるだけ克服し、その児童がもつ発達能力をできるだけ有効に育て上げ、自立に向かって育成する」[6]こととし、療育の科学的方法の側面を強調している。また、高松は、その共通理解のために「療育とは注意深く特別に設定された特殊な子育て」と定義し、障害児支援における「子育て」の重要性を述べている。注意深い子育ては、障害者の権利に関する条約が規定する「合理的配慮」に通じるものである。

家族支援について

　障害児支援は、障害のある子どもたちの「子育て」の支援という考え方が主流になってきている。そこで、「家族支援」（family support）という概念が重要になってきている。家族支援という言葉は、従来、障害のある子どもをもった母親の「受容」をいかに支援するかという課題として長らく取り扱われてきた。家族支援とは「子育て」への支援として位置づけられるべきである。従来であれば、障害児本人に、特にその「障害」に目がいきがちであった。しかし、そのようなアプローチだけでは障害児の育ちには不十分であり、家族全体をトータルに支援することが障害児自身の育ちに効果があるといわれている。また、障害児が地域で生活し続けることを考えると、親のみならず兄弟姉妹などを含めた家族をトータルに支援していくことが重要である。その意味で、具体的な家族への支援のためのプログラム、例え

---

*6　高松鶴吉『療育とは何か』ぶどう社, p.109, 1994.

ば「ペアレントトレーニング」（parent training）や「兄弟姉妹への支援」（siblings support）などの活用は、今後の家族支援を考えるうえで重要である[7]。

連携による一貫した支援

　子どもは乳児期、学齢期、成人期と成長し、こうしたライフステージに応じて、医療、保健、福祉、教育および労働などの関係機関が連携して支援していくことが重要である。各地域の取り組みを聞いていると、障害児施設の療育の内容が学校に伝わらず、障害児本人が困難に直面する例もよくある。保育所から学校へ、学校から働く場へなどの移行期の支援が特に重要である。その際、どのように情報を共有していくか、さらにどのように関係者が協働して個別支援計画を一緒に作成して支援していくことができるかなどが課題となっている。この意味で、個別支援計画は、異なる領域の関係者の共通言語として支援できる多職種の異分野協働（interdisciplinary）の連携アプローチのためのツールとなる。地域における関係機関との連携や複合的な連携形態としてのネットワークの構築は、医療、保健、福祉、教育、雇用など分野横断的施策の実現のために不可欠である。個別支援計画こそ関係者の地域における一貫した支援を可能にするための重要なツールとなってきている。

身近な地域における支援

　サービス提供主体という意味では、障害のある子どもも身近な保育所などで支援を受けることがノーマライゼーションの理念からも重要である。その際、障害児にとっては専門的支援も必要であり、障害児の専門的機関による保育所等へのアウトリーチによる支援が始まっている。また、障害児入所施設に通うのに往復何時間もかかることのないように、さまざまな資源を活用して、住まいの近くでサービスを受けられるようにすることも大切である。そのため、通園施設の一元化や児童デイサービスとの機能の整理により、新たに発達支援や家族支援が全国どの地域においても提供される「児童発達支援センター」が設置され「障害児通所支援」の地域展開がなされている。このセンターでは、従来の障害と認定されないと支援が受けられないという課題を解決するために、障害種別による区分をなくし、多様な障害の子どもを、例えば「気になる」子どもなど必ずしも診断や手帳を所持していない子どもも対象とし、身近な地域で敷居の低いセンターとなることが期待されている。

---

[7]　井上雅彦「本人支援と家族支援のプログラム活用」発達障害者支援法ガイドブック編集委員会編『発達障害者支援法ハンドブック』河出書房新社, p.240, 2005.

Step3

1. 障害児支援のチームアプローチモデル

　障害児支援は個々の子どもへの質の高い支援だけでなく、地域全体の支援体制を構築することが重要である。いわば、この2つは車の両輪のようなものである。障害児支援のあり方が大きく変化するなかで、地域レベルにおいて多くの専門家等がチームでかかわることにより、障害児支援に効果をあげている実践例がある。その1つである長野県北信圏域における、連携による一貫した支援の事例をみてみよう。

　長野県北信圏域では、1990（平成2）年に国の「心身障害児（者）地域拠点施設事業」により在宅福祉を専門的に担当する職員（コーディネーター）を配置し、保護者の相談等に応じるとともに、各種福祉サービス提供に関する援助・調整が始まった。コーディネーターは、1996（平成8）年に、この事業の延長線で長野県独自のレスパイトサービスである「タイムケア事業」を立ち上げた。さらに1998（平成10）年に、臨床心理士1名、療法士1名、看護師3名、介護福祉士1名、保育士3名、ホームヘルパー5名と12名の常勤職員と数名のパートタイマー職員で構成される「北信圏域障害者生活支援センター」をスタートさせた。

　こうしたセンターを中心に、北信圏域では障害児の支援に関して早くからチームアプローチによる体制を整えてきた。それは、療育コーディネーター（現在の相談支援専門員）が心理等の専門家などとともに圏域の保育所を毎日巡回することから

図表12-2 障害児支援のシステム〜北信圏域の場合（相談支援型）〜

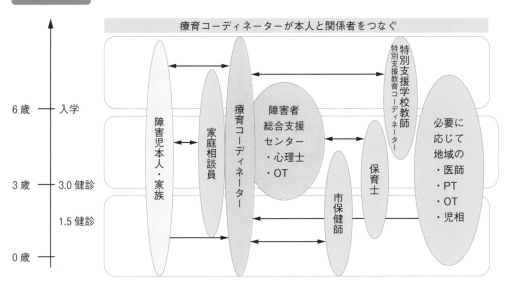

始まった。保育所では、園児の行動を観察しながら保育士と子どもの支援のための
プログラムづくりを行い、家族支援を含めて連携を図ってきた。必要に応じて、関
係機関が集まり支援のマネジメントを行う「ケア会議」を開催してきた。このよう
な専門家がアウトリーチするしくみがあると、障害児は専門的な療育センターでは
なく、子どもの日中の主たる生活の場である保育所で支援を受けることができる。

　このようなチームのメンバーに、生まれたときから子どもを知り家族の状況も見
通せる保健師が参加することは、家族支援という意味からも大きな力となってい
る。また、地域の学校に入学する前から学校の教師がチームに参加することは、子
どもが保育所等にいるときから学校への受け入れを準備しているということであ
り、保育所から学校へのスムーズなつなぎを可能とする。家庭児童相談室の相談員
という行政の職員がチームに参加することは、保育所における障害児のために保育
士の加配などの行政的課題への解決に大きな力となってきた。このような障害児を
中心にチームでかかわり、定期的に支援会議を開始し、支援計画を一緒に作成しな
がら子どものライフステージを一貫して支援していくことは、子どもや家族の負担
や混乱を少なくし、地域で安心して子育てできる環境を提供するものである。

　北信圏域における障害児への支援のしくみ（ケアマネジメントシステム）につい
ては、専門家をそろえた規模の大きい療育センターのみならず、専門家が地域に出
向き連携して支援していくシステムの全国におけるモデルとなるものである。

2. これからの障害児支援とは

　このように障害児の支援について、できるだけ一般施策との連携により対応して
チームで支援していくことは、障害児である前に「子ども」であるという視点から
支援していくことであり、障害者の日常生活及び社会生活を総合的に支援するため
の法律（障害者総合支援法）がめざす障害の有無にかかわらず障害のある人たちが
地域で安心して生活できる地域社会を構築することを再認識させるものである。子
どものころよりともに学び遊び活動する社会を構築していくことは、医学的モデル
から生活・社会モデルへのアプローチでもある。

　今後の方向性として、障害児への支援の中心となるべきものは、広い意味での
「子育て支援」の概念であり、それも「配慮された子育て」であるべきであろう。
障害のある子どもの子育てを支援することは、子どもの自立に向けた発達支援と家
族支援を一体的に提供することであり、それは、とりもなおさず障害のある子ども
と障害のない子どもの地域における共生を実現していく第一歩であると考える。

第 **12** 講　障害のある子どもへの対応

参考文献

● 社会福祉士養成講座編集委員会編『新・社会福祉士養成講座⑭ 障害者に対する支援と障害者自立支援制度 第5版』中央法規出版，2015.

COLUMN　放課後等デイサービスについて

　2012（平成24）年の放課後等デイサービス実施以来利用者は激増し、持続可能な制度かが問われている。また、利潤を追求した質の低い事業所や、不適切な支援を行う事業所が増えているとの指摘もある。

　支援のポイントは、相談支援の関与と学校との連携である。サービス利用については相談支援専門員が障害児と家族の現況とニーズをアセスメントして障害児支援利用計画を作成し、それに基づき市町村は支給の決定をすべきである。また、放課後等デイサービスのサービス管理責任者等と学校の特別支援教育コーディネーター等がサービス担当者会議で同席し、障害児支援利用計画と個別の個別支援計画のすり合わせを行う必要がある。

（大塚　晃）

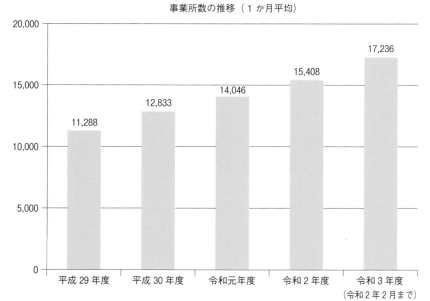

事業所数の推移（1か月平均）

資料：厚生労働省「障害児通所支援の現状等について（令和4年8月4日）」をもとに作成。

第13講

少年非行等への対応

少年非行への対応は、社会規範から逸脱した行為を行った少年にはたらきかけ、矯正するという意味がある。しかし、少年への直接的な対応だけでは十分とはいえない。非行の背景には、生育歴や養育環境がかかわっているからである。本講では、非行の現状や特別な支援の制度について学習し、少年たちによりよい環境を提供し成長をうながす、育ち直しの支援の意味やしくみを学ぶ。少年院や児童自立支援施設といった非行専門施設については、歴史や支援の現状への理解を深める。

Step1

1. 少年非行の状況

　「非行少年」は、一般には不良少年といわれることも多いが、法律上は明確に定義されている。非行少年への対応の中心的法律である少年法では、法の目的を「少年の健全な育成を期し、非行のある少年に対して性格の矯正及び環境の調整に関する保護処分を行うとともに、少年の刑事事件について特別の措置を講ずること」とし、少年を20歳に満たない者と規定している（第1条・第2条）。さらに、家庭裁判所の審判に付すべき少年として第3条に、①罪を犯した少年、②14歳に満たないで刑罰法令にふれる行為をした少年、③保護者の正当な監督に服せず、犯罪性のある人などと交際するなどして、少年の性格または環境に照らして、将来、罪を犯し、または刑罰法令にふれる行為をする虞のある少年と規定している。通常①を「犯罪少年」、②を「触法少年」、③を「虞犯少年」と呼んでいる。2022（令和4）年4月に成年年齢を18歳に引き下げた改正民法が施行されたが、それに伴い、少年法も改正された。18歳、19歳を引き続き少年とはするものの、「特定少年」と規定し、検察官に送致する（逆送）事件の範囲を拡大し、その後は、20歳以上の者と同様に扱うようにするなど、17歳以下の者とは異なる対応をすることとなった。

　罪を犯したり、刑罰法令にふれる行為については、**図表13-1**を参照してほしい。凶悪な印象が強い少年非行であるが、実際の検挙（逮捕）数では、「窃盗」が全体の約60%を占める。「万引き」はここに入り、軽微な行為が大多数である。

　少年非行は、過去3つのピークがあった。1951（昭和26）年の戦後の貧困の残るなかでの「生きるための非行」が第一、次いで1964（昭和39）年の高度経済成長期の薬物使用やバイク盗などの「遊び型非行」の第二、そして1983（昭和58）年の「低年齢化」「集団化」が第三のピークである。その後は減少傾向が続いており、2020（令和2）年の少年による刑法犯は約2万3000人で過去最低となった。

2. 非行対応の流れと児童福祉法・少年法の棲み分け

　非行の対応には、年齢により優先的に適用される法律が決められている。14歳以上の者が警察に逮捕された場合は少年法優先で家庭裁判所に送られ、その後必要があれば少年審判（裁判）にかけられる。不処分が多いが、保護処分（保護観察、児童自立支援施設または児童養護施設送致、少年院送致）がとられたり、検察官送致として、大人と同じ対応が検討される場合がある。一方、14歳未満の者は、児童福祉法優先で児童相談所へ通告され、非行関係相談として扱われる。場合によっては

図表13-1 少年による刑法犯 検挙人員・少年比（罪名別、男女別）

(令和2年)

罪　名	総　数		男　子	女　子	女子比	少年比
総　　　　　数	22,990	(100.0)	19,299	3,691	16.1	12.3
殺　　　　人	51	(0.2)	45	6	11.8	5.8
強　　　　盗	344	(1.5)	313	31	9.0	20.8
放　　　　火	59	(0.3)	46	13	22.0	9.7
強 制 性 交 等	160	(0.7)	159	1	0.6	13.3
暴　　　　行	1,291	(5.6)	1,142	149	11.5	5.1
傷　　　　害	2,033	(8.8)	1,863	170	8.4	10.7
恐　　　　喝	395	(1.7)	349	46	11.6	25.6
窃　　　　盗	12,514	(54.4)	9,898	2,616	20.9	13.7
詐　　　　欺	715	(3.1)	585	130	18.2	8.6
横　　　　領	1,834	(8.0)	1,646	188	10.3	15.0
遺 失 物 等 横 領	1,812	(7.9)	1,626	186	10.3	16.3
強 制 わ い せ つ	420	(1.8)	410	10	2.4	14.4
住 居 侵 入	957	(4.2)	865	92	9.6	24.9
器 物 損 壊	833	(3.6)	744	89	10.7	15.7
そ の 他	1,384	(6.0)	1,234	150	10.8	10.6

注1：警察庁の統計による。
注2：犯行時の年齢による。
注3：触法少年の補導人員を含む。
注4：「強制性交等」は、平成29年法律第72号による刑法改正前の強姦を含む。
注5：「遺失物等横領」は、横領の内数である。
注6：（　）内は、構成比である。
出典：法務省『令和3年版　犯罪白書』p.108, 2021.

第13講　少年非行等への対応

一時保護所に保護され、保育士が支援にかかわることもある。

　児童相談所が受理する相談のうち、非行相談は、児童虐待を含む養護相談と比較すると少数である。そのせいか、少年非行は家庭裁判所だけが対応すると思われがちであるが、児童相談所がかかわることもあることを認識する必要がある。

　なお、少年は可塑性が高く、一時のあやまちがあっても、正しい導きがあればやり直せるという観点に立つのが少年法である。加害少年の名を伏せ、犯罪歴を前科としないのはその表れである。しかし、法の目的には性格の矯正があり、重視するのは少年本人への対応である。一方、児童福祉法では第25条により、児童相談所への通告は、このまま放置することが危険な「要保護児童」への対応という考え方であり、その後の措置も、要保護児童の健全な環境整備という観点に立つ（同法第26条）。養育環境を整えることで子どもの健全な成長をうながし、もって今後の非行を防止するという方針をとっている。

Step2

1. 非行相談と施設入所との関係

　少年非行への対応は、家庭裁判所、児童相談所とも、相談のみで終わることが普通で、施設入所は全体のなかのごく少数である。2020（令和２）年に、少年院に新たに入院した者は1624人で、大変小さい割合である。児童自立支援施設や児童養護施設に家庭裁判所から送致された者はさらに少ない。

　地域で一定期間（満期は20歳になるまで）、保護観察官の監督のもと正しい生活を送ることを求められる保護観察は、施設に入所する者に比べて人数が多いものの、それでも１万733人（令和２年）である。家庭裁判所につながっても必ずしも処分を受けず、注意のみで帰宅を許される者が圧倒的に多数を占める。

　児童相談所においても、非行相談の対応は、令和２年度の「福祉行政報告例」によれば、非行相談総数１万615件中、面接指導が8004件で大部分を占める。次いで訓戒・誓約が777件であるが、これも厳重注意程度であり、帰宅を許される。児童自立支援施設など施設入所は417件であり、全体のわずか４％程度に過ぎない。

2. 少年院での対応

　ではまず、少年院についてみていこう。少年院は、おおむね12歳以上で心身に障害がない者が入る第１種、犯罪傾向が進んだおおむね16歳以上の者が入る第２種、心身に著しい障害がある者が入る第３種、刑の執行を受ける者が入る第４種、「特定少年」が２年間の保護観察中に遵守事項に対する重大な違反があった際入る第５種に分けられる。通常施錠されているが、第１種少年院のなかには開放処遇になっているところもある。在院期間は成人と違い、細かい期限は定められていない。

　少年院では、原則として、生活指導、職業指導、教科教育、体育指導、特別活動指導などの矯正教育が進められる。これらは効果を上げるために、犯罪傾向や学力、進路希望、心身の状況などを考慮し、クラスを分けて実施される。

　少年院では、生活態度が落ち着いてくると段階が上がり退院が決まる。退院理由の中心は、本人の矯正状態であり、家庭環境の整備よりも事実上重視される。

　少年院の職員には、法務教官と呼ばれる国家公務員があたる。法務教官の任用資格に保育士は入っていない。しかし、少年院在院少年のなかには、その年齢に至るまでに、児童福祉施設である児童自立支援施設や児童養護施設に入所経験をもつ者もおり、早期における非行少年への正しい対応を保育士は知っておく必要がある。

3. 少年非行の背景——加害性と被害性の混在

　非行の背景として注目すべきなのは、非行少年たちの生育歴における家庭環境である。2020（令和2）年2月発表の厚生労働省「児童養護施設入所児童等調査の結果（平成30年2月1日現在）」によれば、児童自立支援施設の入所児童の64.5％に被虐待経験があり、さらに、養護問題発生理由からみても、虐待に加え、父母の離婚や親の精神疾患などがあげられている。つまり、非行という加害性をもつ少年（子ども）は、行為の背景に、不安定な生育歴をもつ者が多いということである。さらには、学校や友人間での居場所のなさなどで孤立した生育歴をもつ児童も少なくない。

　マズロー（Maslow, A. H.）は、その欲求段階説のなかで、生理的欲求が満たされて初めて次の段階に人は進むと述べたが、児童自立支援施設に入所している非行少年（子ども）の多くは、生きるための最低限の欲求すら満たされてこなかった被害性をもつ者であるといえるだろう。家庭状況や親の養育能力・意識を改善していくことは容易ではない。そのため、相談による対応だけでは非行の改善が見込めず、最終手段として、親子分離の施設入所という手段がとられることになるのである。

4. 児童自立支援施設とその支援の特徴

児童自立支援施設とは

　児童福祉施設のなかで、少年非行対応の中心となるのが児童自立支援施設である。児童自立支援施設は感化院を源としており（**Step 3** 参照）、児童福祉法第44条に、「**不良行為をなし、又はなすおそれのある児童及び家庭環境その他の環境上の理由により生活指導等を要する児童を入所させ、又は保護者の下から通わせて、個々の児童の状況に応じて必要な指導を行い、その自立を支援し、あわせて退所した者について相談その他の援助を行うことを目的とする施設**」と規定されている。

　2020（令和2）年現在、全国で58施設あり、各都道府県に最低でも1か所は設置されている。国立2、社会福祉法人立2、その他はすべて公立である。定員に対する充足率は施設ごとに差があるが、児童養護施設に比べかなり低くなっている。

　職員は、児童福祉施設の設備及び運営に関する基準に児童自立支援専門員と児童生活支援員を置くことが規定されている。このうち児童生活支援員は、元は教母と呼ばれた職であり、この職に就くための資格は、保育士か社会福祉士の資格を有す

る者、もしくは３年以上児童自立支援事業に従事した者とされており、今までも保育士が中心に活躍してきた職である。現場では寮母などとも呼ばれる。

児童自立支援施設入所児童の特徴

先の児童養護施設入所児童等調査によれば、児童自立支援施設入所児童の61.8％が「障害等あり」という結果が出ており、５年前の前回調査46.7％からみても大きく割合が増加している。特に、精神的、心理的なケアが必要な子どもが入所していることや、知的障害や広汎性発達障害（こうはんせいはったつしょうがい）、ADHDの多さが目立つ。ここで留意したいのは、発達障害＝非行少年ではないということであるが、発達障害児は、周囲の状況が読めず独特の行動をとったり、言葉より先に手が出てしまい、人間関係のトラブルを招きやすい。こういった育てにくい子の場合、親の養育の負担は増していく。生活状況が不安定な親の場合は、なおさらそれらが顕著（けんちょ）になり、悪循環が始まることになる。職員はこれらの課題をもつ子どもに、その特徴（とくちょう）をきちんと理解したうえで、集団の中の個別的支援を計画的に展開していくことが望まれている。

児童自立支援施設の支援の特徴

児童自立支援施設は、子どもを家庭的な養育によって立ち直らせることを柱に支援を展開してきた。その原点となる養育の形態は、家庭に近い少人数による寮舎を、実の夫婦が寮長・寮母となって運営する小舎夫婦制である。全国児童自立支援施設協議会ホームページによれば、2021（令和３）年現在、小舎夫婦制の施設は58施設中16であり、その数は労働時間、職員確保の問題等から年々減少してきている。小舎夫婦制の施設でも、副寮長を配置する、一定期間別の寮に子どもを移すなどの調整を図るところも増えている。全国的には、職員が単独で勤める交代勤務制が主流を占めつつあり、家庭的な養育をいかに維持・実現していくかが問われている。

児童自立支援施設は多くが広い敷地を有しているが、高い塀（へい）や壁はなく開放されている。外の学校には通わず、施設内にある学校に通い、規則正しい生活を送っている。作業やスポーツも多く指導され、一見すると厳しすぎるようにもみえるくらいであるが、発達障害など刺激があると混乱したりする子どもには、時間やルールといった厳しい枠のある生活は、かえって心地よいものとなり、生活のしやすさ、成長に効果がある。ただ、閉ざされた空間での生活であり、また、児童養護施設などに比べて情報が少ないことから、入所時に不安がる子どもも少なくない。職員は、ここで新たな気持ちで再出発できるよう十分な説明をし、気持ちを落ち着かせ、これからの生活に取り組むモチベーションを高められるようにうながしてい

く。また生育歴のなかで満たされてこなかった安定した生活を提供することにより、子ども本来の姿を取り戻していく支援をすること、いわば「育ち直し」を支援していくことにより、非行に走らない状況をつくっていくことが支援の目標となる。さらには、集団生活を通して社会のルールを身につけ、職員との密接なかかわりのなかから信頼できる大人との愛着関係を結んでいくこともできるようになる。

1997（平成9）年の児童福祉法改正により、それまで多様な形態で行われていた教育が、すべての児童自立支援施設で有資格者により実施されることとなった。しかし、学校での不調が非行の原因になった子どもや学力の低さが目立つ子どももおり、生活の場の寮と学校との連携を、どうとっていくかが課題となっている。

児童自立支援施設の退所と自立支援

少年院が少年本人の矯正程度をもとに退院を決めるのに対し、児童自立支援施設の退所は必ずしもそうではない。保護者のもとに帰す環境が整わない場合、本人の生活態度があらたまっても帰せないこともある。現在でも家庭復帰は退所理由の中心ではあるが、こういった状況にかんがみ、近年では親と適度な距離を保てるような進路支援も検討され始めている。自立援助ホームを利用したり、施設から高校に通学させたり、就職に向けての実習をさせたりという個々に合わせた支援と、それに向けてのソーシャルスキルトレーニングなど新たな支援が試みられ始めている。

5. 児童自立支援施設以外の福祉施設と非行少年

児童自立支援施設だけでなく、非行少年が不適切な養育を主訴に児童養護施設に措置されるケースもある。そこで性非行や暴力などの問題を起こし、児童自立支援施設に措置変更されることも少なくない。親元を離れることも、生活の場を変えることも、子どもにとっては大変な負担であることを職員は重く受け止め、どの子も安定した生活が送れるよう適切な配慮をしていくことが望まれる。

児童心理治療施設は、かつて、情緒障害児短期治療施設といわれ、人間関係の問題から、成長発達にゆがみが出てきてしまう子どもを入所させ生活支援と心理療法を実施していた。また、軽度の非行をなす子どもが入所していたこともあった。近年では、非行というより、親からの深刻な虐待を受け、精神的にも肉体的にも深く傷ついた子どもが多く入所するようになっている。まずは生活の基盤を安定させることが子どもの成長発達、ひいては非行防止に役立つことを職員は意識していく必要があるだろう。

第13講 少年非行等への対応

Step3

1. 感化院の誕生──児童自立支援施設のルーツ

子どもだけを対象とする教育の場──感化院

　児童自立支援施設は、感化院、少年教護院、教護院を前身とする。

　感化院は懲治監とは異なり、大人と一緒にせずに子どもだけを対象とする施設として誕生した。小崎弘道は、ドイツのヴィッヘルン（Wichern, J. H. 1808-1881）が設立したラウエハウス、フランスのデュメス（Demetz, F. A. 1796-1873）が設立したメットレイ農業矯正院など欧米の感化院を参考にし、内務省の阪部寛や加藤九郎らとともに、1881（明治14）年、感化院設立計画を東京府に提出した。小崎らの企画は実現しなかったが、1883（明治16）年に池上雪枝によって大阪に池上感化院、1885（明治18）年に高瀬真卿によって東京に私立予備感化院が設立され、さらに千葉、岡山、京都などの感化院が続いた。

罪を犯した大人の幼少期──教育の必要性の認識

　1880年代から1890年代に誕生した数施設の感化院に対して、留岡幸助（1864-1934）は新しいあり方を示した。彼は1891（明治24）年に北海道集治監教誨師となり、先輩教誨師原胤昭（1852-1942）とともに、受刑者の生い立ちや罪を犯した背景を調査した。その結果、罪を犯した大人の多くが幼少期に家庭の愛と教育に欠け、必要な食事や世話をしてもらえず、不適切な養育環境にあったことを知った。受刑者の子ども時代に必要であったのは適切な養育環境と教育であった。留岡は、夫婦の職員が少年と一緒に生活しながら教育にあたるアメリカの家族舎制（Cottage System）の感化院を参考にして、1899（明治32）年、家庭学校を創設した。感化院という名称は在籍者を卑屈にさせると考えた留岡は感化院という名称を避け、かつ校名に家庭であり学校であるという理想を託した。

家庭は人を愛により結ぶ場所──「開放処遇」と「境遇の転換」

　留岡は、子どもが悪くなった原因を、幼少時に父母を失い流浪したり、家庭が乱れ無秩序であったりすることで適切な養育が欠けていたことや、災害を機として一家離散や衣食が欠如したためと考えた。そのため境遇を変え子どもを善良な家庭的環境におき、生活を通して教育（陶冶）することをめざした。ヴィッヘルンは、家庭は人を愛により結ぶ場所であるため、鍵をかけ塀をつくり逃亡を防止する必要はないと考えていた。開放処遇の考え方である。家庭学校でも、職員と生徒がとも

に生活する家族舎制のもとで開放処遇を採用した。また、デュメスの「人は地を化し地は人を化す」という言葉を引用し、農業のような自然に働きかける教育を重視し、午前学科、午後労働という日課を定めた。

感化院の理想——「生活が陶冶する」「共寝・共働・共食」

感化法は、1900（明治33）年、感化院を府県に設置する法として制定された。満8歳以上16歳未満で適当な親権者や後見人がなく、遊蕩（ゆうとう）や物乞（ものご）いなどをし悪いつきあいのある者などを対象とした。法案審議で、内務省小河滋次郎（おがわしげじろう）（1864-1925）は、感化院は監獄に代わる施設ではなく「家庭的ノ学校」であり、児童と寝食を同じくする夫婦を教師とする教育施設であると強調した。このような理想を、兵庫県立土山学園長早崎春香（はやさきはるか）（1861-1924）が「共寝・共働・共食」と表現したように、感化院の理想は職員との共同生活を通して生徒を陶冶することにあった。

2. 国立感化院令と少年法・矯正院法の公布

「邪路（じゃろ）に迷へるもの」が「正道」に導かれる権利

1908（明治41）年、14歳未満を刑罰の対象外とした刑法改正に伴う感化法改正により、感化院は不良行為をなしまたはなすおそれのある満8歳以上18歳未満の者等を対象とし、府県にその設置が義務づけられた。同法により全国的に設置された多くの感化院では開放処遇と家族舎制が採用されたが、無断外出や院内での問題行動に苦しみ、指導困難な生徒を島嶼（とうしょ）（小笠原）へ委託することもあった。そこで、内務省は1919（大正8）年、「性状特ニ不良ナル者」を対象とする国立感化院武蔵野学院を開設し、分類処遇を導入した。同院初代院長菊池俊諦（きくちしゅんたい）（1875-1967）がジュネーブ宣言を訳したように、まちがった道に迷い込んだ子どもが「正道に誘致」されるよう教育されることは子どもの権利を保障する営みである。

不良行為は子どもの遺棄状態をつかむサイン——教養保護の必要

他方、少年犯罪が減少しないなかで、司法省は内務省が所管する感化院における無断外出や、感化院への入所決定が行政権によることなどを問題ととらえていた。それゆえ、司法省は少年審判所を設け、拘禁力（こうきんりょく）のある矯正院（きょうせいいん）を開設するための、少年法および矯正院法の法案制定準備を始めていた。

司法省のこのような動きに対して、小河滋次郎は「児童科学」の観点から反対運

動を展開した。小河によれば、子どもは「教育の対象」であり「処分の目的物」ではない。もし子どもに「不良行為」があるとすれば、それは「教養保護を必要とする遺棄の状態」を示すサインである。子どもの行為よりも、子どもがどのような状態にあるかをつかむことが大切であると小河は主張した。非行に対する小河の見解は現在でも通じるものであるが、当時の司法省には受け入れられなかった。

「甘母」の感化院と「厳父」の矯正院

　司法省は、子どもに必要なのは「甘母」でなく「厳父」であると述べ、1922（大正11）年、少年法および矯正院法を成立させる。ここに閉鎖処遇を基本とする矯正院が誕生した。あわせて、少年審判所や少年保護司、寺院、教会、少年保護団体等への委託についても規定され、司法省所管の矯正院や少年保護団体と内務省所管の感化院が共存しながら少年非行に対応する構造が生まれた。少年審判所が設置された地域では、感化院は原則として満8歳以上14歳未満、矯正院は満14歳以上を収容することとした。矯正院としては、1923（大正12）年に多摩少年院と浪速少年院が設立された。逃亡防止に注意しながら厳格な規律に基づく生活が営まれ、学科教育と実科教育がなされた。また、1939（昭和14）年末までに100以上の少年保護団体が生まれ、少年審判所から仮委託を受けて少年を収容するようになった。

3. 子どものための制度改革

感化院長の働きが成立させた少年教護法

　子どものために感化教育をどのように整備すべきか。武田慎治郎（1868-1940）、池田千年（1884-1950）、田中藤左衛門（1873-1943）、熊野隆治（1882-1975）ら関西の感化院長は、少年教護法私案を作成した。同案をもとに作成された少年教護法案は荒川五郎をはじめ67名の議員によって、第64回帝国議会に提出され、1933（昭和8）年、感化法に代わる少年教護法が成立する。この間、全国の感化院長らは議員に法案を説明し、また、法案に対する識者の意見を集めて議員に送付するなどのロビー活動を展開し、さらにラジオを通して少年教護法案を説明するなど世論にも働きかけた。成立困難とみられていた議員立法が成立した背景には、このような感化院関係者の働きがあった。少年教護法は、「教育」「保護」を意味する「教護」という語を用い、感化院という名称を少年教護院に改め、鑑別機関の設置、施設外で少年の指導にあたる少年教護委員の配置、少年教護院長による在籍者に対する尋常

小学校教科修了証明書の発行などを定めた。

個に即した特別教育の必要

　少年教護法制定運動を牽引した武田や池田らの思想は、子どもに対する科学的理解に根ざすものであった。1923（大正12）年に内務省が実施した感化院収容児童鑑別調査によれば、感化院在籍者の7割が「精神発育不良」であり、かつ多くが「赤貧、監督不行届、放任、教養怠慢」など家庭に問題があった。また、知的障害児施設が未発達な時代であり、感化院には知的障害や精神的疾患等を有する子どもが多く在籍していた。精神科医である池田は医学的見地から子どもの状態を多角的に理解しつつ、生活を通して教育することの大切さを強調した。そのうえで武田や池田らは、それぞれの子どもの状態を鑑別したうえで、それぞれに応じた特別教育や治療をなすべきであると考えた。彼らが少年教護法制定時に構想した児童保護施設大系は、戦後の児童福祉法制下の構想につながるものであった。

4. 戦後における少年非行等に関する法制度

児童福祉法の制定と教護院在籍児童に対する就学問題

　戦後、児童福祉法が、すべての児童を対象とする総合立法として成立し、児童相談所が新設され、少年教護院は教護院と改称された。教護院は「不良行為をなし、又は為す虞のある児童を入院させて、これを教護することを目的とする施設」と定められた。そして、「教護院の長は、在院中、学校教育法の規定による小学校又は中学校に準ずる教科を修めた者に対し、小学校又は中学校の課程を修了したものと認定しなければならない」と規定された。養護施設や精神薄弱児施設、療育施設などの児童福祉施設では、施設長に在籍児童を就学させる義務が課せられたが、教護院長にはその義務が求められなかったのである。その結果、文部省は、教護院への入所は就学義務猶予の対象であるとした。

　しかし、教護院では、生活指導、学科指導、実科指導を三本柱とするさまざまな教育がなされた。また、府県によっては、施設内に公立学校の分教室や分校を併設して就学を保障する教護院や、教護院在籍児の学籍を原籍校に置くなど、教護院在籍児に就学を保障するための多様な対応がなされた。

　その後、1997（平成9）年に、「児童の最善の利益」を考慮する観点から児童福祉法は改正され、教護院は児童自立支援施設と改称された。児童自立支援施設の対

象者に「家庭環境その他の環境上の理由により生活指導等を要する児童」が加えられ、また当該施設長に在籍者を就学させる義務が課せられるようになった。これを受け、多くの児童自立支援施設において公立小中学校の分校等が併設された。この結果、北海道家庭学校のように、同校の理念を公立学校（分校）が共有し、学校と施設が協働して教育実践を展開する事例もみられるようになった。

少年法・少年院法の制定と改正

　大正期に制定された少年法および矯正院法は、1948（昭和23）年に新たな少年法と、少年院法となり、家庭裁判所、少年観護所および少年鑑別所（かんべつしょ）が設置され、矯正院は少年院と改称された。

　2014（平成26）年には、さらに新しく少年院法が制定され、翌年に施行された。同法では、再非行防止に向けた取り組みを充実させるため、在院者の特性に応じた計画的・体系的・組織的な矯正教育の実施がめざされ、少年院において出院者や保護者等からの相談に応じることができる制度が導入された。併せて、少年の権利保障と職員の権限の明確化、不服申し立て制度の整備、視察委員会の設置などにより、社会に開かれた施設運営を推進することをめざした。また、専門的知識・技術に基づく鑑別を実施し少年鑑別所の機能を強化するため新たに少年鑑別所法が制定された。

参考文献

●法務省法務総合研究所編『犯罪白書 平成29年版』

●厚生労働省雇用均等・児童家庭局「児童養護施設入所児童等調査結果」

●全国児童自立支援施設協議会編『全国児童自立支援施設運営実態調査（平成28年3月）』

●全国児童自立支援施設協議会編『児童自立支援施設運営ハンドブック』三学出版，1999.

●厚生労働統計協会『国民の福祉と介護の動向 2018/2019』2018.

●小河滋次郎「非少年法案論」『救済研究』8-1（『社会福祉古典叢書2 小河滋次郎』鳳書院，1980. 所収），1920.

●菊池俊諦『児童保護論』玉川学園出版部，1931.

●矯正協会編『少年矯正の近代的展開』矯正協会，1984.

●重松一義『少年懲戒教育史』第一法規出版，1976.

●長沼友兄『近代日本の感化事業のさきがけ 高瀬真卿と東京感化院』淑徳大学長谷川文化研究所，2010.

●二井仁美『留岡幸助と家庭学校 近代日本感化教育史序説』不二出版，2010.

●北海道家庭学校編，仁原正幹・二井仁美編，家村昭矩監『「家庭」であり「学校」であること——北海道家庭学校の暮らしと教育』生活書院，2020.

第14講

次世代育成支援と
子ども家庭福祉の推進

1.57ショックを契機に、政府は本格的な少子化対策に取り組み、エンゼルプランにはじまり、計画的な地域の子育て支援対策が打ち出された。そして、対策は行政だけでなく、事業主も加わる次世代育成支援対策として進められるようになった。さらに、2012（平成24）年に子ども・子育て関連３法が成立し、認定こども園制度の見直しとともに、「幼保連携」という考え方の整理が行われてきた。本講では、これらについて学んでいく。

Step 1

次世代育成支援としての子ども家庭福祉

　出 生 がどれほど多いかは、長期的に人口が安定的に維持できる水準、「人口置
き換え水準」で見ることができる。この水準を下回ると人口が減少することにな
り、人口学では、この水準を相当期間下回っている状況を「少子化」と定義してい
る。標準的な人口置き換え水準の合計特殊出生率は2.1前後とされる。わが国で「少
子化」がはじめて公的な文書で解説されたのは、1992（平成4）年の『国民生活白
書』であった。「少子社会」とは、「合計特殊出生率が、人口置き換え水準をはるか
に下回るとともに、子どもの数が高齢者人口（65歳以上人口）よりも少なくなった
社会」と定義されている（内閣府『平成16年版 少子化社会白書』p.2, 2004.）。

出生の年次推移

　わが国の出生をみれば、第1次ベビーブームと第2次ベビーブームに大きな出生
数の山ができている（**図表14-1**）。これは、第1次ベビーブームに出生した人口群
（コーホート）が、出産適齢期に入り、多くの子どもが生まれ第2次ベビーブーム
を形成したことによる。しかし、合計特殊出生率でみると、第2次ベビーブームは
上昇しているとはいえない。確かに、人口群で数が多ければ、生まれる子どもの実
数が大きくなり、人口群で数が少なければ小さくなる。ところが、出生の数だけで
は見えにくいが、合計特殊出生率でみると、すでにこの時期に、少子化が進んでい
たことがわかる。

図表14-1 出生数および合計特殊出生率の年次推移

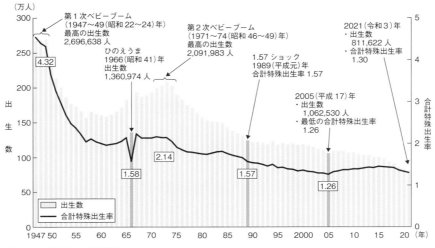

資料：厚生労働省「人口動態統計」

「1.57ショック」の意味

　少子化への対策の必要性が多くの人に認識されたのは、1990（平成２）年の1.57ショックとされる。これを契機に、政府は、合計特殊出生率の低下と子どもが減少傾向にあることを「問題」として認識し、仕事と子育ての両立支援等の子どもを生み育てやすい環境づくりに向けての対策の検討を始めた。合計特殊出生率が減少傾向にあったことは知られてはいたが、大きな社会問題とならなかったのは、出生数が減少と増加を繰り返してきたからである。1966（昭和41）年に、出生数と合計特殊出生率が当時の最低を記録したが、この年は干支の「ひのえうま」であり、民間伝承による迷信から繰り返されてきた出生の低下現象として受け止められていた。ところが、1989（平成元）年に、最低値を更新したことにより、マスコミの報道を中心に、民間伝承との対比のなかで、本質的な少子化の問題と広く受け止められるきっかけとなった。

エンゼルプラン、新エンゼルプラン

　1.57ショックを契機に、政府は本格的な少子化対策に取り組むことになる。1994（平成６）年12月に「今後の子育て支援のための施策の基本的方向について」が策定された。これは通称「エンゼルプラン」と呼ばれ、当時の文部・厚生・労働・建設４大臣の合意によるもので、子どもの教育行政、子育て支援行政、親の働き方の労働行政、子育て家庭の暮らすまちづくり行政等に広がる実施体制の取り組みを意味する。これを具体化するかたちで、「当面の緊急保育対策等を推進するための基本的考え方」（平成６年12月大蔵・厚生・自治大臣合意）等に基づき、保育サービスの整備を中心に子育て支援施策（緊急保育対策等５か年事業）が進められた。

　この５か年事業を引き継ぐものとして、1999（平成11）年12月に少子化対策推進基本方針（少子化対策推進関係閣僚会議決定）と、この方針に基づく具体的計画として「重点的に推進すべき少子化対策の具体的実施計画について」が策定された。これは、通称「新エンゼルプラン」と呼ばれ、当時の大蔵・文部・厚生・労働・建設・自治６大臣の合意によるもので、４大臣合意からさらに、財務行政、地域行政等に広がる実施体制による取り組みとなった。少子化は、社会におけるさまざまなシステムや人々の価値観と深くかかわっており、人口の減少という課題に対しては、社会保障をはじめとした次の世代につながる取り組みが求められる。「子育てと仕事の両立支援」などの従前の対策に加えて、「男性の働き方の見直し」を含めた、社会をあげての総合的な対策として「次世代育成支援対策」が打ち出された。

次世代育成支援対策推進法を基本とする次世代育成支援対策

　人口の減少という次世代の課題に取り組むべく、法令が整備された。2003（平成15）年7月には、少子化社会対策基本法（平成15年法律第133号）が制定され、内閣府に、内閣総理大臣を会長とし全閣僚によって構成される少子化社会対策会議が設置された。また、2015（平成27）年までの時限立法として次世代育成支援対策推進法（平成15年法律第120号）が制定された。それまでの子育て支援では、主として地方公共団体が子育て支援対策に取り組んできた。同法では、行政だけでなく事業主も、次世代育成支援のための2015（平成27）年までの10年間に集中的・計画的な取り組みを促進するため、行動計画を策定し実施していくことを規定した。この行動計画は、達成しようとする目標、実施しようとする対策の内容およびその実施時期等を定めるものとなっている。なお、次世代育成支援対策推進法は2025（令和7）年3月末まで期限が10年間延長されている。

　2004（平成16）年に、少子化社会対策基本法に基づき、「少子化社会対策大綱」と「少子化社会対策大綱に基づく具体的実施計画について（子ども・子育て応援プラン）」が策定された。2010（平成22）年1月には、新たな大綱として「子ども・子育てビジョン」が策定され、①生命（いのち）と育ちを大切にする、②困っている声に応える、③生活（くらし）を支える、の視点のもと、政策4本柱と12の主要施策が示された。2010（平成22）年の「子ども・子育てビジョン」の閣議決定に合わせて、「子ども・子育て新システム検討会議」が発足し、この会議において、2012（平成24）年に「子ども・子育て新システムの基本制度について」が決定された。政府は、社会保障・税一体改革関連法案として「子ども・子育て新システム関連3法案」を提出し、2012（平成24）年8月に子ども・子育て関連3法が成立した。

　この法整備により、これまで制度ごとに区分されていた利用と給付の見直しが行われた。認定こども園、幼稚園、保育所を通じた共通の給付（施設型給付）や小規模保育等への給付（地域型保育給付）が創設され、またその際には、認定こども園について、幼保連携型認定こども園の認可・指導監督を一本化し、法律に基づく学校および児童福祉施設として位置づけされている。子ども・子育て支援は、基礎自治体（市町村）が実施主体となり、地域の実情に応じた子ども・子育て支援が地域ごとに進められるよう基盤の強化がめざされた。

　保育所を利用する共働き家庭の児童は、小学校就学後も放課後の安心・安全な居場所の確保を必要とする（いわゆる「小1の壁」課題）。また、すべての児童が多様な体験・活動を行う機会の整備が求められている。このニーズに対し、文部科学

省と厚生労働省が連携して、放課後の居場所の整備のために、2014（平成26）年に「放課後子ども総合プラン」が策定された。さらに2018（平成30）年には「新・放課後子ども総合プラン」が策定され、放課後児童クラブ、放課後子供教室の両事業の計画的整備の新たな目標設定が行われた。

　2015（平成27）年、新しい「少子化社会対策大綱」が、閣議決定された。この大綱は、2004（平成16）年の「少子化社会対策大綱」、2010（平成22）年の「子ども・子育てビジョン」に続く３つ目の大綱となっている。この「少子化社会対策大綱」では、少子化の危機は克服できる課題であり、社会全体で行動を起こすべきであると、あらためて位置づけている。

　内閣総理大臣を議長とする一億総活躍国民会議の「ニッポン一億総活躍プラン」では、最大のチャレンジとして働き方改革をあげ、2017（平成29）年に「働き方改革実行計画」が策定された。その後、「子育て安心プラン」（2017（平成29）年６月～2021（令和３）年３月）策定、2018（平成30）年に働き方改革を推進するための関係法律の整備に関する法律の成立、2020（令和２）年に「新子育て安心プラン」公表、「全世代型社会保障改革の方針」策定と、働き方等の全般的な見直しとともに対策が進められてきている。人生100年時代を見すえながら、高齢者だけでなく、児童、子育て世代、現役世代を含めた年金、労働、医療、介護、少子化対策など、社会保障全般にわたる持続可能な改革が求められている。2019（令和元）年に、政府は全世代型社会保障検討会議を設置した。2020（令和２）年には、この会議の中間報告をもとに「全世代型社会保障改革の方針」が閣議決定され、少子化対策、医療分野の関連法案提出が進められてきた。少子化対策としては、不妊治療を受けやすくするための保険適用や助成制度の拡充等、男性の育児休業取得促進のための子の出生直後の休業取得促進制度の整備へつながっている。

第14講　次世代育成支援と子ども家庭福祉の推進

Step2

子ども・子育て支援制度の課題

Step 1 では、少子化対策が次世代育成という考え方のもと進められてきたことをみた。次に、2012（平成24）年に子ども・子育て関連3法の制定により整備された「子ども・子育て支援制度」の課題についてみていく。

子ども・子育て支援制度への次世代育成対策支援の再編により、今日の社会が直面する課題に取り組むこととなっている。そうした課題について、次の事例をもとに考える。

事例

Aさん（30歳、女性）は、長男が小学生になったら、夫の収入を補うため、働きに出ることにした。Aさんは、高校を卒業してから、しばらく会社員として働いていたが、結婚をし出産を機に退職し、夫の収入だけで生活してきた。退職したときは、もう少し仕事を続けたいと思っていたことから、子どもが小学生になったら、もう一度働きたいと思っていた。夫はフルタイムの仕事を安定的に続けており、生活費に困ることはないが、今後の教育費等のために、子どもを預けるサービスが利用できるならば、少しでも家計を楽にできるような仕事をパート等で探そうとしている。

以上の事例から、社会が直面するいかなる課題が見えてくるであろうか。2015（平成27）年の少子化社会対策大綱では、取り組むべき重点課題を5つ設定している。

（1）子育て支援施策を一層充実していくこと

子ども・子育て支援制度の円滑な実施を進めていくにあたり、財源を確保し、子育て支援の「量的拡充」と「質の向上」をめざし、都市部だけでなく、地域の実情に応じた子育て支援の計画的整備に取り組む必要がある。生活費を確保するために、保育サービスを活用して働きに出たい人もいれば、事例のAさんのように、家計を補うために保育サービスを活用する人もいる。ニーズの多様化に対して、一時預かりなど多様な保育サービスを充実していくことが求められている。

（2）若い年齢での結婚・出産の希望の実現

若年者が結婚・出産に希望をもつために、若年者の雇用の安定や、結婚に対する支援など、必要な生活基盤の整備をしていくことが求められている。Aさんのような若年者は、結婚や出産に際して、仕事か家庭かという大きな決断を迫られることになる。こうしたライフイベントに際して、結婚や出産により希望のもてる社会の実現が求められている。

（３）多子世帯への一層の配慮

　多くの子どもを育てることは、親にとって大きな負担となっている。子育て・保育・教育・住居などへの負担軽減や、地方自治体、企業、公共交通機関などによる多子世帯への配慮・優遇措置の促進が求められている。

（４）男女の働き方改革

　子育てと家庭生活を充実していくことは、Ａさん一人だけが取り組む課題ではない。Ａさんだけでなく、Ａさんの夫が仕事と家庭生活や子育てを人生のなかでどのようなバランスで考えていくかが重要である。男性の意識・行動改革、「ワーク・ライフ・バランス」「女性の活躍」を社会全体で考えていく必要がある。

（５）地域の実情に即した取り組み強化

　こうした子育て支援には、地域がもつさまざまな資源を活用しながら、地域の必要性に合わせた創意工夫が求められている。「地方創生」という考え方で、国と地方が緊密に連携して取り組むこととなっている。

　以上の５つの重点課題を設定し、きめ細かな少子化対策が進められようとしている。結婚、出産、子育て、教育、仕事といった各段階に応じた支援を社会全体で行動し推進していくことが少子化社会対策大綱に示されている。

子ども・子育て支援制度における主体と役割

　子ども・子育て支援法では、市町村等の責務、事業主の責務、国民の責務として、誰が、どのような役割を果たすのか、取り組みの主体と役割が規定されている。

（１）市町村等（国、都道府県、市町村）の役割

　国の役割は、市町村が行う子ども・子育て支援法に基づく業務が適正かつ円滑に行われるよう、市町村および都道府県と相互に連携を図りながら、子ども・子育て支援の提供体制の確保に関する措置をとることとなっている。内閣総理大臣は、子ども・子育て支援のための施策を総合的に推進するための基本的な指針を定める。

　都道府県の役割は、市町村に対する必要な助言および適切な援助を行うとともに、子ども・子育て支援のうち、特に専門性の高い施策および各市町村の区域を超えた広域的な対応が必要な施策を行うこととなっている。また、国の基本指針に即して、５年を１期とする「都道府県子ども・子育て支援事業支援計画」を定める。

　市町村の役割は、子どもおよびその保護者に必要な子ども・子育て支援を総合的かつ計画的に行うこと、子ども・子育て支援を円滑に利用するために必要な援助を行うとともに、関係機関との連絡調整その他の便宜の提供を行うこと、環境に応じ

て、子どもの保護者の選択に基づき、多様な施設または事業者から、良質かつ適切な教育および保育その他の子ども・子育て支援が総合的かつ効率的に提供されるよう、その提供体制を確保すること、が規定されている。

　財政負担については、「社会全体による費用負担」という考え方から、消費税の引き上げによる、国および地方の恒久財源の確保を前提としている。国・都道府県・市町村の負担（補助）割合は、それぞれ、施設型給付と地域型保育給付が2分の1・4分の1・4分の1、地域子ども・子育て支援事業が3分の1・3分の1・3分の1である。なお、公立施設の施設型給付は、市町村10分の10、また地域子ども・子育て支援事業のうち、妊婦健康診査、延長保育事業（公立分）のみ市町村は10分の10となっている。

　市町村は、保護者からの申請を受けて、子どもの区分の認定と併せ、子どもが保育を必要とする場合に該当するかどうかや、保育必要量（施設型給付等の対象となる保育の量）の認定を行う（区分と保育の必要性の認定証の交付）。認定を受けた保護者は、市町村の関与のもと、施設・事業等を選択し契約を行うしくみとなっている。その際、市町村は新制度のもとでも保育所での保育の実施義務を負い、保育所以外（認定こども園や小規模保育等）の保育についても必要な保育を確保する義務を負っている。そこで、「保育を必要とする」認定を受けた子どもについては、市町村が保護者からの利用申込みを受け調整を行い、利用可能な施設・事業者のあっせん等を行う。施設・事業者に対しては、その子どもが利用できるよう要請を行うこととなっている。市町村は、国の基本指針に即して、5年を1期とする「市町村子ども・子育て支援事業計画」を定める。

（2）事業主の役割

　事業主は、その雇用する労働者にかかる多様な労働条件の整備その他の労働者の職業生活と家庭生活との両立が図られるようにするために、必要な雇用環境の整備を行うことにより、当該労働者の子育ての支援に努めるとともに、国または地方公共団体が行う子ども・子育て支援に協力しなければならない。さらに、時限立法である次世代育成支援対策推進法の2025（令和7）年3月末までの延長により、事業主は、引き続き、労働者の仕事と子育ての両立のための一般事業主行動計画の策定と届出を行うことになっている（常時雇用する労働者の数が100人を超える事業主においては義務、100人以下の事業主においては努力義務）。

（3）国民の役割

　国民は、子ども・子育て支援の重要性に対する関心と理解を深めるとともに、国または地方公共団体が講ずる子ども・子育て支援に協力しなければならない。

次世代育成支援に関係する制度の現状

　以上のような次世代育成支援は、0歳の乳児期から20歳の青年期にわたり、育ちとライフコースを対象として、働き方、保育・教育・放課後、地域子育て支援、母子保健、社会的養護、経済的支援の各課題に対する支援の制度の組み合わせとして取り組まれている（**図表14-2**）。

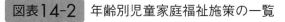

図表14-2 年齢別児童家庭福祉施策の一覧

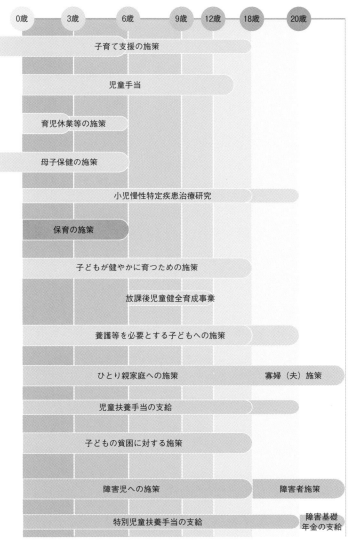

出典：公益財団法人児童育成協会『目で見る児童福祉2022』p.7, 2022. を一部改変。

第14講　次世代育成支援と子ども家庭福祉の推進

Step3

Step 2 では、親の働き方の見直しや、地域の実情に合わせた子育て支援の整備が課題となっていることにふれた。ここでは、子ども・子育て支援制度において、地域で活用される子育て支援としての幼保連携型認定こども園がいかなる背景で「幼児教育」と「保育」という考え方に基づき、整備されてきたのか、整理する。

認定こども園の機能

認定こども園の機能は、①就学前の子どもに幼児教育・保育を提供する機能（保護者が働いている、いないにかかわらず受け入れて、教育・保育を一体的に行う機能）、②地域における子育て支援を行う機能（すべての子育て家庭を対象に、子育て不安に対応した相談活動や、親子の集いの場の提供などを行う機能）である。

現行制度に落ち着くまでの道のり

幼稚園は、満３歳から小学校就学前までの幼児であれば、誰でも入園することができる学校である。しかし、幼稚園の就園率は、３歳児で増加の傾向にあるものの、現在は頭打ちであり、５歳児も1980（昭和55）年には65％であったが、2014（平成26）年は53.7％であり、４、５歳児の就園率は減少傾向にある（文部科学省『文部科学白書2014』）。幼稚園と保育所は、それぞれの社会的ニーズに対応してきた。しかし、社会構造等の著しい変化を背景とし、就学前の子どもに関する教育・保育については、保護者が働いていても働いていなくても同じ施設を利用したいなど、ニーズは多様化しつつあるとされた。

このような変化を考慮し、地域において子どもが健やかに育成される環境が整備されるよう、小学校就学前の子どもに対する教育・保育ならびに保護者に対する子育て支援の総合的な提供を推進するための措置を講ずるために、「就学前の子どもに関する教育、保育等の総合的な提供の推進に関する法律」（2006（平成18）年）により認定こども園が創設された。都道府県から認定を受ける施設としては、地域の実情に応じて選択が可能となるよう、①幼保連携型、②幼稚園型、③保育所型、④地方裁量型の４つの類型が創設された。枠組みとしては、幼稚園でも保育所でもない第３の施設として認定こども園を設けるのでなく、果たすべき機能に着目し、幼稚園や保育所などがその法的位置づけを保ったまま認定を受けるしくみとしたのが特徴であった。他方で、幼稚園を所管する文部科学省と、保育所を所管する厚生労働省がそれぞれ、整備してきた実施体制（認可、職員配置、教育内容と保育内容

等）の違いにともなう課題は大きく、地域の子育てニーズの増大に対して飛躍的な整備の推進につながらなかった。

幼保連携の方向性

その後、2012（平成24）年の就学前の子どもに関する教育、保育等の総合的な提供の推進に関する法律の一部を改正する法律（平成24年法律第66号）により、認定こども園の制度が改正された。課題であった二重行政の解消をめざし、幼保連携型認定こども園の枠組みについて、保育所や幼稚園とは異なる第3の単一の施設とし、認可・指導監督等を一本化したうえで、学校および児童福祉施設として法的に位置づけることとされた。幼保連携型認定こども園は、都道府県知事、指定都市および中核市長から認定を受けることとされた。認定要件のうち、設備および運営に関する基準については、条例で定めなければならないとされた。

さらに、幼稚園教育要領および保育所保育指針との整合性の観点から、教育要領、保育指針をつなぎ合わせるだけでなく、幼保連携型認定こども園という1つの施設の特徴、よさ、目的等を明確化し、児童の最善の利益を求める総合施設としての位置づけとなることがめざされている。

「幼保連携型認定こども園教育・保育要領」（2017（平成29）年）は、次の2つの考え方に基づき2014（平成26）年の同要領から改正されている。

（1）幼稚園教育要領および保育所保育指針との整合性の確保

幼稚園教育要領との整合性を図るために、幼保連携型認定こども園の教育および保育において育みたい資質・能力および幼児期の終わりまでに育ってほしい姿として10項目を明確にするなどの改正を行った。また、保育所保育指針との整合性を図るために、乳児期および満1歳以上満3歳未満の園児の保育に関する視点および領域、ねらいおよび内容ならびに内容の取扱いを新たに記載するなどの改正を行った。

（2）幼保連携型認定こども園として配慮すべき事項等の充実

幼保連携型認定こども園の教育と保育が一体的に行われることを、全体を通して明確に記載している。さらに、幼保連携型認定こども園として配慮すべき事項として、満3歳以上の園児の入園時や移行時について、多様な経験を有する園児の学び合い等を記載するとともに、多様な生活形態の保護者が在園していることへの配慮や地域における子育て支援の役割等、子育ての支援に関して記載を充実させている。

第14講 次世代育成支援と子ども家庭福祉の推進

参考文献

● 柏女霊峰『子ども家庭福祉論』誠信書房，2015.

● 内閣府『少子化社会対策白書 令和4年版』2022.

● 山縣文治『リーディングス日本の社会福祉8 子ども家庭福祉』日本図書センター，2010.

● 山野則子・武田信子編『子ども家庭福祉の世界』有斐閣，2015.

COLUMN　仕事と子育ての両立の考え方

　Step 1 であげた次世代育成支援の行動計画を策定するために、地方自治体では、住民のニーズを把握する調査を実施して計画策定に活用してきた。多様なニーズの背景を示す調査として、例えば、神奈川県から「横浜市子ども・子育て支援事業計画の策定に向けた利用ニーズ把握のための調査　結果報告書」（2018（平成30）年）が出されている。

　本調査と、5年前の同調査との比較では、父親はフルタイムでの就労が93.5%から95.1%へと1.6ポイント増加している。母親はフルタイムの就労が29.9%から42.2%と12.3ポイント増加し、「以前は就労していたが現在は就労していない」が、51.8%から39.0%と12.8ポイント減少した。就労する母親が増えているとみることができる。

　他方で、現在就労していない母親は40.3%であったが、就労したいと回答したのは72.2%で、そのうち希望する就労形態について、パートタイム・アルバイト希望68.5%、フルタイム希望20.5%となっている。現在就労をしていない母親の19.0%は「子育てや家事に専念したい」と回答している。54.5%は、「1年より先に就労を希望する」と回答し、そのうち28.6%が「1番下の子どもが3歳になったころに就労希望」、29.0%が「6歳から7歳になったころに」と回答している。全体としては、就労に向かっているようにもみえるが、内実は、子育ての考え方や役割分担の状況等により、就労のタイミングや方法は、世帯によりかなりの多様性があり、子育て支援サービスの利用のあり方も多様な状況が想定される。家族がどのように子育てに取り組み、どれだけサービスを、どのように活用するかは、個別にみていく必要があり支援のマネジメントがますます求められている。

（小林　理）

第 15 講

地域における連携・協働と
ネットワーク

保育者は子ども家庭福祉の専門職であるが、保育者のみで子ど
もや家庭へのあらゆる支援を行うことは難しい。子どもの家庭や
さまざまな職種、地域住民、その他の専門機関等とのかかわりが
あってこそ、豊かな保育が展開できる。しかし、「連携・協働」や
「ネットワーク」に対する理解や、その活用については多くの現場
で十分になされているとはいえない。本講では、保育所保育指針
等について学びながら、保育現場において展開される「連携・協
働」や「ネットワーク」について考える。

Step 1

1.「連携・協働」はなぜ求められるのか

「連携・協働」とは何か

　「連携」や「協働」と聞いて何を思い浮かべるだろうか。授業や研修会で行うグループワークや運動会での大玉転がし等、「連携・協働」について、1つの目標に向かって皆(みな)で一緒に行動するというイメージをもってほしい。

　それでは、皆さんが学んでいる保育における「連携」や「協働」とは何だろうか。そして、何のために、だれと連携や協働するのだろうか。例えば、アレルギーをもつ子どもに給食を提供する前に家庭と保育所の職員（園長、主任、栄養士、担任など）で話し合いの場をもつ。これは、子どもに安全でおいしい給食を提供するために、家庭と保育所、保育所内のさまざまな専門職が連携することである。その他にも、園内での会議で行われる議論、早番と遅番の引き継ぎ、降園時に交わされる保護者との会話など、こういったものの1つひとつが連携の一部となっている。

「連携・協働」はなぜ必要か

　登園してくる子どもの様子を見て「何かおかしい」と感じたら、あなたはまずどこに着目するだろうか。子どもの視線や表情、動作、保護者との距離感など、子どもの育ちや子育ての専門職として、どんなことに気づくだろうか。そして、虐待(ぎゃくたい)だと判断した場合、どのような対応をとろうとするだろうか。ほかの保育者や主任、園長などに相談するかもしれない。また、看護師や栄養士などほかの専門職の目で見てもらうことも大事である。子どもの育ちや子育てを支える専門職は保育者だけではない。医師や看護師、幼稚園教諭、スクールソーシャルワーカーや心理職など、それぞれが同じ光景を見たときに、保育者とまったく同じ気づきを得て、判断し、対応しようとするとは限らないだろう。

　それぞれが異なる専門性をもつために、気づくポイントや判断が異なることは想像ができる。専門職が自らの専門分野や専門領域から見ようとするのは当然のことであり、1つひとつが大切な視点である。しかし、同じ保育所内で働くそれぞれの職員が、自らの思うままに対応するわけにはいかない。全職種の意見を合わせて、職員が同じ目標に向かって「連携・協働」することが重要である。もしバラバラに対応してしまったら、最終的に困るのは子どもや保護者だということを忘れてはいけない。

　さらに、このような親子の背景について考えてほしい。例えば、雇用状況等の社

194

会経済的要因による格差や貧困、少子化や都市化等による孤立、子どもや親の障害や疾病、認知症のある家族の介護など、さまざまな問題のしわ寄せが家庭や子どもに及んでいる。このように多様で複雑な問題を解決するためには、子どもの育ちや子育ての専門職である保育者や保育所の職員だけでは限界があることがわかるだろう。保育だけではなく、医療や療育、福祉、保健等、状況に応じて専門性をもつ機関や団体、専門職と「連携・協働」することが必要である。また、学校や児童相談所、警察などの「フォーマルサービス」だけではなく、地域の子育て支援団体や子ども食堂、子どもや家族の友人といった「インフォーマルサービス」との「連携・協働」も求められている。

　さまざまな課題が複雑にからみ合うことで困難をかかえている家庭は、自分たちが「困っている」ことを自覚できていない場合も多く、自発的な解決を求めることは難しい。子どもの育ちや子育ての専門職が、子どもや家庭、地域社会の様子を把握し、このような気になる親子を地域へつなぐ糸口になることが重要である。

2.「連携・協働」の目的

　まず、「保育」は何を目指して行われているのかを考えたい。保育所保育指針第1章「総則」の1「保育所保育に関する基本原則」（2）「保育の目標」には、「保育所の保育は、子どもが現在を最も良く生き、望ましい未来をつくり出す力の基礎を培う」と記されている。保育所ではこのために、子どもの育ち保障し、その家庭を支え、地域を支援するという実践を積み重ねている。また、児童福祉法第2条には、「全て国民は、児童が良好な環境において生まれ、かつ、社会のあらゆる分野において、児童の年齢及び発達の程度に応じて、その意見が尊重され、その最善の利益が優先して考慮され、心身ともに健やかに育成されるよう努めなければならない」と規定されており、すべての国民に努力義務がある。さまざまな専門性をもつ人々や機関・団体が、子どもやその家庭を支援するために連携・協働するのはこのような目的のためであると考えられる。

　では、「連携」と「協働」は違うのだろうか。辞書（大辞林）によれば、「連携」とは「連絡をとって、一緒に物事をすること」、「協働」とは「同じ目的のために協力して働くこと」である。定義や解釈はさまざまであるが、本講のタイトルが「連携・協働」となっていることからも、福祉分野においては「連携」と「協働」はおおむね同じ意味で用いられるという理解をしておいてほしい。

第15講　地域における連携・協働とネットワーク

3. ネットワークとその役割

ネットワークとは何か

　「ネットワーク（network）」とは、「網」を意味する英単語である。現在では、情報通信ネットワークや交通ネットワーク等さまざまな場面で耳にする言葉である。ここでは、人と人や組織同士、情報などがつながってできあがった結びつきや関係性として考えてほしい。保育におけるネットワークとは、具体的には学校や病院、児童相談所、障害児支援団体など、教育、医療、福祉、保健といった専門職や機関・団体によって構成され、国・県・市や学区などの範囲、または要保護児童や貧困家庭などの課題に合わせて「連携・協働」が行われるシステムとして形づくられたものである。保育所を含むさまざまな機関・団体や人と人がつながることで「網」をつくり、困難をかかえる人々を取りこぼさずに支えていくためのしくみといえる。

　ネットワークは、法律に定められた公的なもの、地域の実情やかかえている課題などに合わせてできあがった任意のものなどさまざまな事情から形成されている。例えば、「公開保育」という取り組みを実施しているネットワークがある。ここでは保育所や幼稚園の関係者だけでなく、地域住民や小学校教員なども参加し、保育について自由闊達な意見交換をする場になっている。地域や外部の目を取り入れることが重要視されている昨今において、重要な取り組みであると同時に、こういった活動を通じて顔の見える関係性ができあがるという効果も期待できる。

　保育所保育指針には「要保護児童対策地域協議会（子どもを守る地域ネットワーク）」に関する記述があり、保育現場でのかかわりも深い。以下では、代表的なネットワークについて取り上げる。

要保護児童対策地域協議会

　要保護児童対策地域協議会（以下、要対協）とは虐待を受けるなど保護が必要な子ども（要保護児童）の保護、養育を支援することが必要な子ども（要支援児童）とその保護者、子育てについて出産前から支援が必要な妊婦（特定妊婦）を支援するために形成されたネットワークである（**図表15-1**）。児童福祉法第25条の2により、地方公共団体には設置の努力義務があるもので、2020（令和2）年4月1日現在99.8%の自治体に設置されている。

　参加しているのは、児童相談所、保健所、病院、警察、保育所、幼稚園、障害児

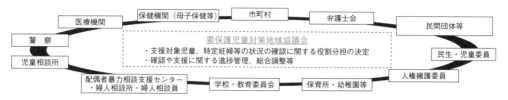

図表15-1　要保護児童対策地域協議会の概要

出典：厚生労働省編『厚生労働白書 令和3年版』p.84, 2021. をもとに作成。

支援事業所、NPOなど多岐（たき）にわたっており、地域の実情によって異なる。共通しているのは、子どもや保護者に関係する機関や団体が、情報共有や支援のために「連携・協働」し、役割分担を行っていることである。

　要対協は、構成機関の代表者によって年1、2回実施される「代表者会議」、個別支援を担当する者の中核にいる人材を中心に数か月に1度行われる「実務者会議」、関係機関の担当者によって必要に応じて行われる「個別ケース検討会議」の3つで構成されることが多い。子どもを直接支援している保育者は、「個別ケース検討会議」に参加する可能性があり、情報提供や共有を求められることになる。そのためには、要保護児童等の保育を行う際にはていねいな記録を心がけておくことが大切である。

障害児を支援するための協議会

　障害者の日常生活及び社会生活を総合的に支援するための法律第89条の3には、障害者や障害児への支援体制を整備するためにさまざまな分野の関係者で構成される協議会を設置するよう、地方公共団体に努力義務が課せられており、これは「自立支援協議会」と呼ばれることが多い。自立支援協議会は、障害者や障害児が地域で安心して暮らすために、関係者が相互に連携して情報共有を行い、地域の課題に取り組んでいくものである。構成する機関・団体は、市町村やハローワーク、学校、保育所、当事者団体、地域のボランティアなどが必要に応じて参加している。保育所は、子どもの育ちや子育てに関する専門職が多数在籍し、子どもが日々を過ごす生活の場であり、教育の場でもある。各領域からの子どもに関する必要な情報提供や保育所だけで解決できない場合のアウトリーチなどを積極的に行うことが大切である。

Step2

保育所保育指針から学ぶ連携・協働

　保育所保育指針（以下、保育指針）は、保育所における保育の基本となる事項と、これに関連する運営に関する事項を定めた国の基本方針である。現在の保育指針は、従前のものを改定し、2018（平成30）年４月より新たに適用されたもので、改定の方向性として、「乳児・１歳以上３歳未満児の保育に関する記載の充実」「保育所保育における幼児教育の積極的な位置づけ」「子どもの育ちをめぐる環境の変化を踏まえた健康及び安全の記載の見直し」「保護者・家庭及び地域と連携した子育て支援の必要性」「職員の資質・専門性の向上」があげられている。保育所において子どもの育ちを支えるにあたって、保護者や地域で活動する団体等との連携・協働が強く求められていることがわかる。また、保育指針には「連携」や「協働」について多数の記述があり、これらは重要なキーワードとなっている。

　以下では、保育指針のなかで「連携」あるいは「協働」という用語が使用されている箇所の一部を取り上げる（引用中の下線は筆者）。

保育所の役割

　第１章「総則」では、保育所の役割のなかで家庭や地域との連携について記されている。

第１章　総則

１　保育所保育に関する基本原則

(1)　保育所の役割

イ　保育所は、その目的を達成するために、保育に関する専門性を有する職員が、家庭との緊密な連携の下に、子どもの状況や発達過程を踏まえ、保育所における環境を通して、養護及び教育を一体的に行うことを特性としている。

ウ　保育所は、入所する子どもを保育するとともに、家庭や地域の様々な社会資源との連携を図りながら、入所する子どもの保護者に対する支援及び地域の子育て家庭に対する支援等を行う役割を担うものである。

　子どもは、朝に起床してから登園し、保育所で日中を過ごして、夕方から夜にかけて家庭に帰っていく。保育所での保育は、さまざまな専門職が協力し合って子どもの育ちを支える営みであるが、子どもの１日の生活や保護者の養育姿勢などを意識した支援が求められる。例えば、降園時に「最近は○○に興味のある姿が見られますよ」と保護者に伝えることで、保育所での保育と家庭での過ごし方がつながり、連続性をもったものになっていく。

　さらに、保育所は入所する子どもの保護者だけではなく、地域の子育て家庭を支援する役割も担う（児童福祉法第48条の4）。近年は、育児についての知識や経験がとぼしかったり、相談相手がいないことで孤立していたりする子育て家庭の存在が指摘されている。保育所は、子育てサロン等を通じて地域の親子にとって身近な開かれた施設となり、地域に存在するさまざまな人・場・機関などと連携し、地域の子育て力の向上に貢献することが期待されている。また、地域に開かれた施設となるためには、高齢者や小学校との交流を行うことやSNS・ホームページ等を通じて情報発信をしていくことで、保育所の保育についての情報公開を進めていくことが大切である。

保育にかかわるねらいおよび内容

　第2章「保育の内容」では、乳児保育や1歳以上3歳未満児の保育のねらいおよび内容について連携に関する記述がある。

第2章　保育の内容
1　　乳児保育に関わるねらい及び内容
(3)　保育の実施に関わる配慮事項
ウ　乳児保育に関わる職員間の連携や嘱託医との連携を図り、第3章に示す事項を踏まえ、適切に対応すること。栄養士及び看護師等が配置されている場合は、その専門性を生かした対応を図ること。
2　　1歳以上3歳未満児の保育に関わるねらい及び内容
(2)　ねらい及び内容
ア　健康
(ウ)　内容の取扱い
④　食事、排泄、睡眠、衣類の着脱、身の回りを清潔にすることなど、生活に必要な基本的な習慣については、一人一人の状態に応じ、落ち着いた雰囲気の中で行うようにし、子どもが自分でしようとする気持ちを尊重すること。また、基本的な生活習慣の形成に当たっては、家庭での生活経験に配慮し、家庭との適切な連携の下で行うようにすること。

　乳児期の子どもは、心身両面において著しい発育・発達がみられる時期ではあるが、言葉によって自分の思いや欲求を十分に表現することができない。保育者はふれあったり、言葉がけをしたりといった応答的なかかわりを通じて子どもの意思を感じ取る。栄養士や看護師なども含めた全職員がその専門性を発揮し、それぞれの認識を共有しながら、子ども一人ひとりに合わせた保育を展開することが求められる。例えば、離乳食を提供する際には、当日の体調、家庭での喫食量、給食での様子などを保育者と栄養士で共有し、配膳する量や野菜の切り方などを調整していく

ことで、一人ひとりの状態に合わせて進めることが大切である。

　1歳以上3歳未満の子どもは自我が芽生え、身の回りのことを「自分でやりたい」と主張するが、まだまだ思い通りにはいかないことも多く、もどかしい思いをかかえることもある。保育者はその気持ちを受け止め、共感し、言葉がけや一部を手伝うことで、子ども自身の試行錯誤を支えることが大切である。家庭には、子どもが自分でやろうとすることの意味、保育所での対応やその意図を伝え、共有していくことが重要である。

小学校や地域社会との連携

　第2章「保育の内容」のなかには、4「保育の実施に関して留意すべき事項」に(2)「小学校との連携」、(3)「家庭及び地域社会との連携」という項目がある。

第2章　保育の内容

4　保育の実施に関して留意すべき事項

(2)　<u>小学校との連携</u>

イ　保育所保育において育まれた資質・能力を踏まえ、小学校教育が円滑に行われるよう、小学校教師との意見交換や合同の研究の機会などを設け、第1章の4の(2)に示す「幼児期の終わりまでに育って欲しい姿」を共有するなど<u>連携</u>を図り、保育所保育と小学校教育との円滑な接続を図るよう努めること。

(3)　<u>家庭及び地域社会との連携</u>

　子どもの生活の連続性を踏まえ、<u>家庭及び地域社会と連携</u>して保育が展開されるよう配慮すること。その際、家庭や地域の機関及び団体の協力を得て、地域の自然、高齢者や異年齢の子ども等を含む人材、行事、施設等の地域の資源を積極的に活用し、豊かな生活体験をはじめ保育内容の充実が図られるよう配慮すること。

　保育者が保育をするときに、子どもの何年先の姿をイメージしながら行うのだろうか。これはきわめて難しい問題であるが、何年か先に子どもは必ず保育園児から小学生になり、遊び中心の学びから、時間割に基づいて各教科を学習するようになる。しかし、保育所から小学校に場が移り、生活パターンや教育方法が異なっていても、子どもの発達や学びはつながっている。このつながりを確保するために、「幼児期の終わりまでに育って欲しい姿」を保育所と小学校が共有するなどしながら、過ごし方や指導法などの相違点や共通点について理解することが大切である。また、小学校との意見交換会や自治体の実施する接続期カリキュラムの研修会などに積極的に参加することも有効な方法である。

　家庭や地域社会との連携について、例えば、子どもの苦手なピーマンの話を保護者と保育者がしたことをきっかけに、食育の一環としてピーマンを育てることとな

り、近所の農家に子どもたちと訪ねて、栽培方法の指導をしてもらうといったことが、保育のなかでは起こる。この例は、日常的に保護者と保育者が子どもについて話し合っていること、地域の農家に気軽に声をかけられる関係性を有していることによって、家庭、保育所、地域社会がつながった豊かな実体験となっている。保育所内外でのさまざまな経験を得る機会を積極的に設けることは、核家族化や都市化の影響によって地域や幅広い年代の人々との交流機会が不足しがちな子どもにとって大切なことである。地域の資源から協力を得るために、保育者には日ごろから地域交流を行い、地域と連携して子どもの育ちを支える取り組みが求められる。

健康や安全、子育て支援

　第3章「健康及び安全」には、アレルギーや食育、災害への対応として、連携に関する記述がある。食物アレルギーやアナフィラキシー、災害への対応は生命の危機に直面することもあり、「子どもの命を守る」という意識をもって、家庭や嘱託<ruby>医<rt>い</rt></ruby>、市町村などと連携しながら、組織として充実を図ることが大切である。

　第4章「子育て支援」には、連携について複数の記述がみられる。例えば、不適切な養育が疑われる家庭への支援については以下のように記されている。

第4章　子育て支援

2　保育所を利用している保護者に対する子育て支援

(3)　不適切な養育等が疑われる家庭への支援

イ　保護者に不適切な養育等が疑われる場合には、<u>市町村や関係機関と連携</u>し、要保護児童対策地域協議会で検討するなど適切な対応を図ること。また、虐待が疑われる場合には、速やかに市町村又は児童相談所に通告し、適切な対応を図ること。

　Step1で学んだ皆さんは、このような場合の連携の前提に、保育所の全職員での対応があることを理解していることだろう。このような場合には、保護者と保育所の間で子育てに関する意向に対立が生じるおそれがある。日ごろから子どもやその保護者と十分に接し、関係を築いておくことが重要である。

　保育所だけでの対応では不十分と判断された場合や不安がある場合には、関係機関と連携することが強く求められる。このような場合には、関係機関へ正確な情報提供が行えるよう経過や気づきなどの記録をていねいに残しておくことが、最終的に子どもやその保護者を守ることにもつながる。また、子ども虐待の防止の観点から、子どもの命を守るために通告は躊躇せずに行うことも忘れないでほしい。

　保育指針とそれに対応する「解説」は厚生労働省ホームページに掲載されている。保育に従事する者は、保育者であるかにかかわらず必ず読んでおきたい。

Step3

1. 子どもとその現状

　「連携」や「協働」について考えるためには、幅広い知識が必要となる。なぜならば、子どもやその家庭、そして地域のかかえる課題がさまざまだからである。わが国の現状としては、児童虐待相談対応件数は毎年増加し、令和2年度は20万件を超えている。子どもの相対的貧困率（等価可処分所得中央値の50％を下回る所得層の割合）は、2018（平成30）年には13.5％（子ども約7人に1人）、子どものいる現役世帯のうち大人が1人の世帯の相対的貧困率は48.1％となっている。保育者をしていれば、虐待の疑いのある子どもや貧困家庭で育つ子どもに必ず出会うことが想像できるだろう。

　保育の現場においても、「要保護児童」や「要支援児童」にいつ遭遇するかはわからない。実際に、虐待通告後に児童相談所において親子分離は必要ないと判断された被虐待児が保育所の優先入所の対象となっている（「特別の支援を要する家庭の児童の保育所入所における取扱い等について」（平成16年8月13日雇児発第0813003号））。**Step 2**で学んだように、これらへの対応には園内での連携・協働はもちろんのこと、家庭や地域社会、自治体との連携や協働が欠かせない。

2. 子ども虐待への対応

　保育所での子ども虐待対応は、何かがおかしいといった「気づき」から始まり、保育所内での役割分担や見守り等の「園内体制づくり」、保育所内での対応に困難を感じたあとの「通告・相談」、そしてそこから関係する人や機関・団体との「連携・協働」がはじまる。以下では、各場面での「連携・協働」を中心に取り上げる。

気づき

　保育者は保育を通じて親子にかかわっている。そのなかで子どもやその保護者の「いつもと何か違う」に気づく目を養わなければいけない。攻撃的な態度や虫歯の放置などの子どもの様子、体罰を肯定する言動や連絡がつきにくいなどの保護者の様子から気づくことがある。また、一人遊びの多さ、スキンシップの拒否、保育者を独占する傾向など遊びや他者との関係性から気づくこともある。このような「気づき」は一人でかかえ込まずに、園長にまずは相談してほしい。保育所内での連携に向けた体制づくりはここから始まる。

園内体制づくり

　役割分担を考えるときに最も大切なのは複数で対応することである。被虐待児のさまざまな行動や要求に応えながらのクラス運営をしたり、保護者への支援と子どもへの保育を同時に行ったりすることは担任ひとりでは難しく、担任の孤立を招く。フリー保育者の活用や応援体制の整備などをまずは検討すべきだろう。園内でのケース会議や情報共有を行うことで、職員全体で対応することも重要である。また、この段階の初期に、気になる子どもや保護者がいる旨（むね）を自治体の担当部署に連絡・相談をしておくとよい。保護者のかかえる問題への対応は、保育所では対応できないことが多く、こうすることで複数の機関で対応する体制がつくり出せる。保育所内だけでかかえ込まず複数の機関で対応することも、子どもが安全な環境で育ち、保護者が適切な子育てを行うために必要なことである。

　体制づくりによって役割分担を行うと同時に、子どもや保護者を見守ることになる。ここでは、家庭や子どもの状況を中心に記録することが大切である。記録は関係者会議を開く場合や児童相談所への通告時に必要なだけではなく、家庭裁判所への提出が求められる場合もある。子どもを守るために、日時、けがの様子、トラブルの内容、子どもの行動、担任のはたらきかけなど、正確に残しておくことが重要である。

通報・相談

　保育所や幼稚園などは子ども虐待を発見しやすい立場にあることを自覚し、その早期発見に努めなければならず（児童虐待の防止等に関する法律第5条第1項）、また、子ども虐待を受けたと思われる子どもを発見した者は、児童相談所や市町村などに通告しなければならない（同法第6条第1項）。子ども虐待かどうかを保育所等が判断する必要性はなく、この通告はいわゆる守秘義務に抵触するものではない（同法第6条第3項）。

　大切なのは、早く担当機関につなぎ、子どもの安全を確保することにある。ここでは、虐待が疑われる内容や子ども・保護者の様子、園の支援内容などを記録に基づいて簡潔に伝えるとよい。

関係機関との連携・協働

　通告・相談によってほかの機関・団体との連携や協働が始まる。関係機関との連携で大切なことは早めに連絡することである。もちろん、保育所内でできる対応を

することも大切ではあるが、保育所の有する専門性だけでの対応には限界があることを自覚し、専門機関へ相談や情報提供を行うことで、その後の連携につながっていく。関係機関との役割分担が大切である。

参考文献

● 阿部志郎編著『ヒューマンサービス論』中央法規出版，2006.

● 倉石哲也『保育現場の子ども虐待対応マニュアル──予防から発見・通告・支援のシステムづくり』中央法規出版，2018.

● 厚生労働省編『保育所保育指針解説』フレーベル館，2018.

● 児童育成協会監，松原康夫・村田典子・南野奈津子編『新基本保育シリーズ⑤ 子ども家庭支援論』中央法規出版，2019.

● 『最新保育士養成講座』総括編集委員会編『最新保育士養成講座③ 子ども家庭福祉』全国社会福祉協議会，2019.

● 保育と虐待対応事例研究会『保育者のための子ども虐待対応の基本──事例から学ぶ「気づき」のポイントと保育現場の役割』ひとなる書房，2019.

索 引

あ〜お

赤沢鐘美 ………………………………… 16
アダムズ，J. ……………………………… 19
新しい経済政策パッケージ ……………… 74
新しい社会的養育ビジョン ……… 148,150
アメリカの子ども家庭福祉 ……………… 19
イギリスの子ども家庭福祉 ……………… 18
育児・介護休業法 ………………………… 80
育児学級 …………………………………… 88
育児休業、介護休業等育児又は家族介護を
行う労働者の福祉に関する法律 ……… 80
育児休業給付金 …………………………… 80
池上雪枝 ………………………………… 176
意見聴取 …………………………… 32,41
意見表明権 ……………………………… 30
石井十次 …………………………… 16,17
石井亮一 ………………… 16,154,162
一時預かり事業 ………………………… 77
1歳6か月児健康診査 …………………… 87
1.57ショック ………………………… 183
医療型児童発達支援 …………………… 158
医療型児童発達支援センター …………… 55
医療型障害児入所施設 ………… 55,158
医療的ケア児 …………………………… 160
医療的ケア児及びその家族に対する支援に
関する法律（医療的ケア児支援法） … 161
インフォーマル・サポート …… 22,23,24
ヴィッヘルン，J. H. …………………… 176
AFDC ……………………………………… 19
エスピン‐アンデルセン，G. ………… 138
エンゼルプラン ………………… 71,183
延長保育事業 …………………………… 78
岡山孤児院 ……………………………… 16
小河滋次郎 ……………………………… 177

か〜こ

外国籍の子ども ………………………… 129
開発途上国 ……………………………… 19
開放処遇 ………………………………… 176
学童保育 ………………………………… 91
家族支援 ………………………………… 164

家族補足給付（イギリス） ……………… 25
家庭 ……………………………………… 5,6
…と同様の養育環境 ……………………… 6
家庭学校 ………………………………… 176
家庭裁判所 ……………………………… 180
家庭支援専門相談員 ……………………… 60
家庭相談員 ……………………………… 59
家庭的保育事業 ………………………… 104
家庭養育優先の原則 …………………… 149
家庭養護 ………………………………… 143
寡婦福祉資金 …………………………… 42
感化院 …………………… 16,176,177,178
感化法 …………………… 16,17,177
企業主導型ベビーシッター利用者支援事業
………………………………………… 79
企業主導型保育事業 …………………… 79
菊池俊諦 ………………………………… 177
基本的人権 ……………………………… 28
救護法 …………………………………… 17
救貧法 …………………………………… 18
救貧法改革 ……………………………… 18
教育・保育施設 ………………… 100,102
教護院 …………………… 146,176,179
矯正院 …………………………… 178,180
矯正院法 ………………………… 178,180
協働 ………………… 194,195,198,202
京都盲唖院 ……………………………… 154
居宅介護 ………………………………… 158
居宅訪問型児童発達支援 ……… 157,158
居宅訪問型保育事業 …………………… 105
緊急保育対策等5か年事業 …… 71,183
苦情解決 ………………………………… 35
国 ………………………………………… 45
虞犯少年 ………………………… 44,170
ケイ，E. ……………………… 20,26,28
計画相談支援 …………………………… 158
契約 ……………………………… 66,155
健康診査 ………………………… 42,86
合計特殊出生率 ………………………… 182
公助 ……………………………………… 24
工場法 …………………………………… 17
工場法（イギリス） ……………………… 18
厚生省 …………………………………… 17
行動援護 ………………………………… 158
行動計画 ………………………………… 43
合理的配慮 ……………………… 160,164
国際児童年 ……………………………… 29
小崎弘道 ………………………………… 176
個人通報制度 …………………………… 31
子育て安心プラン ……………………… 185

子育て援助活動支援事業 ………………… 77
子育て支援事業 …………… 48,72,119
子育て短期支援事業 ……………………… 77
子育てのための施設等利用給付 ………… 74
こども家庭センター
………… 41,48,68,81,94,119,149,151
こども家庭庁 …………………… 51,95
こども家庭庁設置法 ……………………… 51
子ども家庭福祉に関する法律 …………… 40
子ども家庭福祉の関連法律 ……………… 49
子ども家庭福祉の基本構造 ……………… 4
子ども家庭福祉の財政 …………………… 46
子ども家庭福祉の実施体制 ……………… 50
子ども家庭福祉の専門職 ………… 50,58
子ども家庭福祉の担い手 ………………… 24
子ども家庭福祉の費用負担 ……………… 46
子ども家庭福祉の法制定・改正 ………… 48
子ども家庭福祉の4つの視点 …………… 3
こども基本法 …………………………… 33
子ども虐待 ………………………… 94,112
…による死亡事例 ………………………… 23
…の気づき ……………………………… 123
…の種類 ………………………………… 112
…への対応 ……………………… 120,202
子ども虐待防止 ………………………… 118
子ども・子育て応援プラン ……… 73,184
子ども・子育て会議 ……………………… 74
子ども・子育て関連3法 … 21,25,74,184
子ども・子育て支援給付 ………………… 74
子ども・子育て支援事業計画 …………… 74
子ども・子育て支援制度
……… 21,25,44,73,74,100,186,187
…の課題 ………………………………… 186
子ども・子育て支援法 …… 44,74,187
子ども・子育て新システム検討会議 …… 73
子ども・子育てビジョン ………… 73,184
こども施策に関する大綱 ………………… 33
子ども食堂 ……………………………… 134
こども政策推進会議 ……………………… 33
「子どもと家族を応援する日本」重点戦略
………………………………………… 73
子どもの権利 …………………… 28,30
子どもの権利ノート …………… 20,33
子どもの権利擁護に関するワーキングチー
ム ……………………………………… 32
子どもの最善の利益 ………… 5,32,38
子どもの人権 …………………………… 28
子どもの人権擁護 ……………………… 34
子どものための教育・保育給付 ………… 74
子どもの貧困 …………………… 9,126

子どもの貧困対策 134
子供の貧困対策に関する大綱 25,134
子どもの貧困対策の推進に関する法律（子どもの貧困対策法） 25,44,126,134
子どもの貧困対策法（イギリス） 25
子どもの貧困率 126
子どもの問題行動 122
子どもを守る地域ネットワーク機能強化事業 77
個別支援計画 165
個別対応職員 61
雇用保険法 80
コルチャック，J. 20
今後の子育て支援のための施策の基本的方向について 71,183
こんにちは赤ちゃん事業 88,94

さ〜そ

里親 6,143,149
…の種類 144
里親委託 150
里親支援センター 54,149
里親支援専門相談員 62
里親支援ソーシャルワーカー 62
里親等委託率 148
サポートプラン 96
産後パパ育休 80
3歳児健康診査 87
支援提供計画 96
支援費制度 155
事業所内保育事業 105
事業主拠出金 75
仕事・子育て両立支援事業 75,79,107
仕事と生活の調和推進のための行動指針 73
仕事と生活の調和（ワーク・ライフ・バランス）憲章 73
自助 24
次世代育成支援 189
次世代育成支援対策推進法 25,43,72,79,184
次世代育成支援に関する当面の取組方針 72
施設型給付 74
施設長 56
…の義務 56
…の権限 56
施設内虐待 35
施設養護 143

慈善事業 16,24
慈善組織協会 19
市町村 45,48,52
実費徴収に係る補足給付を行う事業 78
児童 8
…の遊びを指導する者 60
…の意見聴取 151
…の意見の尊重 31
…の最善の利益 5,10,20,30,31
児童委員 46
児童家庭支援センター 55
児童館 55,90
児童虐待相談対応件数 112
児童虐待による死亡事例 23
児童虐待の防止等に関する法律（児童虐待防止法） 31,34,42,48,94,112,116,118
児童虐待防止法（旧法） 17
児童憲章 29
児童健全育成 90
児童厚生施設 90
児童指導員 59
児童自立支援施設 55,146,173,174,179
児童自立支援専門員 60
児童自立生活援助事業 147
児童心理司 58
児童心理治療施設 55,146,175
児童生活支援員 60
児童相談所 46,52,116,143,151,171
児童手当 42,74
児童手当法 42
児童の権利に関するジュネーブ宣言 28
児童の権利に関する条約 3,10,20,29,30
児童の権利に関する宣言 20,29
『児童の世紀』 20,26,28
児童買春、児童ポルノに係る行為等の規制及び処罰並びに児童の保護等に関する法律 31
児童発達支援 157,158,159
児童発達支援センター 54,55,159,165
児童部会 45
児童福祉行政 50
児童福祉司 58
児童福祉施設 54
…の設置 56
…の措置費 47
児童福祉施設最低基準 18
児童福祉施設の設備及び運営に関する基準 18,35,56,59,102
児童福祉審議会 45
児童福祉白亜館会議 19

児童福祉法 5,17,20,21,22,29,31,34,40,48,49,84,94,118,148,157,170,179
児童福祉法第1条〔児童の福祉を保障するための原理〕 4,31,32
児童福祉法第2条〔児童育成の責任〕 24,31,32
児童福祉法第3条の2〔原理の尊重〕 6
児童福祉法第39条〔保育所〕 102
児童扶養手当 41
児童扶養手当法 41,137
児童法（イギリス） 18
児童遊園 55,91
児童養護施設 55,145
死別母子世帯 9
社会的相続 138
社会的養護 142
…の施設 142
社会福祉基礎構造改革 21,66
社会福祉事業法 18,21
社会福祉法 18,21
『社会保険および関連サービス』 18
社会保障と税の一体改革 74
社会保障法（アメリカ） 19
重点的に推進すべき少子化対策の具体的実施計画について 71,183
重度障害者等包括支援 158
恤救規則 17
出生数 182
ジュネーブ（ジェネヴァ）宣言 20,28
小1の壁 90,97
障害児 67,154
…の受け入れ 108
…の支援 154,155,166
障害児支援 108
障害児相談支援 157,158
障害児通所給付費 67
障害児通所支援 157,165
障害児入所給付費 67
障害児入所支援 157
障害児入所施設 55,157,160
障害児福祉計画 159
障害児福祉手当 41
障害者差別解消法 160
障害者自立支援法 21,156
障害者の日常生活及び社会生活を総合的に支援するための法律（障害者総合支援法） 21,156,157
生涯を通じた女性の健康支援事業 88
障害を理由とする差別の解消の推進に関する法律 160

小規模グループケア ……………… 7,146
小規模住居型児童養育事業 ……… 6,145
小規模保育事業 …………………… 104
少子化 ……………………………… 70,182
少子化社会対策基本法 …………… 43,72,184
少子化社会対策大綱 ……………… 43,73,184,185
少子化社会対策大綱に基づく具体的実施計
画について ………………………… 184
少子化対策 ………………………… 71
少子化対策推進基本方針 ………… 71,183
少子化対策プラスワン …………… 72
少子高齢化 ………………………… 70
情緒障害児短期治療施設 ………… 175
少年 ………………………………… 8
少年院 ……………………………… 172,180
少年院法 …………………………… 180
少年観護所 ………………………… 180
少年鑑別所 ………………………… 180
少年鑑別所法 ……………………… 180
少年教護院 ………………………… 176,178
少年教護法 ………………………… 17,178
少年法 ……………………… 17,44,170,178,180
条例 ………………………………… 37,56,92
ショートステイ …………………… 77,158
触法少年 …………………………… 44,170
助産施設 …………………………… 55,67
自立援助ホーム …………………… 147
自立支援協議会 …………………… 197
新エンゼルプラン ………………… 71,183
人権 ………………………………… 28
親権の一時停止 …………………… 48
人口置き換え水準 ………………… 182
新子育て安心プラン ……………… 185
仁慈堂 ……………………………… 16
新生児里親委託 …………………… 150
新生児聴覚検査 …………………… 86
新生児訪問指導 …………………… 42,88
新生児マス・スクリーニング検査 … 87
親族里親 …………………………… 144
新待機児童ゼロ作戦 ……………… 73
身体障害者福祉法 ………………… 18
身体的虐待 ………………………… 112
新・放課後子ども総合プラン …… 93,185
心理的虐待 ………………………… 112,121
心理療法担当職員 ………………… 61
健やか親子21 ……………………… 94
健やか親子21（第2次） ………… 94,95
成育過程にある者及びその保護者並びに妊
産婦に対し必要な成育医療等を切れ目なく
提供するための施策の総合的な推進に関す

る法律（成育基本法） …………… 96
生活保護法 ………………………… 18
静修学校 …………………………… 16
整肢療護園 ………………………… 154
精神薄弱者福祉法 ………………… 18
性的虐待 …………………………… 112
政令指定都市 ……………………… 45
世界人権宣言 ……………………… 29
セガン，E. ………………………… 162
接近禁止命令 ……………………… 43
絶対的貧困 ………………………… 126
戦後家族 …………………………… 8
全国児童養護施設協議会倫理綱領 … 36
全国保育士会倫理綱領 …………… 64,65
全世代型社会保障改革の方針 …… 185
選択利用制度 ……………………… 66
専門里親 …………………………… 144
相互扶助 …………………………… 16
相対的貧困 ………………………… 126
相対的貧困率 ……………………… 126,128
措置 ………………………………… 10,66,155
措置制度 …………………………… 66

た〜と

第三者評価 ………………………… 35
体罰 ………………………………… 43,112
高木憲次 …………………………… 154,162
高瀬真卿 …………………………… 16,176
滝乃川学園 ………………………… 16,154
多様な事業者の参入促進・能力活用事業
……………………………………… 79
短期入所 …………………………… 158
地域型保育給付 …………………… 74
地域型保育事業 …………………… 104
地域子育て支援拠点事業 ………… 76
地域子育て相談機関 ……………… 68
地域子ども・子育て支援事業 …… 76
地域小規模児童養護施設 ………… 7,145
チームアプローチ ………………… 122,166
知的障害者福祉法 ………………… 18
地方自治体社会サービス法（イギリス）
……………………………………… 18
中核市 ……………………………… 45
中小企業子ども・子育て支援環境整備事業
……………………………………… 79
懲治監 ……………………………… 176
治療教育 …………………………… 162
通告義務 …………………………… 119
通報制度 …………………………… 31

TANF ……………………………… 19
DV ……………… 113,114,115,121,122
DV 防止法 ………………… 44,114,124
ディープ・プア …………………… 127
低出生体重児 ……………………… 88
低成長期家庭 ……………………… 8
デュメス，F. A. ………………… 176,177
同行援護 …………………………… 158
特殊教育 …………………………… 163
特定教育・保育施設 ……………… 100
特定少年 …………………………… 44,170,172
特別支援教育 ……………………… 163
特別児童扶養手当 ………………… 41
特別児童扶養手当等の支給に関する法律
……………………………………… 41
特別障害者手当 …………………… 41
特別養子縁組 ……………………… 150
都道府県 …………………………… 45
留岡幸助 …………………………… 24,176
ドメスティックバイオレンス
……………… 44,113,114,115,121,122
トワイライトステイ ……………… 77

な〜の

ニッポン一億総活躍プラン ……… 185
乳児 ………………………………… 8
乳児院 ……………………………… 55,145
乳児家庭全戸訪問事業 …………… 77,88,94
乳児死亡率 ………………………… 84
乳幼児健康診査 …………………… 87
認可外保育施設 …………………… 106
認可保育所 ………………………… 102
妊産婦健康診査 …………………… 86
妊産婦訪問指導 …………………… 88
妊娠の届出 ………………………… 88
認定こども園 ……………………… 104,190
妊婦健康診査 ……………………… 78
ネグレクト ………………………… 112
ネットワーク ……………………… 196
ノーマライゼーション …………… 162
野口幽香 …………………………… 16
野田市児童虐待死事件 …………… 116

は〜ほ

パートナーシップ ………………… 66
バーナードホーム ………………… 18
配偶者からの暴力の防止及び被害者の保護
等に関する法律 …………… 44,114,124

配偶者からの暴力の防止及び被害者の保護等のための施策に関する基本的な方針 … 116
配偶者暴力相談支援センター … 115
パターナリズム … 66
発達障害 … 163
発達障害者支援法 … 21,163
パパ・ママ育休プラス … 80
早崎春香 … 177
ハルハウス … 19
犯罪少年 … 44,170
非行 … 22
…の背景 … 173
非行少年 … 170
非行相談 … 172
被措置児童等虐待 … 36,57
被措置児童等虐待対応ガイドライン … 36
ひとり親家庭 … 128
…への支援 … 135,140
ひとり親世帯 … 128
非認知能力 … 138
ひのえうま … 183
病児保育事業 … 78
貧困 … 126,131
貧困対策 … 25
貧困率 … 126,127
ファミリー・サポート・センター事業 … 77
ファミリーソーシャルワーカー … 60
ファミリーホーム … 6,145
福祉型児童発達支援センター … 55
福祉型障害児入所施設 … 55,158
福祉事務所 … 46
福祉六法 … 18
福祉六法体制 … 21,22
福田会育児院 … 16
父子福祉資金 … 42
二葉幼稚園 … 16
閉鎖処遇 … 178
ベヴァリッジ報告書 … 18
ヘックマン, J. J. … 138
ヘッドスタートプログラム … 25
ベネット, F. … 139
ベビーシッター … 106
ベビーホテル … 106
保育教諭 … 104
保育士 … 62,107,119
…の義務 … 63
…の業務 … 63
保育所 … 54,55,100,102

保育所等訪問支援 … 157,158
保育所保育指針 … 32,54,198
保育の実施 … 67
保育の実施体制 … 100
保育の専門職 … 37
保育の対象 … 100
保育の内容 … 54
保育の必要性 … 100,101
保育の無償化 … 74
保育の利用 … 100
保育必要量 … 101
放課後子供教室 … 92
放課後子ども総合プラン … 92,185
放課後児童クラブ … 78,91,92
放課後児童クラブ運営指針 … 92
放課後児童健全育成事業 … 78,91,92
放課後児童健全育成事業の設備及び運営に関する基準 … 92
放課後等デイサービス … 157,158,159
訪問指導 … 88
ホームヘルプ … 158
保健師 … 88
保健所 … 46
保健所法 … 17
保護者 … 5,22
保護者支援 … 63
母子及び寡婦福祉法 … 18,42
母子及び父子並びに寡婦福祉法 … 18,42,136
母子家庭の母及び父子家庭の父の就業の支援に関する特別措置法 … 136
母子健康手帳 … 42,88
母子支援員 … 60
母子生活支援施設 … 55,67,147
母子世帯 … 9,128
母子福祉資金 … 42
母子福祉法 … 18,42
母子・父子自立支援員 … 42,59
母子・父子福祉施設 … 42
母子保健 … 84
…にかかわる主な法律 … 85
…にかかわる事業 … 85
母子保健関連施策 … 86
母子保健相談指導事業 … 88
母子保健法 … 42,84
母子保護法 … 17
母子寮 … 147
母体保護法 … 84
ホワイトハウス会議 … 19

ま〜も

未婚母子世帯 … 9
未熟児訪問指導 … 88
未熟児養育費 … 89
民間あっせん機関による養子縁組のあっせんに係る児童の保護等に関する法律 … 151
民法 … 22,48
目黒区児童虐待死事件 … 116
メットレイ農業矯正院 … 176
面前DV … 113,116
森島峰 … 16

や〜よ

ヤングケアラー … 96
養育医療 … 42
養育里親 … 144
養育支援訪問事業 … 77,94
幼児 … 8
養子縁組 … 6
養子縁組あっせん事業 … 150
養子縁組里親 … 144
幼児教育の無償化 … 74
幼稚園 … 102
要保護児童 … 142,171
要保護児童対策地域協議会 … 77,119,196
幼保連携型認定こども園 … 55,75,104,190
幼保連携型認定こども園教育・保育要領 … 191
予備感化院 … 16
予防接種 … 88

ら〜ろ

ラウエハウス … 176
楽善会訓盲院 … 154
離別母子家庭 … 41
離別母子世帯 … 9
療育 … 155,162,164
良好な家庭的環境 … 7
利用者支援事業 … 76
両親学級 … 88
倫理綱領 … 64
連携 … 194,195,198,202
老人福祉法 … 18

わ〜ん

わいせつ行為 … 62

新・基本保育シリーズ

【企画委員一覧】（五十音順）

【編集・執筆者一覧】

編集

新保幸男（しんぼ・ゆきお）　　　　神奈川県立保健福祉大学教授

小林　理（こばやし・おさむ）　　　東海大学教授

執筆者（五十音順）

赤木拓人（あかぎ・たくと）	帝京学園短期大学助教	第15講
飯塚美穂子（いいづか・みほこ）	洗足こども短期大学准教授	第3講
大塚　晃（おおつか・あきら）	上智大学特任教授	第12講
尾木まり（おぎ・まり）	子どもの領域研究所所長	第6講
小林　理（こばやし・おさむ）	（前掲）	第2講・第14講
佐藤まゆみ（さとう・まゆみ）	淑徳大学短期大学部教授	第4講・第5講
柴田千香（しばた・ちか）	愛知県西三河児童・障害者相談センター里親委託等推進員	第11講
新保幸男（しんぼ・ゆきお）	（前掲）	第1講
二井仁美（にい・ひとみ）	奈良女子大学研究院教授	第13講 Step3
原　史子（はら・あやこ）	高崎経済大学教授	第9講・第10講
平戸ルリ子（ひらと・るりこ）	東京家政大学教授	第13講 Step1・2
寶川雅子（ほうかわ・まさこ）	鎌倉女子大学短期大学部准教授	第7講・第8講

子ども家庭福祉　第2版

新・基本保育シリーズ③

2019年2月20日　初　版　発　行
2023年1月1日　第　2　版　発　行
2023年9月20日　第2版第2刷発行

監　修	公益財団法人 児童育成協会
編　集	新保幸男・小林　理
発行者	荘村明彦
発行所	中央法規出版株式会社
	〒110-0016東京都台東区台東3-29-1　中央法規ビル
	Tel 03（6387）3196
	https://www.chuohoki.co.jp/
印刷・製本	株式会社太洋社
装　幀	甲賀友章（Magic-room Boys）
カバーイラスト	M・いそみ（社会福祉法人 草笛の会　絵画療育教室）
本文デザイン	タイプフェイス
口絵デザイン	株式会社ジャパンマテリアル
口絵イラスト	大山みのり